# 古典文獻研究輯刊

## 六 編

潘美月・杜潔祥 主編

## 第 12 冊

### 兩漢史籍研究

廖吉郎 著

國家圖書館出版品預行編目資料

兩漢史籍研究／廖吉郎著 — 修訂新版 — 台北縣永和市：花木
蘭文化出版社，2008〔民 97〕

目 2+218 面；19×26 公分
（古典文獻研究輯刊 六編；第 12 冊）

ISBN：978-986-6657-10-8（精裝）
1. 史部目錄 2. 漢代著作 3. 研究考訂
016.62 97000971

ISBN - 978-986-6657-10-8

古典文獻研究輯刊
六 編 第十二冊 ISBN：978-986-6657-10-8

## 兩漢史籍研究

| | |
|---|---|
| 作 者 | 廖吉郎 |
| 主 編 | 潘美月　杜潔祥 |
| 責任校對 | 蔡世明 |
| 企劃出版 | 北京大學文化資源研究中心 |
| 出 版 | 花木蘭文化出版社 |
| 發 行 所 | 花木蘭文化出版社 |
| 發 行 人 | 高小娟 |
| 聯絡地址 | 台北縣永和市中正路五九五號七樓之三 |
| | 電話：02-2923-1455／傳眞：02-2923-1452 |
| 電子信箱 | sut81518@ms59.hinet.net |
| 初 版 | 2008 年 3 月 |
| 定 價 | 六編 30 冊（精裝）新台幣 46,500 元 |

版權所有‧請勿翻印

# 兩漢史籍研究

廖吉郎　著

## 作者簡介

　　廖吉郎，南投縣人，民國二十七年生於草屯鎮。歷任中、小學教師、國立台灣師範大學教授等，九十二年退休。之後，夫妻到處遊歷，行跡及於世界百餘國。

　　當肄業臺灣師大國文研究所時，以受教於金陵楊家駱教授，撰成《兩晉史部遺籍考》（民國59年，嘉新文化基金會出版）。後承行政院國科會學術獎助，陸續撰成《南北朝史部遺籍考》（60年）、《兩漢三國史部遺籍考》（61年）、《唐代史部遺籍考》（62年）。又應約撰成〈六十年來之晉書研究〉（63年，正中書局《六十年來之國學》），完成斷句本《二十五史・魏書》之斷句（64年，新文豐圖書公司），編注《歷代散文選》（65年，與台灣師大同事共同完成，南嶽出版社），撰寫《劉向》、《王安石》（67年，台灣商務印書館，《中國歷代思想家》），修訂出版《兩漢史籍研究》（70年，廣東出版社），譯述司馬光《資治通鑑・漢紀13～25》（73年，文化圖書公司），探討台灣地區中學生及中、小學教師國語演說所犯語言錯誤（78年、79年，與台灣師大同事共同研究，行政院國科會研究報告），合編《國音及語言運用》（81年，與台灣師大同事共同編寫，三民書局），新編《荀子》，並加以校勘、注譯、翻譯（91年，國立編譯館、鼎文書局）。又逐年在台灣師大《國文學報》等刊物發表論文數十篇，撰寫如《800字小語・天下父母心》（頁114，85年，文經社）之文章若干篇。

　　除教學與研究之外，曾參與多種學術活動及社會服務，如參加各項研討會、擔任競賽評審、考試院典試委員，指導各類考試命題，編寫僑務委員會函授僑胞之教材《中華文化》（76年）、《應用文》（82年、94年），拍攝《中華文化》錄影帶（88年，僑委會中華函校），編審教育部《重編國語辭典》（台灣商務印書館印行）及三民書局之《大辭典》等是。

## 提　　要

　　本書總為五章，章內分節，凡兩漢對於《國語》及《戰國策》之注釋、兩漢所撰歷紀左今之書、兩漢撰注之漢史、兩漢之地理書及地方史，以至於兩漢之傳記及專史，就其著述之源流、背景、內容、取材、著錄、存佚、真偽、得失等，皆為之探索。於群籍之撰人，亦加以考述。兩漢人所撰之史籍及其對於史學之貢獻，於此可窺其全貌。

　　《漢書・藝文志・六藝略・春秋類》末之列有《國語》、《世本》、《戰國策》、《奏事》、《楚漢春秋》、《太史公》、《漢著紀》等書，蓋以《春秋》即古史；又檢曆譜家有《帝王諸侯世譜》及《古來帝王年譜》，揆諸後代之著錄，當在史部譜系篇；而自《七略》廢而四部之制行，上自唐、宋諸史志，下迄《四庫全書》，乃率以為準式，《隋志》之四部分類，遂駸駸焉為目錄學之正宗，其史部之分目，曰：正史、古史、雜史、霸史、起居志、舊事、職官、儀注、刑法、雜傳、地理、譜系、簿錄，凡十三類。所謂地理、刑法之書，胥在是焉。本書所撰，乃並及之，以其在四部之中皆屬史部之目也。

　　史志所載，不免真偽雜陳，魚目混珠，如《漢志・道家》著錄《文子》九篇而《注》之云似託者然也。今撰本書，其有以為確係贗品者，則概不錄。有在疑似之間，未能遽定者，或以傳世久遠，亦附著其梗概。

　　又民國六十一年，吉郎蒙行政院國科會學術獎助，撰有《兩漢三國史部遺籍考》，其三國人所撰述之部分，曾於六十八年二月析出整理，登載於國立台灣師範大學文學院出版之《教學與研究》第一期，今附於本書之後，便省覽也。

# 目

# 次

# 前　言

　　《史通》有言，觀乎人文，以化成天下，觀乎國風，以察其興亡。知載籍者，誠機神之妙旨，聖哲之能事，所以經天地，緯陰陽者也。班固之志藝文，乃爲歷代學者所推崇。然班〈志〉本乎《七略》，劉歆所著錄，唯中秘書自溫室徙之天祿閣者，是《七略》所論次，未嘗徧及當時所有。然則僅就《漢志》所載書目觀之，實不能即謂當時藏書止此而已。至於今行之范曄《後漢書》，以范氏因罪被收，乃闕十志，《續漢》八志，又無藝文。兩漢群籍，歷代所傳，遂不能全備。今撰茲篇，因就其信而有徵，且確知出於兩漢人之手者，取以考論。既以明學術盛衰，亦得能進窺漢代史學。

　　劉氏初興，陸賈即嘗紀錄時功，成《楚漢春秋》。斯則漢代所撰當代史之第一部，司馬遷作《史記》，因取以述其楚、漢之事。然陸氏之書，僅權記當時，不終一代，即所謂偏記者耳。是以欲睹西漢全史，固當據班氏《漢書》。班固承父班彪《史記後傳》，因能繼褚少孫、劉向、劉歆、馮商、衞衡、揚雄、史岑、梁審、肆仁、晉馮、段肅、金丹、馮衍、韋融、蕭奮、劉恂諸人之續《史記》，綜其行事，旁貫異聞，易太史公之通史，成紀、傳、表，志，凡十二世，二百三十年間事之斷代紀傳體史。是後正史之撰作，率以爲準式。獻帝之時，爲便省讀，又令侍中荀悅，依《左氏傳》體，撮取班史而爲三十篇之《漢紀》，因成至今尙存之第一部斷代編年史。於是班《書》、悅《紀》，角力爭先，欲棄其一，遂有所不能矣。光武中興，班固受詔撰作《光武本紀》及諸列傳、載記，乃開後漢史纂輯之始。其後，又有劉珍、李尤、劉騊駼、劉毅、伏無忌、黃景、邊韶、崔寔、朱穆、曹壽、延篤、馬日磾、蔡邕、盧植、韓說、劉洪等相繼著作東觀，因成《東觀漢記》。晉泰始中，司馬彪、華嶠等，皆據以爲書。范曄更刪取眾書，爲一家之作。是《東觀漢記》者，實爲後漢諸史之淵藪也。至於起居之記注，亦見於有漢。乃錄記人君日用動止之事，而爲後世撰史者所取資。又有《漢著記》，及侯瑾、應奉、荀爽、劉艾諸家之所作。凡此，皆可見漢人注撰當代史之著

有成績者。

自百家競刊，事跡錯糅，司馬父子乃以其世司典籍，又工於制作，遂網羅天下放失舊聞，考其行事，綜其終始，上起黃帝，下窮漢武，特合本紀、世家、列傳、書、表五體於一編，撰成《史記》，鄭樵已嘗以爲百代而下，史官不能易其法，學者不能捨其書。今如梁武帝時撰成之《通史》及唐·李延壽之《南北史》等，實皆《史記》之流也。

漢代之撰史，斷代、通史之外，亦嘗取古史而爲之訓注，如高誘之注《戰國策》及賈逵之《國語解詁》等是。然稽諸史志及傳記之所載，凡此之作，竟乃僅得數家耳。以此知漢代於時間歷史之撰著，蓋以當代史爲主。

漢代之地理書，以其用兵行政所需，輿圖之設，甚見重視。東漢桓帝時，且有圖說兼具之《巴郡圖經》。知圖經之始，當在桓帝前也。桑欽《水經》，自北魏酈道元注爲四十卷書後，言隋以前之地理者，無不質徵焉。又自光武之詔南陽撰作《風俗》，郡國之書，由是而作。以張騫、班超父子之嘗揚名域外，立功西遐，行跡所及，已由中亞一帶，遠至西亞海濱，所記之殊方異俗，既足廣見聞，且有以知我國聲威之遠播。至於地方史之撰作，則率屬南方區域。知漢代於空間歷史之撰作，範疇已大爲拓展。

傳記及職官、儀典、律令、譜系、簿錄諸專史之撰作，皆史之一端。以漢承周、秦之後，取則不遠，遂繁乎著述：《列女傳》著其禍福榮辱之效，是非得失之分，以寓勸戒之意者，歷代傳頌，固無論矣；其敍傳、家乘之迭見著述，先賢、耆舊之肇始光武，以至儒林弟子籍之相與序錄，皆有以表著先民立言施事及其求學問道之授受淵源者。官簿、禮注之書，則代所常有，叔孫通之《漢儀》，乃爲漢室立其規模；漢之律令科比，繁乎多矣，立言之錯雜，苟至於不得舉手者，姦吏頑民因能上下相蒙，以遂私意，斯則實非先王所以立教明禮之初意；後漢有《鄧氏官譜》及聊氏《萬姓譜》，而姓氏之學興焉；向、歆之校錄群書，既使先秦舊籍克有定型，學術之變遷亦有源流可尋，其父子世業，遂開我國目錄學之權輿；班固依《七略》編爲《漢書·藝文志》，其閎識孤懷，司馬遷蓋亦有所不能及。凡此，皆可以見漢人著述之勤矣。

綜觀兩漢先賢所撰，其承先啓後之跡，斑斑可見。今乃取其有存本傳世或書雖佚而有輯本可稽，以至於皆已佚亡者，依章分節論述之。兩漢史籍於此可得之矣。

# 述　例

一、本書總爲五章，章內分節，凡兩漢對於《國語》及《戰國策》之注釋、兩漢所撰歷紀古今之書、兩漢撰注之漢史、兩漢之地理書及地方史，以至於兩漢之傳記及專史，就其著述之源流、背景、內容、取材、著錄、存佚、眞僞、得失等，皆爲之探索。於群籍之撰人，亦加以考述。兩漢人所撰之史籍及其對史學之貢獻，於此可窺其全貌。

二、《漢書・藝文志・六藝略・春秋類》末列有《國語》、《世本》、《戰國策》、《奏事》、《楚漢春秋》、《太史公》、《漢著記》等書，蓋《春秋》即古史。又檢曆譜家有《帝王諸侯世譜》及《古來帝王年譜》，揆諸後代史志之著錄，當在史部譜系篇。自《七略》廢而四部之制行，上自唐、宋諸史志，下迄《四庫全書》，乃率以此爲準式。於是《隋志》之四部分類，遂駸駸焉爲目錄學之正宗。其史部之分目，曰：正史、古史、雜史、霸史、起居注、舊事、職官、儀注、刑法、雜傳、地理、譜系、簿錄，凡十三類。所謂地理、刑法之書，亦胥在是焉。本書所撰，乃並及之，以其在四部之中皆屬史部之目也。

三、史志所載，不免眞僞雜陳，魚目混珠，如《漢志・道家》著錄《文子》九篇而《注》之云似依託者然也。今撰本書，其有以爲確係贋品者，則概不錄。有在疑似之間，未能遽定者，因其已傳世久遠，亦附著其梗概。其辨僞諸說，則或別詳於註文之中。

四、史志之歸類，或分或合，有不盡同者。如《封禪群祀》三十六篇，《漢志》見於〈六藝略・禮家〉，《隋志》之《封禪儀》六卷，則在〈史部・儀注〉。今撰茲篇，乃重爲考定，而各隨其事義詳論之。其有出彼入此者，固不能盡與各史志合，即諸家之說，亦不免或異也。

五、漢承秦弊，而以「馬上」得天下，然誠如陸賈所言，「馬上得之」，不能「馬上治之」，宜乎漢高祖之行叔孫通爲漢家所定朝儀後，「乃今日知爲皇帝之貴也」。蓋

施政行事之既不能闕此，益以上之所好，下必有行之者。本書所撰，遂見其多此專史之撰作。夫學術之既有盛衰，本書所得，因亦有卷帙多寡之不能齊一者矣。

六、我國史學，萌芽於孔子、左丘明，而大成於司馬遷、班固。雖源遠流長，然爲專篇以闡明之者，則《文心雕龍‧史傳篇》始發其端也。史學寓乎史籍，尋史之義，本爲記事，故古有左史，即《周禮》之內史，又有右史，即《周禮》之太史，言則左史記之，動則右史書之，是以《春秋》爲事典，《周禮》爲政典，《儀禮》即禮典。《史記‧十二諸侯年表序》稱：「孔子明王道，干七十餘君，莫能用，故西觀周室，論史記舊聞，興於魯而次《春秋》。」聖人之博學如此。漢世去古未遠，兩漢學者，窮經之餘，亦及子、史。今撰本書，藉兩漢之史籍，有以知其史學之發達及影響於後世之深且鉅矣。

七、清儒食漢學昌明之賜，長於考證，喜事比緝，其以治經之法，移而治史，故輯佚之書，獨多於往代。兩漢史部群籍，既見掇拾，久佚之書，遂又可窺其一斑。今撰本書，除流傳至今，率仍完整可讀者，隨文明其版本外，其有書雖佚而有輯本可稽者，亦必一一標明輯本所在。至已佚亡者，既未得見，則唯徵諸文獻。蓋先儒往賢，好學多聞，於兩漢史籍，或能及見原貌，或亦嘗廣事搜求，發言著論，自有可據。雖詳略不同，皆可參稽也。凡所徵引，則並注所出。無論古人、今人，皆力避稱謚引號，免淆亂矣。因文之便，所引以考鏡源流，辨章得失，有不能一一提明者，皆別列參考書目於後。吉郎不敏，雖有仰屋之勤，難免覆瓿之誚。大雅君子，幸督教焉。

# 第一章　兩漢對於《國語》及《戰國策》之注釋

　　《國語》者，起自周穆王，終於魯悼公，記周、魯、齊、晉、鄭、楚、吳、越八國，五百餘年間之事，為我國最早之國別史者也。乃左丘明既為孔子《春秋》作傳，又稽其逸文，纂其別說而成者。劉向於漢成帝世，嘗為之考校，章帝時，有鄭眾、賈逵等又為之訓注，故韋昭〈國語解敘〉云：

　　　昔孔子發憤於舊史，垂法於素王，左丘明因聖言以攄意，託王義以流藻，其淵源深大，沉懿雅麗，可謂命世之才，博物善作者也。其明識高遠，雅思未盡，故復采錄前世穆王以來，下訖魯悼、智伯之誅，邦國成敗，嘉言善語，陰陽律呂，天時人事逆順之數，以為《國語》。其文不主於經，故號曰「外傳」，所以包羅天地，探測禍福，發起幽微，章表善惡者，昭然甚明。

《史通・六家篇》亦曰：

　　　《國語》家者，其先亦出於左丘明，既為《春秋內傳》，又稽其逸文，纂其別說，分周、魯、齊、晉、鄭、楚、吳、越八國事。起自周穆王，終於魯悼公，別為《春秋外傳國語》，合為二十一篇。其文以方《內傳》，或重出而小異，然自古名儒賈逵、王肅、虞翻、韋曜之徒，並申以注釋，治其章句，此亦六經之流，三傳之亞也。

《戰國策》則記《春秋》後，迄楚、漢之起，二百四十五年間事，蓋其時君德淺薄，有高才秀士為之謀筴者，因勢為資，度時君之所能行，出其異智，而為一切之權，雖不足以言教化，亦可轉危為安，運亡為存也。今著錄於《漢書・藝文志》者，凡三十三篇，乃經劉向之校錄，且為之命定書名者，故劉向《戰國策書錄》云：

　　所校中《戰國策》書，中書餘卷，錯亂相糅莒，又有國別者八篇，少
不足。臣向因國別者，略以時次之，分別不以序者，以相補，除復重，得
三十三篇。本字多誤脫爲半字，以「趙」爲「肖」，以「齊」爲「立」，如
此字者多。中書本號，或曰《國策》，或曰《國事》，或曰《短長》，或曰
《事語》，或曰《長書》，或曰《修書》。臣向以爲戰國時，游士輔所用之
國，爲之筴謀，宜爲《戰國策》。其事繼春秋以後，訖楚、漢之起，二百
四十五年間之事，皆定以殺青，書可繕寫。

其書亦爲國別之史，是以《史通‧六家篇》繼《春秋外傳國語》之後，續又曰：「暨
縱橫互起，力戰爭雄，秦兼天下，而著《戰國策》。其篇有東、西二周、秦、齊、燕、
楚、三晉、宋、衞、中山合十二國，分爲三十三卷。夫謂之策者，蓋錄而不序，故
即簡以爲名。或云漢代劉向以戰國游士爲之策謀，因謂之《戰國策》。」劉知幾商榷
千載，備論史體，其綜述《國語》、《戰國策》於一篇者，以其同出於《國語》家也。
其書漢時有高誘、延篤等爲之注。

# 第一節　《國語》解詁

　　《國語》之見於《漢志》著錄者，除左丘明之二十一篇外，別有《新國語》五
十四篇，注云：「劉向分《國語》。」知向之於《國語》，爲之考校類分耳。姚振宗《漢
書藝文志條理》卷一云：「此殆以類分，如呂東萊《左傳國語類編》、程伯剛《春秋
分紀》之體。東漢之初，《左氏》盛行，而《國語》亦大顯于世，自鄭、賈解注，皆
用古本，諸家轉相祖述，傳至于今。此爲《國語》之別本，故爲講古學者所不取，
而其後遂微，諸書亦罕有言及者。」是向之所分，乃《國語》之別本，至於東漢，
以鄭眾、賈逵之解注，皆用古本，其後遂至於佚失。

## 一、鄭眾《國語注》

　　鄭眾之《國語注》，吳‧韋昭已稱其昭晰可觀，其〈國語解敍〉云：「至於章帝，
鄭大司農爲之訓注，解疑釋滯，昭晰可觀，至於細碎，有所闕略。侍中賈君，敷而
衍之，其所發明，大義略舉，爲已憭矣，然於文間，時有遺忘。」〔註1〕是繼鄭眾
之後，又有賈逵之敷而衍之。

　　按，鄭眾，字仲師，河南開封人。從父興受《左氏春秋》，精力於學，明三統
曆，作《春秋難記條例》，兼通《易》、《詩》，知名於世。光武帝建武中，皇太子

────────────────
〔註1〕按，今《國語》注存於世者，唯昭最古。

因虎賁中郎將梁松以縑帛聘請眾，眾曰：「太子儲君，無外交之義。漢有舊防，藩王不宜私通賓客。」遂辭不受。及梁氏事敗，賓客多坐之，唯眾不染於辭。明帝永平初，辟司空府，以明經給事中，再遷越騎司馬，復留給事中。嘗使匈奴而不爲匈奴所屈。後因上書固爭再使匈奴事，追繫廷尉，會赦歸家，復召爲軍司馬，使與虎賁中郎將馬廖擊車師。至敦煌，拜爲中郎將，使護西域。會匈奴脅車師，圍戊己校尉，眾發兵救之，遷武威太守，謹修邊備，虜不敢犯。遷左馮翊，政有名迹。章帝建初六年（81）爲大司農，時肅宗議復鹽鐵官，眾諫以爲不可，詔數切責，至被奏劾，眾執之不移，在位以清正稱。其後受詔作《春秋刪》十九篇，八年（83），卒官。〔註2〕

　　鄭氏以既承家訓，作《春秋難記條例》，又受詔作《春秋刪》十九篇，則於周、魯、齊、晉、鄭、楚、吳、越等國之事，固亦詳悉，遂於《國語》亦爲之訓注也。其書《隋志》不著錄，據宋庠〈國語補音序〉之謂：「後漢大司農鄭眾作《國語章句》，亡其篇數。」知佚已久。其所解疑釋滯者，韋氏既以爲昭晰可觀，則所撰《國語解》，自當採擇，今考所引，乃可得數條，又馬國翰謂《詩·周頌·昊天有成命·正義》亦引之，馬氏因合以韋解中所見，輯錄〈周語〉三節，〈魯語〉、〈楚語〉各一節，得輯本一卷，題爲「國語章句」，存於《玉函山房輯佚書補遺·經編·春秋類》中，又黃奭《黃氏逸書考（漢學堂叢書）·子史鈎沈》中亦有輯本一卷，可並參稽。

## 二、賈逵《國語解詁》

　　賈逵，字景伯，扶風平陵人。九世祖誼，文帝時爲梁王太傅。曾祖父光，爲常山太守，宣帝時以吏二千石自洛陽徙焉。父徽，從劉歆受《左氏春秋》，兼習《國語》、《周官》，又受古文《尚書》於塗惲，學《毛詩》於謝曼卿，作《左氏條例》二十一篇。逵悉傳父業，弱冠能誦《左氏傳》及五經本文，以大夏侯《尚書》教授，雖爲古學，兼通五家《穀梁》之說，尤明《左氏傳》、《國語》，爲之解詁五十一篇，永平中，上疏獻之，明帝重其書，寫藏秘館。帝使作〈神雀頌〉，拜爲郎，與班固並校秘書，應對左右。章帝立，降意儒術，特好古文《尚書》、《左氏傳》，建初元年（76），詔逵入講北宮白虎觀、南宮雲臺，帝善逵說，逵數爲帝言古文《尚書》，與經傳、《爾雅》詁訓相應，詔令撰歐陽、大小夏侯《尚書》古文同異，逵集爲三卷，帝善之，復令撰齊、魯、韓《詩》與《毛氏》異同，並作《周官解故》，遷逵爲衛士令。八年（83），乃詔諸儒各選高才生受《左氏》、《穀梁春秋》、古文《尚書》、《毛詩》，由是

〔註2〕鄭眾事蹟具《後漢書》列傳第二十六〈鄭興附傳〉。

四經遂行於世。和帝即位，永元三年（91），以逵爲左中郎將。八年（96），復爲侍中，領騎都尉，內備帷幄，兼領祕書近署，甚見信用。逵所著經傳義詁及論難百餘萬言，又作詩、頌、誄、書、連珠、酒令凡九篇，學者宗之，後世稱爲通儒。十三年（101）卒，年七十二。〔註3〕

所撰《國語解詁》，據《後漢書》本傳李賢《注》云有二十一篇，《隋志》著錄二十卷，作「春秋外傳國語」，注曰：「賈逵注。」至兩《唐志》則僅載爲左丘明《春秋外傳國語》二十卷，宋庠〈國語補音序〉因以爲其書唐時已亡，姚振宗《隋志考證》卷六乃云：「本志載《國語》注釋者凡六家，兩《唐志》並著於錄，此（按，指《舊唐志》）卷數與本志同，蓋即賈氏《解詁》，漏未注明者，《新志》因之，宋庠〈補音序〉謂賈《注》唐已亡，由此而誤。」是其書唐時當仍與韋《解》別行，李善注《文選》每引之，今佚已久。

其書據本傳之謂：逵悉傳父業，尤明《左氏傳》、《國語》，爲之解詁，顯宗重其書，寫藏祕館云云，則知亦有可觀者，故韋昭〈國語解敘〉乃有「其所發明，大義略舉，爲已憭矣。」之言，韋氏因據以爲《解》，而旁及諸家，即《史通·六家篇·國語》家所謂之自古名儒賈逵、王肅、虞翻、韋曜之徒，〔註4〕並申以注釋，治其章句者是也。今諸家所注，雖唯韋氏《解》傳於世，然韋《解》多即賈《注》，其稱賈、唐二君，則兼唐固，或稱三君者，蓋兼虞翻，故汪遠孫《振綺堂遺書》中有《國語三君注》輯本四卷。又王謨亦從韋《解》中鈔出八十一條，益以《文選·注》九十條、《史記集解》十二條、《後漢書·注》三條、《經典釋文》三條、《藝文類聚》一條、《書鈔》七條、《初學記》二條，得賈逵撰《國語注》輯本一卷，存《漢魏遺書鈔·經翼》第三冊中；馬國翰更輯得賈《注》二百五十九條，分爲二卷，題爲《國語解詁》，見於《玉函山房輯佚書補遺·經編·春秋類》；別有黃奭輯本一卷，見於《黃氏逸書考（漢學堂叢書）·子史鈎沈》；蔣曰豫輯本一卷，在《蔣侑石遺書·湝喜齋學錄》；王仁俊輯本一卷，列於《玉函山房輯佚書續編·經編·春秋類》中。又姚振宗謂：「近時有人從東洋傳來唐·釋慧琳《大藏音義》一百卷、元·釋希麟《續音義》十卷、唐本《玉篇》三卷半，此三書引賈氏《國語注》至多，皆諸家輯錄所未見，必有人起而增續也。」〔註5〕是賈《注》固不以韋《解》而廢也。

---

〔註3〕賈逵事蹟具《後漢書》列傳第二十六。

〔註4〕按，韋曜，即韋昭，史爲晉諱改。與虞翻、王肅之《國語注》，參見拙文〈今所見三國人所撰史籍考〉。台灣師大文學院《教學與研究》第一期。

〔註5〕見所撰《隋書經籍志考證》卷六。

## 第二節　《戰國策》注

　　《戰國策》乃劉向裒合諸記編錄而成之書,《戰國策・書錄》所謂:「臣向因國別者,略以時次之,分別不以序者,以相補,除復重,得三十三篇」者是也。故《漢志》不著撰人,唯注云:「記春秋後」,蓋以非一人一時之書,又不得其作者也。《隋志》所載,遂注云:「劉向錄」,當謂其爲劉向所編錄者。至於《舊唐志》之注爲「劉向撰」及《新唐志》之作「劉向《戰國策》三十二卷」者,蓋誤以爲劉向所作者也。

　　《戰國策》既非劉向所撰,近乃有以爲係出於蒯通者。按,蒯通,《漢書》卷四十五有傳,蓋善爲長短,論戰國時說士權變,亦自序說,凡八十一首,號曰雋永,《史記》卷九十四〈田儋傳〉亦以爲言,文字小有不同耳。

　　論《戰國策》爲蒯通作者,以近人羅根澤最爲振振有詞,其先則有清・牟默人之發論。默人,名廷相,山東棲霞人,乾隆科優貢生,官觀城縣訓導,著述率爲疏辨眞僞之作。其所考訂之結論,以爲「《戰國策》即蒯通所作八十一首甚明。」載於《雪泥書屋雜志》卷之二。

　　羅氏有〈戰國策作於蒯通考〉、〈戰國策作於蒯通考補證〉、〈跋金德建先生戰國策作者之推測〉諸文,分見於《古史辨》第四冊上編、下編及第六冊上編。據〈戰國策作於蒯通考〉一文,羅氏大意以爲:

　　（一）所謂「八十一首」者,史明言「論戰國權變」,則必爲論述戰國權變之書,與《戰國策》性質全同,又言「通善爲長短說」,而《戰國策》亦曰《短長》,曰《長書》,或曰《脩書》,「脩」通「修」,義亦訓長,然則《戰國策》蓋即蒯通所論述者也。

　　（二）《戰國策》所記,非一時之事,亦非一人之言,而全書一律,自成一體,知出一人一手之董理潤色。既非劉向之作,蒯通又與《戰國策》所表現之「習性」相近,時代亦恰相銜接,則此書作始於蒯通,似無疑矣。

　　（三）戰國時,無私家著作,戰國至漢初,無自己命名之書,蒯通八十一首當亦無自己命名,後人遂漫名之爲《國策》、《短長》、《事語》、《長書》、《脩書》,劉向更以名《戰國策》。由是作主失傳,遂嫁名劉向。

　　（四）今《戰國策》三十三篇,出劉向重訂,篇數固非蒯通八十一首之舊,故此書蓋作始於蒯通,重訂於劉向。

　　羅氏又撰〈戰國策作於蒯通考補證〉,以爲:「《史記・淮陰侯列傳》詳載蒯通說韓信自立之言,司馬貞索《隱謂》:『案《漢書》因（以）及《戰國策》皆有此文。』」又:「《漢書・蒯通傳》曰:『通論戰國時說士權變,亦自序其說,凡八十一首,號曰

雋永。』」故知：

（一）通論戰國權變之書，亦兼載自己之說，與《索隱》合觀，更可證明《戰國策》確作於蒯通。

（二）「號曰雋永」四字，疑爲後人所加，即爲蒯通自命之名，亦必因所論述者，爲戰國縱橫短長之說，故「號曰雋永」，他人則漫以《國策》、《短長》等名稱之，由是「雋永」之原名逸，而後加之雜名顯。

（三）《史記·田儋列傳》、《漢書·蒯通傳》皆曰八十一首，今本《戰國策》決不止此，其有劉向據他書以增補者，更爲明顯。

又羅氏之〈跋金德建先生戰國策作者之推測〉，略以爲：

（一）牟默人之考訂，詳明卓越，然謂《戰國策》三十三篇，爲劉向就蒯通八十一首，除去四十八首而成，雖亦可通，尚有疑問，劉向校書所除去者，蓋爲鈔藏之重複，《戰國策》三十三篇，每篇含十數首，蒯通八十一首當亦在內，非除去四十八首爲三十三篇也。

（二）作者乃縱橫家，蒯通既善爲長短說，《漢志》列其書於縱橫家，與此種思想極相脗合。

（三）蒯通論戰國權變八十一首，即縱橫家之《蒯子》五篇，主父偃非《戰國策》作者，其二十八篇書，非《戰國策》之一部份。

（四）《戰國策》之三十三篇約三百零四首，據《索隱》，蒯通說韓信語亦載在《戰國策》中，今本不見，知已有殘闕，則原本不止三百零四首，蒯通所作止有八十一首，相去遠甚，據《戰國策書錄》，知劉向不惟重編，且有增補，《漢志》載《蘇子》三十一篇，《張子》十篇，《龐煖》二篇，或有國別者，乃蒯通論戰國權變之說，其無國別者，指蘇、張諸人之書，亦未可知。

又金德建有〈戰國策作者之推測〉一文，見《古史辨》第六冊上篇，據文中所述，其意以爲：

（一）司馬遷見過之《戰國策》，即蒯通書。

（二）《史記·田儋列傳》：「甚矣！蒯通之謀亂齊，驕淮陰，其卒亡此二人。蒯通者，善爲長短說，論戰國之權變，爲八十一首。」司馬遷混說蒯通書八十一首，而未有書名。

（三）蒯通爲長短說之創始者，主父偃輩乃後學，《長短書》，即《戰國策》別名，是《戰國策》即蒯通書。

（四）劉向〈序〉云：或曰《國策》，或曰《國事》，或曰《短長》，或曰《事

語》，或曰《長書》，或曰《修書》。書名如此不一，其著者非一人可知。
蓋蒯通先成五篇，其餘二十八篇主父偃續，或不止主父一人。

(五)《戰國策》每篇約十餘首，蒯通書《漢志》有五篇，以每篇十餘首計，
則與《史記》所云蒯通書八十一首合。《史記》採《戰國策》約八、九
十事，與蒯通八十一首之數，相差不多，是蒯通書即《戰國策》。

(六) 蒯通，齊人，《戰國策》紀事，亦以齊為最多。

(七)《漢書‧蒯通傳》載蒯通說徐公，說韓信，說曹相國，文辭之誇誕好辯，
及文法之組織，皆與《戰國策》毫無二致。

(八) 司馬遷謂，秦代以前，諸侯史記已燬，則《戰國策》必作於漢代。

(九)《淮南子‧要略》云：「故縱橫修短生焉。」此縱橫修短，必指《戰國
策》無疑，可見淮南王時已有《戰國策》，則《戰國策》之成書，當在
燒書以後至淮南王安以前不滿百年之中，蒯通適逢其時。

　　綜上所列，知清‧牟默人以為《戰國策》三十三篇即蒯通所作之八十一首，
由劉向除去四十八首而成。羅根澤則以為，作始者為蒯通，增補並重編者為劉向，
唯非由蒯氏八十一首除去四十八首，主父偃亦非《戰國策》之作者，劉向所據補
之材料，疑取自蘇、張諸人之書。金德建所推測，則假設司馬遷所見過之《戰國
策》，即蒯通書五篇八十一首，而以為三十三篇者，即其五篇加上主父偃之二十八
篇，或所續之二十八篇不盡作於主父偃一人。然則謂《戰國策》即蒯通一人之書
者有清‧牟默人也；羅氏則以為蒯通始作，劉向增編；金德建則益以主父偃，或
主父偃等人。

　　要之，羅、金二氏雖不歸三十三篇為蒯通一人所有，然皆以蒯通為《戰國策》
作者，或始創者矣。張心澂則不以為然。張氏《偽書通考‧史部‧雜史類》「《戰國
策》條」以為：

(一)《雋永》即《蒯子》。

(二)《蒯子》非《戰國策》。劉向所校《戰國策》，書名之異，俱一一道及，共
有六名，如尚有名「雋永」者，向博極群書，豈不列入？蒯通之書，既
係論戰國權變，則與《戰國策》相同之語，亦不能保其必無，但亦不能
因其有，而即以《戰國策》作者之名義歸之也。

(三) 長短之說，即戰國權變之術，非蒯通一人所專有，亦非其一人所專長，
《漢志》舉縱橫十二家，乃其有著作者耳，其無著作傳者，不知凡幾，
主父偃習長短縱橫術，且所撰有二十八篇，多於《蒯子》，與其謂《戰
國策》為通作，毋寧謂為偃作，然《漢志》於《戰國策》之外，俱別載

此二家，不能因其篇數相合，而斷爲劉向取之爲《戰國策》也。

（四）《戰國策》所包者不祇長短說，《戰國策》不但曰《長書》、《修書》、《短長》，尚有《國策》、《國書》、《事語》之名，則其內容所包者，尚有記事，故劉向〈敘錄〉謂：「其事繼《春秋》以後，訖楚、漢之起，二百四十五年間之事。」《漢志》以之入〈春秋類〉，而《隋志》以之入〈雜史〉，非蒯通之《雋永》五篇所能盡也。

（五）《戰國策》不應有戰國以後之事，如載韓信、蒯通事，其列入何國耶？

（六）文體不殊，有三說可以解釋之：一、同屬戰國末之人，所記又有同屬一類之事，當時通行之文體如此，故無甚殊異。二、劉向校補時，經整理潤色，而〈敘錄〉未言及。三、劉向以「國別八篇一本」爲本，以他本補之，補時即照國別一本之文體，以成一律，《四庫提要》非一人所作，而文體亦尚一致，自漢以下之史書，雖多非一人之手所撰，而由一人總其成，故文體亦未嘗不一致，《戰國策》殆亦猶是，非類書、總集之比，乃劉向就原有之資料總其成也。

（七）戰國遊士所必習者，最主要之學科爲「權變術」，乃遊士設策之方法，以爲得志後應付一切事變之用，此爲實用之學，自不能憑空爲學理之研究，未來事實，亦無從預想而預定權變之方法，故唯據以往權變之事，舉隅反三，爲隨時臨機應變之所本，神而明之，存乎其人，故戰國時各游士所經過之事，及其言辭說策，皆爲最寶貴之資料，集而聚之，斯成爲權變術，而爲教者與學者之所用矣。游說之士，學此「權變術」，亦必有授者，此固有不必即爲游士，或亦有退休之人，或專業此者，凡授此術者，皆以往事授之，所授者集成教本，或教者所撰，或學者所記，或一人綜其所得而潤色之，或轉相傳授而增益修整之，或彼此傳抄。授者、學者、傳抄者既不一其人，則所流傳之本，亦不止一種，名稱固亦不一，經秦後，此術式微，及楚、漢起，亦隨而復活，漢定天下，猶煽其餘烈，致有淮陰、淮南之叛，嗣後亦無所施其技矣。及向時所見於中書者，猶有六名及多卷，以其「皆高才秀士度時君之所能行，出奇策異智，轉危爲安，運亡爲存，亦可喜，皆可觀」，因以校編之爲《戰國策》。至其作者之主名，則不一其人而失傳矣。

按以上所列舉，牟氏之說既難成立，羅、金之論，亦未敢遽定，蓋年代久遠，文獻不足徵也。然則謂《戰國策》爲蒯通所作，乃臆測之詞也。今考漢代於《戰國策》之注釋，唯高誘及延篤二家耳。

## 一、高誘《戰國策》注

　　《戰國策》自劉向刪補校併爲定本後，高誘始爲之注。誘，涿郡人，建安中，曹操辟爲司空掾，除東郡濮陽令，遷監河東。除注《戰國策》外，別有《呂氏春秋注》二十六卷，《淮南子注》二十一卷，又有《孝經解》、《孟子章句》若干卷。〔註6〕

　　所注《戰國策》，《隋志‧雜史類》著錄二十一卷，與劉向《錄》之「《戰國策》三十二卷」並列，《唐日本國見在書目》則載爲「《戰國策》三十三卷，劉向撰，高誘注。」蓋已合二書於一編之中，兩《唐志》乃並作三十二卷。至《宋志》之既稱「高誘注《戰國策》三十三卷」其歸類又改入子部縱橫家者，蓋據《郡齋讀書志》而誤，故《四庫提要》卷五十一案曰：

　　　　《漢‧藝文志》：《戰國策》與《史記》爲一類，歷代史志因之。晁公武《讀書志》始改入子部縱橫家，《文獻通考》因之。案班固稱司馬遷作《史記》，據《左氏》、《國語》，采《世本》、《戰國策》，述楚、漢春秋，接其後事，迄於天漢，則《戰國策》當爲史類更無疑義，且子之爲名，本以稱人，因以稱其所著，必爲一家之言，乃當此目，《戰國策》乃向裒合諸記，併爲一編，作者既非一人，又均不得其主名，所謂子者安指乎？公武改隸子部，是以記事之書爲立言之書，以雜編之書爲一家之書，殊爲未允，今仍歸之史部中。

　　其書宋時已有殘缺，是以《崇文總目》卷二云：「後漢‧高誘注，本二十卷，今闕第一、第五、十一至二十，止存八卷。」至於曾鞏所見，則存十篇。錢大昕〈戰國策序〉因謂：「《戰國策》自劉子政校定，至宋嘉祐間，已多散佚。今所傳者，皆出曾南豐重校本。高氏《注》，隋時止存二十一篇，今僅存十篇。以高注《呂氏》、《淮南》相校，頗有繁省之殊，似十篇《注》尚非足本也。」

　　知今所見之《戰國策》，乃出宋‧曾鞏之搜訪校正，始又完具，高氏《注》，則早已亡闕，《四庫全書》之存有《戰國策注》三十三卷者，館臣乃於《提要》卷五十詳論之曰：「舊本題漢‧高誘注，今考其書，實宋‧姚宏校本。《文獻通考》引《崇文總目》曰：《戰國策》篇亡闕，第二至第十、第三十一至第三十三闕；又有後漢‧高誘注本二十卷，今闕第一、第五、第十一至二十，止存八卷。曾鞏〈校定序〉曰：此書有高誘《注》者二十一篇，或曰三十二篇，《崇文總目》存者八篇，今存者十篇。此爲毛晉汲古閣影宋鈔本，雖三十三卷皆題曰『高誘注』，而有誘《注》者僅二卷至四卷、六卷至十卷，與《崇文總目》八篇數合，又最末三十二、三十三兩卷，合前八卷，

與曾鞏〈序〉十篇數合，而其餘二十三卷則但有考異而無《注》，其有《注》者，多冠以『續』字，其偶遺『續』字者，如〈趙策・一・郄疵注、雕陽注〉皆引唐林寶《元和姓纂》，〈趙策・二・甌越注〉引魏・孔衍《春秋後語》，〈魏策・三・芒卯注〉引《淮南子・注》，衍與寶在誘後，而《淮南子・注》即誘所自作，其非誘《注》可無庸置辨。蓋鞏校書之時，官本所少之十二篇，誘書適有其十，惟闕第五、第三十一，誘書所闕，則官書悉有之，亦惟闕第五、第三十一，意必以誘書足官書，而又於他家書內摭二卷補之，此官書、誘書合爲一本之由，然鞏不言校誘《注》，則所取惟正文也。」又曰：「姚宏重校之時，乃併所存誘《注》入之，故其〈自序〉稱『不題校人，並題「續注」者皆余所益』，知爲先載誘《注》，故以『續』爲別，且凡有誘《注》復加校正者，並於夾行之中又爲夾行，與無《注》之卷不同，知校正之時，《注》已與正文並列矣。卷端曾鞏、李格、王覺、孫朴諸序跋，皆前列標題，各題其字，而宏〈序〉獨空一行，列於末，前無標題，序中所言體例，又一一與書合，其爲宏校本無疑，其卷卷題高誘名者，殆傳寫所增，以贋古書耳。書中校正稱『曾』者，曾鞏本也；稱『錢』者，錢藻本也；稱『劉』者，劉敞本也；稱『集』者，集賢院本也；無姓名者，即宏〈序〉所謂『不題校人，爲所加入』者也。其點勘頗爲精密，吳師道作《戰國策鮑注補正》亦稱爲善本，是元時猶知《注》出於宏，不知毛氏宋本何以全題高誘？考周密《癸辛雜識》稱賈似道嘗刊是書，豈其門客廖瑩中等皆媟藝下流，昧於檢校，一時誤題，毛氏適從其本影鈔歟？近時揚州所刊，即從此本錄出，而仍題誘名，殊爲沿誤。」《四庫全書》因於原有《注》之卷，題「高誘注，姚宏校正、續注」；原《注》已佚之卷，則唯題「姚宏校正、續注」，而不列誘名。

是今所謂之高誘《注》三十三卷本，實爲宋・姚宏因誘《注》殘本而補之者，其爲誘《注》者，僅二卷至四卷，六卷至十卷，併末三十二、三十三卷耳。今除《四庫全書》外，《雅雨堂藏書》及《畿輔叢書》中並有「高誘注《戰國策》三十三卷」，又《士禮居黃氏叢書》、《袖珍古書讀本》、《叢書集成初編・史地類》、《四部備要・史部・古史》中，並有「高誘注《戰國策》三十三卷，附黃丕烈《札記》三卷」。其校本以士禮居本爲佳。

## 二、延篤《戰國策論》

延篤，字叔堅，南陽犨人。少從潁川唐溪典受《左氏傳》，又從馬融受業，博通經傳及百家之言，能著文章，有名京師。舉孝廉，爲平陽侯相，以師喪棄官奔赴，五府並辟不就。桓帝時，以博士徵，拜議郎，與朱穆、邊韶共著作東觀，稍遷侍中。帝數問政事，篤詭辭密對，動依典義。遷左馮翊，又徙京兆尹。其政用

寬仁，憂恤民黎，擢用長者與參政事，郡中歡愛，三輔咨嗟焉。免歸，教授家巷。後遭黨事禁錮。永康元年（167）卒于家。其論經解傳，多所駁正，所著詩論銘書表令凡二十篇。〔註7〕

　　所撰《戰國策論》一卷，見於隋、唐《志》著錄，今佚，《史記‧高祖本紀》索隱、〈蘇秦傳〉索隱、〈魯、鄒傳〉索隱、〈匈奴傳〉索隱，及〈文選‧求立太宰碑〉注、〈曹公與孫權書〉注、〈檄吳將校部曲〉注及阮籍〈詠懷詩〉注等並引之。〔註8〕今據諸書所引，其書之稱名，乃各有不同，如〈魯仲連傳〉索隱稱「延篤注《戰國策》」等是，今以書既亡失，片言隻字，固無以明其究竟，然考其文字，乃有非論體者，或其書之卷首有論一篇，隋、唐《志》遂以論名之，〔註9〕其體例與作法，則或與陸德明《經典釋文》及宋庠《國語補音》相彷彿。〔註10〕

〔註 7〕見《後漢書》列傳第五十四。
〔註 8〕見章宗源《隋書經籍志考證》卷三。
〔註 9〕見姚振宗《後漢藝文志》卷二。
〔註10〕見鄭良樹《戰國策研究》第五章。

# 第二章　兩漢所撰歷紀古今之書

　　《昭明文選》卷四十一載司馬子長〈報任少卿書〉曰：「僕竊不遜，近自託於無能之辭，網羅天下放失舊聞，略考其行事，綜其終始，稽其成敗興壞之紀，上計軒轅，下至于茲，爲十表，本紀十二，書八章，世家三十，列傳七十，凡百三十篇，亦欲以究天人之際，通古今之變，成一家之言。」又《後漢書》列傳第十六〈伏湛傳〉云：「桓帝復詔無忌與黃景、崔寔等，共撰《漢記》。又自采集古今，刪著事要，號曰《伏侯注》。」李賢《注》稱：「其書上自黃帝，下盡漢質帝，爲八卷，見行於今。」《論衡》卷十三〈超奇篇〉謂：「長生之才，非徒銳于牒牘也，作《洞歷》十篇，上自黃帝，下至漢朝，鋒芒毛髮之事，莫不紀載，與太史公表紀相似類也。」其兩漢歷紀古今之書今可考見者，計有司馬遷《史記》、伏無忌《古今注》，及周樹《洞歷》。

## 第一節　《太史公書》及褚少孫等諸家之補刪、音注

### 一、司馬遷《史記》

　　潘重規教授《史記導論・前言》嘗稱：

　　　　《史記》不是附庸於某一朝代的史書，而是大公無私，站在全民立場
　　的一部最早的中華民族的通史。

又《史通・六家篇》曰：「《史記》家者，其先出於司馬遷。」又曰：「至梁武帝，又勅其羣臣，上自太初，下終齊室，撰成《通史》六百二十卷……，其後元魏濟陰王暉業，又著《科錄》二百七十卷，其斷限亦起自上古，而終至宋年。……皇家顯慶中，符璽郎隴西李延壽，抄撮近代諸史，南起自宋，終於陳，北始自魏，卒於隋，合一百八十篇，號曰《南北史》。……凡此諸作，皆《史記》之流也。」《通志・序》

亦云：「迨漢建元元封之後，司馬氏父子出焉。世司典籍，工於制作，故能上稽仲尼之意，會《詩》、《書》、《左傳》、《國語》、《世本》、《戰國策》、《楚漢春秋》之言，通黃帝、堯、舜至於秦、漢之世，勒成一書，分爲五體。」鄭樵續更以爲：「使百代而下，史官不能易其法，學者不能捨其書。」知司馬遷《史記》，實爲通史之先河，如梁武帝之《通史》，以至於李延壽之《南北史》，乃皆承其後者，以其工於制作，百代而下，學者誠不能捨其書也。

語乎文章，《史記》亦六經以來之鉅麗，是以明·茅坤刻〈史記評林序〉云：

> 太史公之才，天固縱之，以虬龍杳幻之怪，嫋裊超逸之姿，然於六藝、百家之書，無所不讀，獨能抽其雋，而得其解，故於三皇、五帝邈矣，次夏、商以來，治亂、興亡、因革、損益之大，王侯、將相、功罪、名實之微，律曆、天官、封禪、平準之變，讒言、冶色、亂臣、賊子之詳，班彪父子雖或不能無譏，要之其所獨得其解處，譬之雲漢之蔚而爲象，風雷之觸而成聲，天動神解，洞竅擢髓，孔氏沒而上下二千年來，此其風騷之極者已，世之讀其書，而好之者眾矣。

又云：

> 搢紳學士間出，而摹畫之者，仰並焦心殫思矣，然予伏讀之，譬則奏鈞天於洞庭之野，而伶人樂工，或得其絲，或得其竹，引商刻羽，繁文促節之細者爾，求其八音之備，六律之邕，規規於耳所得而嘗者，且不能也，而況望其馬仰秣，而魚出聽，天神、地祇之翩然乎來而翔也，而耳之所不得而盡嘗者乎，予故謂太史公復出，雖欲自言其至，而亦有所不能者。〔註1〕

茅坤之以爲太史公復出，雖欲自言其至，亦有所不能，是於司馬遷之成就，極致其讚賞之事。又如呂祖謙亦曰：

> 太史公之書法，豈拘儒曲士所能通其說乎？其指意之深遠，寄興之悠長，微而顯，絕而續，正而變，文見於此，而起意在彼，若有魚龍之變化，不可得而蹤跡者矣。讀是書者，可不參考互觀以究其大指之所歸乎！〔註2〕

是太史公之爲文，誠必氣充乎其中，溢乎其貌，動乎其言，而見乎其文，方能如斯也。故葉盛謂：「六經而下，左丘明傳《春秋》而千萬世，文章實祖于此，繼丘明者，司馬子長，子長爲《史記》而力量過之，在漢爲文中之雄。」〔註3〕《太史公書》如此，宜乎能歷代流傳而學者寖多，研讀散文者，莫不奉爲圭臬。

---

〔註1〕見《補標史記評林》卷首〈序〉。
〔註2〕見《補標史記評林》卷首〈讀史總評〉。
〔註3〕同前。

按，司馬遷，字子長，生於馮翊夏陽縣，即今陝西省韓城縣芝川鎮，楊師家駱《太史公父子年譜》謂：以韓城縣與山西省河津縣（舊龍門縣）隔黃河相對，龍門山則跨其兩岸，芝川鎮在山南河曲數十里間，故遷自謂「生龍門」也。〔註4〕其生卒年不見於《史記》自序及《漢書》本傳，據自序之云：「太初元年」，（西元前 104）《正義》謂：「遷年四十二歲」，王國維著《太史公繫年考略》一書，因謂遷生於漢景帝中五年（西元前 145）；又以《漢書・宣帝紀》載，武帝後元二年（西元前 87），遣使盡殺長安獄囚，內謁者令郭穰夜至郡邸獄云云（內謁者令，即中書謁者令，亦即中書令），是遷時已不在中書，梁啟超於《要籍解題及其讀法》中，因以為計當前卒矣，據楊師家駱敘遷之年，則至六十歲止，以為「王國維考郭穰於次年已為中書謁者令，謂遷時必已去官，或前卒矣，故姑定本年為遷卒歲，其說可從。」〔註5〕則時在漢昭帝始元元年（西元前 86）。

遷原耕牧河山之陽，十歲，隨父至京，從孔安國讀古文，就《史記》考之，歷年所習誦者，蓋有《詩》、《書》、《世本》、《春秋》、《左傳》、《國語》、《論語》、《弟子籍》諸書。二十而南游江、淮，上會稽，探禹穴，闚九疑，浮於沅、湘；北涉汶、泗，講業齊、魯之都，觀孔子之遺風，鄉射鄒、嶧；戹困蕃、薛、彭城，而過梁、楚以歸，〔註6〕其足跡所至，固非一年之事，見於《史記》所述者，乃有：

余嘗西至空桐，北過涿鹿，東漸於海，南浮江、淮矣。（卷一〈五帝本紀〉）

余從巡，祭天地諸神名山川而封禪焉，入壽宮，侍祠神語。（卷二十八〈封禪書〉）

余南登廬山，觀禹疏九江，遂至於會稽、太湟，上姑蘇，望五湖，東闚洛納、太邳、迎河，行淮、泗、濟、漯、洛渠，西瞻蜀之岷山及離碓，北自龍門至於朔方。（卷二十九〈河渠書〉）

吾適齊，自泰山屬之琅邪，北被於海，膏壤二千里。（卷三十二〈齊太公世家〉）

吾適故大梁之墟。（卷四十四〈魏世家〉）

（余）適魯。（卷四十七〈孔子世家〉）

余登箕山，其上蓋有許由冢云。（卷七十五〈伯夷列傳〉）

吾嘗過薛。（卷七十五〈孟嘗君列傳〉）

〔註4〕見《史記今釋》附編二。
〔註5〕見所撰《太史公世系》、《太史公父子年譜》及《著史年代考》。
〔註6〕見《史記》卷一百三十〈自序〉。

> 吾過大梁之墟。（卷七十七〈魏公子列傳〉）
>
> 吾適楚。（卷七十八〈春申君列傳〉）
>
> （余）適長沙。（卷八十四〈屈原賈生列傳〉）
>
> 吾適北邊，自直道歸。（卷八十八〈蒙恬列傳〉）
>
> 吾如淮陰。（卷九十二〈淮陰侯列傳〉）
>
> 吾適豐沛。（卷九十五〈樊酈滕灌列傳〉）
>
> 余至江南。（卷一二八〈龜策列傳〉）

之言。及以郎中西征巴、蜀以南，南略邛、筰、昆明，還報命時，正漢武帝元封元年（西元前 110）天子始建漢家之封。是遷之遊踪，就當時全漢版圖觀之，所歷殆徧，凡陝西、山西、山東、河南、河北、甘肅、江西、江蘇、浙江、湖南、四川，以至於西康、雲南等，無不經行，斯亦奇矣。

遷既自西南還，時武帝以封禪東行，談扈駕至緱氏、崇高間，以病滯留周南，遷因得見父於河洛之間，談執遷手而泣曰：

> 余先，周室之太史也，自上世嘗顯功名於虞、夏，典天官事，後世中衰，絕於予乎？汝復為太史，則續吾祖矣。今天子接千歲之統，封泰山，而余不得從行，是命也夫！命也夫！余死，汝必為太史，為太史，無忘吾所欲論著矣。且夫孝，始於事親，中於事君，終於立身，揚名於後世，以顯父母，此孝之大者。夫天下稱誦周公，言其能論歌文、武之德，宣周、邵之風，達太王、王季之思慮，爰及公劉，以尊后稷也。幽、厲之後，王道缺，禮樂衰，孔子脩舊起廢，論《詩》、《書》，作《春秋》，則學者至今則之。自獲麟以來四百有餘歲，而諸侯相兼，史記放絕。今漢興，海內一統，明王賢君，忠臣死義之士，余為太史而弗論載，廢天下之史文，余甚懼焉，汝其念哉！〔註7〕

遷俯首流涕曰：

> 小子不敏，請悉論先人所次舊聞，弗敢闕。〔註8〕

是遷之撰史，乃承其父談未竟之業。

遷後扈從帝封泰山，故《史記》卷二十八〈封禪書〉曰：「余從巡祭天地諸神名山川而封禪焉。」談既卒，翌年，即武帝元封二年（西元前109），帝臨決河，命群臣將軍以下皆負薪塞河隄，遷扈駕行，作〈河渠書〉，楊師家駱考遷著史年代，乃以為〈河渠書〉實《史記》最先撰成之一篇，《史記》之作，應以是年為始，歷二十年

---

〔註7〕同前。
〔註8〕同前。

而成，書成又四年遷卒。〔註9〕

　　遷既撰史，父卒三歲而爲太史令，乃紬讀石室、金匱之藏書論次之。武帝太初元年（西元前 104），遷奉詔修《太初曆》，爲我國曆學一大改革，始末具《漢書·律曆志上》。天漢三年（西元前 98）以遭李陵之禍，嘗喟然嘆身毀不用矣，既而深惟，《詩》、《書》隱約者，欲遂其志之思也，昔西伯、孔子、屈原、左丘、孫子、不韋、韓非，亦皆意有鬱結，因隱忍苟活，函糞土而不辭，乃在獄中，發憤著史。

　　太始元年（西元前 96）赦天下，遷出獄，爲中書謁者令，尊寵任職，故人益州刺史任安，嘗責以推賢進士之義，遷後報書，既舒憤懣，而重申李陵之冤，亦論及所著史，曰：「網羅天下放失舊聞，略考其行事，綜其終始，稽其成敗興壞之紀，上計軒轅，下至于茲，爲十表，本紀十二，書八章，世家三十，列傳七十，凡百三十篇，亦欲以究天人之際，通古今之變，成一家之言。」〔註10〕是其時書之擬目已定矣。及司馬遷之寫定〈自序〉，則《史記》一百三十篇蓋已粗成，是以既述各篇之所以作，又言上記軒轅，下至於茲，著十二本紀，作十表、八書、三十世家、七十列傳，凡百三十篇，目次與〈報任安書〉異，而與今本合，且能謂《太史公書》計「五十二萬六千五百字」。然欲協六經異傳，齊百家雜語，原始察終，見盛觀衰，以究天人之際，通古今之變者，固不能輕易定其稿，是終遷之世，當亦不能自視其即爲定本也。

　　考《史記》卷一百三十太史公〈自序〉嘗引孔子之言曰：

　　　　我欲載之空言，不如見之於行事之深切著明也。

又曰：

　　　　余所謂述故事，整齊其世傳，非所謂作也。……述往事，思來者，於是卒述陶唐以來，至于麟止。……周羅天下放失舊聞，王迹所興，原始察終，見盛觀衰，論考之行事，略推三代，錄秦、漢，上記軒轅，下至于茲。著十二本紀，既科條之矣，竝時異世，年差不明，作十表。禮樂損益，律曆改易，山川鬼神，天人之際，承敝通變，作八書。二十八宿環北辰，三十輻共一轂，運行無窮，輔拂股肱之臣配焉，忠信行道，以奉主上，作三十世家。扶義俶儻，不令己失時，立功名於天下，作七十列傳。凡百三十篇，五十二萬六千五百字，爲《太史公書》。

復曰：

　　　　余述歷黃帝以來，至太初而訖，百三十篇。

---

〔註 9〕見所撰《太史公世系》、《太史公父子年譜》及《著史年代考》。
〔註10〕見《昭明文選》卷四十一。

是《太史公書》之體例及其內容，由此而隱然可見。其既述著史之目的矣，又言著史之方法，語乎體裁，則有紀、表、書、世家、列傳。唯於敘事之終限，記載難明，後世因有訖於元狩、太初、天漢，或謂盡於孝武之事，及以爲「太初」，蓋誤「始」爲「初」諸說。

　　按，元狩元年，即西元前一二二年，崔適、梁啓超等皆以爲《史記》事當訖於元狩。崔適《史記探源》以「麟止」爲元狩元年獲白麟事，以《史記》嗣後記事爲後人附益；梁啓超《要籍解題及其讀法》亦引〈太史公自序〉「至於麟止」句《集解》之引張晏曰：「武帝獲麟，以爲述事之端，上包黃帝，下至麟止，猶《春秋》止於獲麟也。」《漢書・揚雄傳》之云：「太史公記六國，歷楚、漢，訖麟止。」《後漢書・班彪傳》之謂：「太史令司馬遷，上自黃帝，下訖獲麟，作本紀、世家、列傳、書、表凡百三十篇。」而以爲：

　　　　麟止一語，殆爲鐵案。

梁氏且謂：

　　　　凡此年以後之記事，皆非原文，此標準宜爲可信據者。

　　又太初凡四年，如訖太初四年，西元前一〇一年，則距「元狩」之限二十二年。瀧川資言於〈史記總論〉之「史記記事條」即以爲：「史訖於太初，史公自言，不待辨說。」其言曰：

　　　　〈漢興以來諸侯年表・序〉云：「臣遷謹記高祖以來至太初諸侯。」〈高祖功臣侯者年表・序〉云：「天下初定，至太初，百年之間，見侯五。」〈太史公自序〉云：「述陶唐以來至于麟止。」又云：「漢興以來，至於太初百年，諸侯廢立分削，譜記不明。」又云：「太史公曰：余述歷黃帝以來，至太初而訖。」服虔解麟止云：「武帝至雍，獲白麟，而鑄金作麟足形，故曰麟止，遷作《史記》止於此，猶《春秋》終於獲麟然也」（《史記索隱》引）。梁玉繩申服說云：「武帝因獲白麟，改號元狩，下及太初四年，凡二十二歲，再及太始二年，凡二十八歲，更黃金爲麟趾褭蹏，蓋紀前瑞焉，而史公借以終其史，假設之辭耳」（《史記志疑》）。愚按：「史訖於太初，史公自言，不待辨說。麟止，依元狩事，假〈周南〉詩，以表作史之時，非言訖史之年也。與太始二年黃金鑄麟趾，元無交涉。其不言獲麟者，避嫌也。」

潘重規教授《史記導論》之論「史記記事的開端和截稿」亦以爲：

　　　　這便是我們指出《史記》是從黃帝起，到太初年止的確鑿根據。至於《史記》書中偶有太初以後征和以前的記事，這乃是史公在太初以後插進

去的，我在〈史記紀事終訖年限考〉（《大陸雜誌》第十八卷七、八期，民國四十八年）一文中，已有詳細的辯明。

其指為天漢說者，則有裴駰、張守節、司馬貞等。按裴駰《史記集解・序》云：

> 班固有言曰：「司馬遷據《左氏》、《國語》，采《世本》、《戰國策》，述楚、漢春秋，接其後事，訖于天漢。」

《索隱》謂：

> 言太史公所記，迄至武帝天漢之年也。

又司馬貞《史記索隱・序》亦云：

> 上始軒轅，下訖天漢。

張守節《史記正義・序》亦謂：

> 上起軒轅，下既天漢。

今考《漢書・司馬遷傳贊》有：「司馬遷據《左氏》、《國語》，采《世本》、《戰國策》，述楚、漢春秋，接其後世，訖於大漢」之言，則如將「天漢」改作「大漢」，當謂其書「上起軒轅，下既大漢」也。

盡於孝武說者，褚少孫也。《史記》卷二十〈建元以來侯者年表〉褚先生曰：

> 太史公記事，盡於孝武之事，故復修記孝昭以來功臣侯者，編於左方，
> 令後好事者得覽觀成敗長短絕世之適，得以自戒焉。

按，武帝最末一年為後元二年，即西元前八七年，距「元狩」之限為三十六年。如謂太史公記事，「始於黃帝，盡於孝武」，則「元狩」、「天漢」、「太初」皆孝武年號，而司馬記事，固止於武帝時也。

至謂誤「太始」為「太初」說者，見於楊師家駱《太史公父子年譜・司馬遷著史年代考・太始二年》條。按太始二年，西元前九五年，距「元狩」之限二十八年。

楊師家駱云：

> 按〈序略〉既稱：「至於麟止」，又稱：「至太初而訖」，蓋「始」誤為「初」也，《史記》雖亦有記太始二年以後之事者，然確可證出於遷手者固不多，行文涉事，猶抽刀斷水，殊難截然而止，斷限之意，就其大體言之也。

又孫德謙《太史公書義法》卷下「考年」條亦云：

> 是年，詔有獲麟之語，故知其書成為二年也。

又云：

> 服虔、張晏於「麟止下」作《注》皆云：「鑄金作麟足形。」今詔有「更黃金為麟趾褭蹏以協瑞焉」之文，則正就此年言也。遷故不曰止於獲

麟，而曰至於麟止，可知其爲太始二年矣。

綜上五說，其謂太始二年者，已爲武帝末期，則與褚少孫盡於孝武之意合。

又考遷所著書，《漢志‧六藝略‧春秋類》著錄，稱「《太史公》百三十篇」，今則率稱爲《史記》。尋《史記》之名，本通稱史官記事之書，故《呂氏春秋》卷二十二〈察傳〉篇曰：「子夏之晉，過衞，有讀史記者，曰：『晉師三豕涉河。』」東方朔之署遷書，乃以「太史公」爲名，〔註11〕司馬遷書成，於〈太史公自序〉中亦稱之曰「太史公書」，蓋以官名書也。〔註12〕褚少孫補〈龜策列傳〉則曰：「竊好《太史公傳》。」又《漢書》卷六十六〈楊敞傳〉謂：「惲母，司馬遷女也，惲始讀外祖《太史公記》。」是稱「太史公傳」、「太史公記」者，猶稱「太史公」或「太史公書」，仍不離其官稱也。及《三國志》卷十三〈王肅傳〉之云：「（明）帝又問：『司馬遷以受刑之故，內懷隱切，著《史記》……』（王肅）對曰：『漢武帝聞其述《史記》……。』」此一問一答之間，竟全以「史記」爲名，知「史記」一詞，稱之者既多，蓋已漸成《太史公書》之專名，〔註13〕至於《隋志》所著錄，則已盡稱爲《史記》而列於正史類之首矣。

《太史公書》，既繼《春秋》而作，且創爲紀傳體之正史，故《廿二史箚記》卷一云：「古者左史記言，右史記事，言爲《尚書》，事爲《春秋》。其後沿爲編年、記事二種。記事者以一篇記一事，而不能統貫一代之全；編年者，又不能即一人而各見其本末。司馬遷參酌古今，發凡起例，創爲全史。本紀以序帝王，世家以紀侯國，十表以繫時事，八書以詳制度，列傳以誌人物。然後一代君臣政事賢否得失，總彙於一編之中。自此例一定，歷代作史者，遂不能出其範圍，信史家之極則也。」是納本紀、表、書、世家、列傳五體於一編者，誠始於《史記》，然稽之太史公述而不作之意，則其紀、傳各體又當皆有所本。據《史記》卷一百二十三〈大宛列傳〉太史公曰：

---

〔註11〕見《史記》卷十二〈孝武本紀‧索隱〉引桓譚《新論》。又見卷一百三十〈太史公自序〉。

〔註12〕按，楊師家駱之《太史公父子年譜》，於遷三十三歲條云：「太史令爲官名，太史公爲敬稱。」遷四十二歲條亦云：「遷官爲太史令，太史公特稱謂而已。」又《廿二史考異》卷五曰：「按，子長述先人之業，作書繼《春秋》之後，成一家言，故曰《太史公書》。以官名之者，承父志也。」

〔註13〕按，王叔岷〈史記名稱探源〉以爲《魏志‧王肅傳》云云，蓋專稱遷書爲「史記」之始。見《史記今釋》附編一。又《廿二史考異》卷五云：「《史記》之名，疑出魏、晉以後，非子長著書之意也。」

　　　　《禹本紀》言河出崑崙……《禹本紀》、《山海經》所有怪物，余不敢

　　言之也。

又潘重規教授《史記導論》之論《史記》體製，引清‧秦嘉謨之言曰：

　　　　案《左傳》襄二十一年《正義》引記文曰：太甲，湯孫。《史記索隱》

　　　　及《路史注》亦引《世本》紀文。「記」與「紀」古音同，此即《史記》

　　　　本紀之所本。

知遷書之前已有本紀之作，遷蓋即用其體。其本紀十二，曰：五帝、夏、殷、周、

秦、秦始皇、項羽、高祖、呂后、孝文、孝景、孝武是也。卷一百三十〈太史公自

序〉稱：「既科條之矣。」瀧川資言《考證》引王先謙曰：「科分條例，大綱已舉也。」

是本紀者，當為全書之綱紀，故卷一〈五帝本紀〉正義引裴松之《史目》云：「本者，

繫其本系，故曰本；紀者，理也，統理眾事，繫之年月，名之曰紀。」是以本紀用

以紀帝王。然楚義帝則無紀，蓋以政非己出，如項羽之能宰制天下，則為入紀，女

王臨朝，亦有后紀，至如周、秦紀之敘及先世，則或有失斷限矣。

　　又〈太史公自序〉曰：

　　　　維三代尚矣，年紀不可考，蓋取之譜牒舊聞，本于茲，於是略推，作

　　　　〈三代世表〉。

又曰：

　　　　幽、厲之後，周室衰微，諸侯專制，《春秋》有所不紀，而譜牒經略，

　　　　五霸更盛衰，欲睹周世相先後之意，作〈十二諸侯年表〉。

是太史公既讀譜牒矣，其十表之作，亦有由來。《史記導論》之論《史記》體製亦謂：

「《世本》又有王侯譜、大夫譜。桓譚《新論》及劉杳皆云：『太史公諸世表，旁行

斜上，並效周譜。』」潘教授因以為《史記》十表亦擬《世本》。今考「十表」者：〈三

代世表〉、〈十二諸侯年表〉、〈六國年表〉、〈秦楚之際月表〉、〈漢興以來諸侯王年表〉、

〈高祖功臣侯者年表〉、〈惠景間侯者年表〉、〈建元以來侯者年表〉、〈建元以來王子

侯者年表〉、〈漢興以來將相名臣年表〉是也。按，「表」者，明也，謂事微不著，須

表而明之，與紀傳相為出入者也。其為體也，或年經而國緯，或國經而年緯，或主

地，或主時，或主事，代遠則用世表，近則年表、月表，有已入紀傳而表之者，有

未入而牽連表之者，表立然後紀傳可省，是讀史必讀表也。故《二十二史箚記》卷

一曰：「凡列侯、將相、三公、九卿，功名表著者，既為立傳，此外大臣無功、無過

者，傳之不勝傳，而又不容盡沒，則於表載之。作史體裁，莫大於是。」《史通》卷

十六「雜說上」亦曰：「觀太史公之創表也，於帝王則敘其子孫，於公侯則紀其年月，

列行縈紆以相屬，編字戢疊而相排，雖燕、越萬里，而於徑寸之內，犬牙可接，雖

昭、穆九代，而於方寸之中，雁行有敘，使讀者閱文便覩，舉目可詳，此其所以爲
快也。」《史記》已有十表，後人校補者亦多，如汪越有《讀史記十表》十卷（徐克
范補），吳非有《楚漢帝月表》，王元啓有《史記月表正譌》，盧文弨有《史記惠景間
侯者年表校補》，並見於開明書店《二十五史補編》第一冊。

　　〈太史公自序〉又云：

　　　　維三代之禮，所損益各殊務，然要以近情性，通王道，故禮因人質爲
　　　　之節文，略協古今之變，作〈禮書〉。

又《史通》卷三〈書志篇〉曰：

　　　　去刑法禮樂，風土山川，求諸文籍，出於三禮。及班、馬著史，別裁
　　　　書、志，考其所記，多效《禮經》。且紀傳之外，有所不盡，隻字片文，
　　　　於斯備錄，語其通博，信作者之淵海也。

考《世本》亦有〈作篇〉，記占驗、飲食、禮、樂、兵、農、車服、圖書、器用、藝
術之原。潘重規教授謂：「《世本》有〈居篇〉，述黃帝以來都會所在。有〈作篇〉，
紀歷代制作發明家。有〈諡法〉，定名號的褒貶。」〔註 14〕此蓋《史記》八書之所
出也。故於《史記・禮書・索隱》乃曰：「此之八書，記國家之大體。」八書者，禮、
樂、律、曆、天官、封禪、河渠、平準書是也，朝章國典，於焉備錄。其爲體也，
類敘而羅列，首尾畢全，是以史若無志，難謂完史，然志而不條貫，亦難稱良史，
知修志之難，以非悉於憲章者不能爲也。《史記》既有八書，後人亦有補之者，如清
王元啓有《史記三書正譌》三卷，錢塘有《史記三書釋疑》三卷，孫星衍有《史記
天官書補目》一卷，劉文淇有《楚漢諸侯疆域志》三卷，皆見於開明書店《二十五
史補編》第一冊中。

　　又《二十二史箚記》卷一曰：

　　　　《史記・衛世家贊》余讀《世家》言云云，是古來本有『世家』一體，
　　　　遷用之以記王侯諸國。

按，或以爲「世家言」者，「史公自稱其書也」，然自著之書，無曰「余讀」者，徵之
本紀、列傳二體，信然。趙說是也。又潘重規教授引清・秦嘉謨之言曰：「《春秋傳・
桓二年・正義》引《世本》曰：武公莊伯子，韓萬莊伯弟，《世本》世家文。又襄十
一年、二十一年、定元年《正義》皆引世家文，此即太史公諸世家之所本。」〔註 15〕
是世家一體，亦前有所承。《史記》卷三十一〈吳太伯世家・索隱〉曰：「系家者，記
諸侯本系也。言其下及子孫，常有國。」《正義》曰：「案，累世有爵土封國，故《孟

────────────

〔註 14〕見《史記導論・一・史記的體製》。
〔註 15〕同前。

子》云：陳仲子，齊之世家也。」是王侯開國，子孫世襲，故曰世家。《史記》三十世家者：吳太伯、齊太公、魯周公、燕召公、管蔡、陳杞、衞康叔、宋微子、晉、楚、越王勾踐、鄭、趙、魏、韓、田敬仲完、孔子、陳涉、外戚、楚元王、荊燕、齊悼惠王、蕭相國、曹相國、留侯、陳丞相、絳侯周勃、梁孝王、五宗、三王諸世家是也。其以陳涉列世家，劉知幾則首非之，然陳涉雖死無嗣，所遣將相，竟以亡秦，故〈太史公自序〉云：「桀、紂失其道，而湯、武作；周失其道，而《春秋》作；秦失其政，而陳涉發迹。諸侯作難，風起雲蒸，卒亡秦族。天下之端，自涉發難，作〈陳涉世家〉。」是涉為世家，誰曰不宜！孔子為世家，王安石亦曰：「太史公敘帝王則曰『本紀』，公侯傳國則曰『世家』，公卿特起則曰『列傳』，此其例也。其列孔子為世家，奚其進退無所據耶？孔子，旅人也，棲棲衰季之世，無尺土之柄，此列之以傳宜矣，曷為世家哉？豈以仲尼躬將聖之資，其教化之盛，舄奕萬世，故為之世家以抗之，又非極摯之論也。夫仲尼之才，帝王可也；何特公侯哉？仲尼之道，世天下可也；何特世其家哉？處之世家，仲尼之道，不從而大；置之列傳，仲尼之道，不從而小，而遷也，自亂其例，所謂多牴牾者也。」（見《王安石文集》卷四十六），然太史公不已云乎：「周室既衰，諸侯恣行，仲尼悼禮廢樂崩，追脩經術，以達王道，匡亂世反之於正，見其文辭，為天下制儀法，垂六藝之統紀於後世，作〈孔子世家〉。」（《史記》卷一百三十）又〈孔子世家・贊〉曰：「詩有之，高山仰止，景行行止，雖不能至，然心鄉往之。余讀孔氏書，想見其為人，適魯，觀仲尼廟堂車服禮器，諸生以時習禮其家，余祇迴留之，不能去云。天下君王，至于賢人，眾矣，當時則榮，沒則已焉，孔子布衣，傳十餘世，學者宗之，自天子王侯，中國言六藝者，折中於夫子，可謂至聖矣。」（《史記》卷四十七）是孔子既以六藝世其家，繼往開來，千古勿替，則司馬遷誠可謂有遠見者矣。

至於列傳，則於〈伯夷列傳〉太史公亦曰：

> 孔子序列古之仁聖賢人，如吳太伯、伯夷之倫詳矣。余以所聞由、光義至高，其文辭不少概見，何哉？孔子曰：伯夷、叔齊，不念舊惡，怨是用希。求仁得仁，又何怨乎？余悲伯夷之意，睹軼詩可異焉，其傳曰……由此觀之，怨邪？非邪？〔註16〕

《索隱》稱：

> 按，其傳，蓋《韓詩外傳》及《呂氏春秋》也。〔註17〕

又潘重規教授引秦嘉謨之言曰：

> 《史記・魏世家・索隱》引《世本》曰：桓子生文侯斯，其傳曰：孺

---

〔註16〕見《史記》卷六十一。

〔註17〕同前。

子痕是魏駒之子，則《世本》世家外復有傳，以紀卿大夫系號。趙、韓、
魏皆先爲卿，後爲諸侯，故世家及傳兩列之，即此條可以推見。太史公作
七十列傳，其名亦本於《世本》也。〔註18〕

則《史記》之傳體，亦有所因襲矣。〈太史公自序〉云：「末世爭利，維彼奔義，讓
國餓死，天下稱之，作〈伯夷列傳〉。」又云：「自孔子卒，京師莫崇庠序，唯建元、
元狩之間，文辭粲如也，作〈儒林列傳〉。」是所謂列傳者，敘列人、事之有可傳於
後世者也。其七十列傳，曰：伯夷、管晏、老子韓非、司馬穰苴、孫子吳起、伍子
胥、仲尼弟子、商君、蘇秦、張儀、樗里子甘茂、穰侯、白起王翦、孟子荀卿、孟
嘗君、平原君虞卿、魏公子、春申君、范雎蔡澤、樂毅、廉頗藺相如、田單、魯仲
連鄒陽、屈原賈生、呂不韋、刺客、李斯、蒙恬、張耳陳餘、魏豹彭越、黥布、淮
陰侯、韓信盧綰、田儋、樊酈滕灌、張丞相、酈生陸賈、傅靳蒯成、劉敬叔孫通、
季布欒、袁盎鼂錯、張釋之馮唐、萬石張叔、田叔、扁鵲倉公、吳王濞、魏其武安
侯、韓長孺、李將軍、匈奴、衞將軍驃騎、平津侯主父、南越、東越、朝鮮、西南
夷、司馬相如、淮南衡山、循吏、汲鄭、儒林、酷吏、大宛、游俠、佞幸、滑稽、
日者、龜策、貨殖、太史公自序是也。其中，有人各一篇者，有合傳者，有附傳者，
有類傳者，有專記外裔之事者，而以〈自序〉終編，蓋各有意存焉。故梁啓超《中
國歷史研究法補編》嘗曰：「一個人的性格、興趣及其作事的步驟，皆與全部歷史有
關，太史公作《史記》，最看重這點。後來的正史，立傳猥雜而繁多，幾成爲家譜、
墓誌銘的叢編，所以受人詬病。其實，《史記》並不如此，《史記》每一篇列傳，必
代表某一方面的重要人物，如〈孔子世家〉、〈孟荀列傳〉、〈仲尼弟子列傳〉代表學
術思想界最重要的人物；蘇秦、張儀列傳代表造成戰國局面的遊說之士；田單、樂
毅列傳代表有名將帥；四公子平原、孟嘗、信陵、春申列傳代表那時新貴族的勢力；
〈貨殖列傳〉代表當時經濟變化；〈遊俠列傳〉、〈刺客列傳〉代表當時社會上一種特
殊風尚。每篇都有深意，大都從全社會著眼，用人物來做一種現象的反影，並不是
專替一個人作起居注。」今觀《史記》一百三十篇，列傳即占七十篇，則其重要可
知，所敘雖或僅在於一人之事蹟，然亦爲專題之一端，是以舉凡國家大事、社會變
遷、學術思想與乎各種不同之人生觀，往往在焉；如其首〈伯夷傳〉，蓋欲激揚仁義，
以勵末俗也；傳貨殖者，以布衣匹夫之人，不害於政，不妨百姓，取與以時，智者
有采焉。其各篇之所以作，太史公皆有敘說，並詳〈太史公自序〉。〔註19〕至於列

---

〔註18〕見《史記導論・一・史記的體製》。
〔註19〕又孫德謙亦嘗較論之，如謂合傳，則曰：「史之爲紀傳也，自馬遷所剏作，乃於紀傳
之中，則又立有合傳之體。合傳者，非謂〈儒林〉諸傳，別設題目者也。其間，有

傳之序列，有謂隨手編錄者，亦有謂其確有意義者，如趙翼《二十二史箚記》卷一及梁玉繩《史記志疑》卷三十六所論者是。朱東潤《史記考索》則謂：大要自四十九篇以上，諸篇次第皆有意義，即伯夷至刺客二十六篇，皆先秦人；李斯、蒙恬二篇，皆秦人；張耳、陳餘至田儋、田橫六篇，皆楚、漢間人；樊酈滕灌至田叔十篇，皆高、惠、文、景人；扁鵲倉公爲文帝人；吳王濞，叛臣也；魏其武安至李將軍三篇，皆孝武時人；匈奴以下，始不可解。又其〈自序〉一篇，楊師家駱《史記今釋‧序例》以爲：原題實爲「太史公書序略」，以篇首迄「至於麟止」爲序，其下「自黃帝始」迄篇末爲「略」，蓋本於《荀子‧大略》及《淮南‧要略》。後劉歆「七略」之命名，亦本於此。

　　綜上五體，是《史記》宜乎爲我國紀傳體通史之祖矣，《後漢書》列傳第三十〈班彪傳〉嘗論之曰：「百家之書，猶可法也，若《左氏》、《國語》、《世本》、《戰國策》、《楚漢春秋》、《太史公書》，今之所以知古，後之所由觀前，聖人之耳目也。」又云：「司馬遷序帝王則曰本紀，公侯傳國則曰世家，卿士特起則曰列傳。又進項羽、陳涉而黜淮南、衡山，細意委曲，條例不經。若遷之著作，採獲古今，貫穿經傳，至廣博也。一人之精，文重思煩，故其書刊落不盡，尚有盈辭，多不齊一。若序司馬相如，舉郡縣，著其字，至蕭、曹、陳平之屬，及董仲舒竝時之人，不記其字，或縣而不郡者，蓋不暇也。」夫歷代以來，臧否不同，可勝道哉！雖然，《太史公書》固昭垂天壤，不因譽之而重，亦不以毀之而輕也。

　　尋遷著史之所資，固亦多矣，就《史記》考之，有得之於聞見者，如云：

　　　　吾聞之周生曰：舜目重瞳子，又聞項羽亦重瞳子。（卷七〈項羽本紀〉）

　　　　余至大行禮官，觀三代損益。（卷二十三〈禮書〉）

　　　　吾聞馮王孫曰。（卷四十三〈趙世家〉）

　　　　墟中人曰。（卷四十四〈魏世家〉）

　　　　觀仲尼廟堂車服禮器，諸生以時習禮其家，余祇迴留之，不能去云。（卷四十七〈孔子世家〉）

　　　　見其圖，狀貌如婦人好女。（卷五十五〈留侯世家〉）

　　　　吾嘗過薛，其俗閭里率多暴桀子弟，與鄒魯殊，問其故。（卷七十五〈魏公子列傳〉）

　　　　吾過大梁之墟，求問其所謂夷門。（卷七十七〈魏公子列傳〉）

以名位而合，有以學術而合者，在遷極參酌出之，豈強用配合而已乎。」等是。詳見所著《太史公書義法》。

吾適楚，觀春申君故城。（卷七十八〈春申君列傳〉）

賈嘉最好學，世其家，與余通書……適長沙，觀屈原所自沈淵。（卷八十四〈屈原賈生列傳〉）

始公孫季功、董生，與夏無且遊，且知其事，爲余道之如是。（卷八十六〈刺客列傳〉）

行觀蒙恬所爲秦築長城亭障、塹山堙谷，通直道。（卷八十八〈蒙恬列傳〉）

淮陰人爲余言……余視其母冢良然。（卷九十二〈淮陰侯列傳〉）

吾適豐沛，問其遺老，觀故蕭、曹、樊噲、滕公之冢……余與他廣通，爲言高祖功臣之興時若此云。（卷九十五〈樊酈滕灌列傳〉）

至平原君子，與余善，是以得具論之。（卷九十七〈酈生陸賈列傳〉）

遂字王孫，亦奇士，與余善。（卷一〇二〈張釋之馮唐列傳〉）

仁與余善，余故並論之。（卷一〇四〈田叔列傳〉）

余與壺遂定律曆，觀韓長孺之義。壺遂之深中隱厚，世之言梁多長者，不虛哉。（卷一百八〈韓長孺列傳〉）

余睹李將軍，悛悛如鄙人，口不能道辭。及死之日，天下知與不知，皆爲盡哀。（卷一百九〈李將軍列傳〉）

蘇建語余曰。（卷一百十一〈衛將軍驃騎列傳〉）

吾視郭解，狀貌不及中人，言語不足採者。然天下無賢與不肖，知與不知，皆慕其聲，言俠者，皆引以爲名。（卷一百二十四〈游俠列傳〉）

余至江南，觀其行事，問其長老。（卷一二八〈龜策列傳〉）

余聞董生曰。（卷一百三十〈太史公自序〉）

是遷遊踪所至，凡爲耳聞目接者，雖車服圖畫，皆有採以入史，[註20] 或據以敘事，或藉以抒懷，其有交遊之善者，如田仁等，亦並及之。至所取讀之經傳百家雜語，明著於《史記》中者，亦隨處可見，如云：

《尚書》獨載堯以來，而百家言黃帝，其文不雅馴，薦紳先生難言之，孔子所傳《宰予問五帝德》及《帝繫姓》，儒者或不傳……予觀《春秋》、《國語》，其發明《五帝德》、《帝繫姓》章矣。（《史記》卷一〈五帝本紀〉）

[註20] 按，司馬遷之撰史，以屢將聞見所得之文物圖像，形之於文字，故潘重規教授以爲：「如果有現代印刷的發明，我相信史公編輯《史記》，必然會成爲一部圖文並茂的著作了。」詳見所著《史記導論·六·史記的插圖》。

自成湯以來，采於《書》、《詩》。（卷三〈殷本紀〉）

吾讀《秦記》。（卷六〈秦始皇本紀〉）

余讀牒記……稽其歷譜牒終始五德之傳，……於是以《五帝繫牒》、《尚書》集世紀黃帝以來訖共和，爲〈世表〉。（卷十三〈三代世表〉）

太史公讀《春秋曆譜牒》……譜牒獨記世諡，其辭略。（卷十四〈十二諸侯年表〉）

太史公讀《秦記》……獨有《秦記》，又不載日月，其文略不具，然戰國之權變，亦有可頗采者。（卷十五〈六國年表〉）

太史公讀秦楚之際曰。（卷十六〈秦楚之際月表〉）

余讀高祖侯功臣。（卷十八〈高祖功臣侯者年表〉）

太史公讀列封至便侯曰。（卷十九〈惠景間侯者年表〉）

余每讀〈虞書〉。（卷二十四〈樂書〉）

余觀史記，考行事。（卷二十七〈天官書〉）

入壽宮，侍祠神語，究觀方士祠官之言。（卷二十八〈封禪書〉）

余讀《春秋》古文。（卷三十一〈吳太伯世家〉）

余讀《世家》言。（卷三十七〈衛康叔世家〉）

余讀孔氏書……適魯，觀仲尼廟堂車服禮器，諸生於時習禮其家，余祗迴留之，不能去云。（卷四十七〈孔子世家〉）

睹觀軼詩。（卷六十一〈伯夷列傳〉）

吾讀管氏〈牧民〉、〈山高〉、〈乘馬〉、〈輕重〉、〈九府〉，及《晏子春秋》，詳哉其言之也。（卷六十二〈管晏列傳〉）

余讀《司馬兵法》。（卷六十四〈司馬穰苴列傳〉）

世俗所稱師旅，皆道《孫子》十三篇，《吳起兵法》，世多有。（卷六十五〈孫子吳起列傳〉）

余以弟子名姓文字，悉取《論語》弟子問。（卷六十七〈仲尼弟子列傳〉）

余嘗讀商君〈開塞耕戰書〉，與其人行事相類。（卷六十八〈商君列傳〉）

余讀《孟子書》。（卷七十四〈孟子荀卿列傳〉）

余讀〈離騷〉、〈天問〉、〈招魂〉、〈哀郢〉，……適長沙，觀屈原所自沈淵。（卷八十四〈屈原賈生列傳〉）

讀〈鵬鳥賦〉。（卷八十四〈屈原賈生列傳〉）

余讀陸生《新語書》十二篇……至平原君子，與余善，是以得具論之。
（卷九十七〈酈生陸賈列傳〉）

相如雖多虛辭濫説，然其要歸，引之節儉，此與《詩》之風諫何異……
余采其語可論者著于篇。（卷一百十七〈司馬相如列傳〉）

余讀功令。（卷一百二十一〈儒林列傳〉）

《禹本紀》言河出崑崙。（卷一百二十三〈大宛列傳〉）

故言九州山川，《尚書》近之矣。至《禹本紀》、《山海經》所有怪物，
余不敢言之也。（卷一百二十三〈大宛列傳〉）

然則，《太史公書》之所據，蓋不僅如《漢書》卷六十二本傳所謂之《左氏》、《國語》，《世本》、《戰國策》等等而已。此乃就司馬遷書中所提及曾讀或曾比較之書摘錄而得，至於《史記》中行文所觸及之天下遺文古事，更不止此，如醫藥、卜筮、種樹之書（卷六〈秦始皇本紀〉）、《夏小正》（卷二〈夏本紀〉）、《鐸氏微》、《虞氏春秋》、《呂氏春秋》、《公孫固》、《荀子》（卷十四〈十二諸侯年表〉）、《周官》（卷二十八〈封禪書〉）、《春秋》、《中庸》（卷四十七〈孔子世家〉）、《太公兵法》（卷五十五〈留侯世家〉）、《老子》、《莊子》、《申子》、《韓非子》（卷六十三〈老莊申韓列傳〉）、《孝經》（卷六十七〈弟子仲尼列傳〉）、《周書陰符》（卷六十九〈蘇秦列傳〉）、騶衍、淳于髡、慎到、環淵、田駢、接子、騶奭、公孫龍、劇子、李悝、尸子、長盧、吁子、墨子之書（卷七十四〈孟子荀卿列傳〉）、《魏公子兵法》（卷七十七〈魏公子列傳〉）、宋玉、唐勒、景差賦（卷八十四〈屈原賈生列傳〉）、黃帝、扁鵲之脈書（卷一百五〈扁鵲倉公列傳〉）、《槃盂》諸書（卷一百七〈魏其武安侯列傳〉）、《春秋》雜說（卷一百十二〈平津侯主父列傳〉）、〈遺平陵侯書〉、〈與五公子相難〉、〈草木書〉（卷一百十七〈司馬相如傳〉）、《淮南子》（卷一百十八〈淮南衡山王列傳〉）、《韓詩·內外傳》、《申公詩訓》、《漢禮儀》、《易》、董仲舒〈災異之記〉、《公羊傳》、《穀梁春秋》、兒寬書等（卷一百二十一〈儒林傳〉）、計然之策（卷一百二十九〈貨殖列傳〉）王子（卷一百三十〈太史公自序〉）等，不能一一，雖遷未明言爲「余讀」，然既「世多其書」，「能紹而明之」，則不能全無所取，是以〈太史公自序〉嘗曰：「周道廢，秦撥去古文，焚滅《詩》、《書》，故明堂、石室、金匱玉版圖籍散亂。於是漢興，蕭何次律令，韓信申軍法，張蒼爲章程，叔孫通定禮儀，則文學彬彬稍進，《詩》、《書》往往間出矣。自曹參薦蓋公言黃、老，而賈生、晁錯明申、商，公孫弘以儒顯，百年之間，天下遺文古事靡不畢集太史公。太史公仍父子相續纂其職。」知文獻足徵矣，且父子相續纂其職，宜乎所資之多，惜《史記》八書，而闕藝文，蓋無能如班固之得蹠向、歆之後者也。

　　《史記》之撰作，所資既多，於材料之處理，宜其有即用原文者，有摘要翦裁者，有譯成當時之通行字句者，有爲之注釋者，亦有另加改寫者。〔註21〕據潘重規教授所舉〈五帝本紀〉之例，如〈高辛紀〉云：

　　　　高辛生而神靈，自言其名。普施利物，不於其身。聰以知遠，明以察微，順天之義，知民之急。仁而威，惠而信，修身而天下服。取地之財而節用之，撫教萬民而利誨之。曆日月而迎送之，明鬼神而敬事之。其色郁郁，其德嶷嶷，其動也時，其服也士。帝嚳溉執中而徧天下，日月所照，風雨所至，莫不從服。

此則除略去數句及一二異文外，即全錄自《五帝德》原文者。又如《左傳》文公十八年之云：

　　　　昔高陽氏有才子八人，蒼舒、隤敳、檮戭、大臨、尨降、庭堅、仲容、叔達，齊聖廣淵，明允篤誠，天下之民謂之八愷。高辛氏有才子八人，伯奮、仲堪、叔獻、季仲、伯虎、仲熊、叔豹、季貍，忠肅共懿，宣慈惠和，天下之民謂之八元。此十六族也，世濟其美，不隕其名。

〈五帝本紀〉則摘要剪裁爲：

　　　　昔高陽氏有才子八人，世得其利，謂之八愷。高辛氏有才子八人，世謂之八元。此十六族者，世濟其美，不隕其名。

又《尚書・堯典》曰：

　　　　克明俊德，以親九族；九族既睦，平章百姓；百姓昭明，協和萬邦；黎民於變時雍。乃命羲和欽若昊天，曆象日月星辰，敬授民時。分命羲仲宅嵎夷，曰暘谷。寅賓出日，平秩東作。日中，星鳥以殷仲春，厥民析，鳥獸孳尾。申命羲叔宅南交，平秩南訛，敬致。日永，星火以正仲夏。厥民因，鳥獸希革。分命和仲宅西，曰昧谷，寅餞納日，平秩西成。宵中，星虛以殷仲秋。厥民夷，鳥獸毛毨。申命和叔宅朔方，曰幽都。平在朔易。日短，星昴以正仲冬。厥民隩，鳥獸氄毛。帝曰：咨！汝羲暨和，期三百有六旬有六日，以閏月定四時成歲。允釐百工，庶績咸熙。

司馬遷則譯爲：

---

〔註21〕見《史記導論・四・史記採用稿件的譯述工作》。又或有總《史記》全書而釋爲十五例者，曰：兩存傳疑例、附記例、敘事雜論斷例、較量例、互文相足例、微詞例、終言例、引書多非原文例，說明作意例、標明取材例、繁縟例、舒憤自解例、爲文好奇例、闕文傳疑例、一人再見一事兩繫例是也。其於太史公之史法、史意、史學等乃並之。詳見鼎文書局版《史記》第一冊。

能明馴德，以親九族；九族既睦，便章百姓；百姓照明，合和萬國。
乃命羲和，敬順昊天，數法日月星辰，敬授民時。分命羲和居郁夷，曰暘
谷，敬道日出，便程東作。日中，星鳥以殷中春。其民析，鳥獸字微。申
命羲叔居南交，便程南為，敬致；日永，星火以正中夏。其民因，鳥獸希
革。申命和仲居西土，曰昧谷，敬道日入，便程西成。夜中，星虛以正中
秋，其民夷易，鳥獸毛毨。申命和叔居北方，曰幽都，便在伏物。日短，
星昴以正中冬，其民燠，鳥獸氄毛。歲三百六十六日，以閏月正四時。信
飭百官，眾功皆興。

《尚書》之紀堯崩舜即位後任命官吏，庶績咸熙，〈五帝本紀〉則於全錄〈舜典〉原
文之後，即加入一段注解曰：

此二十二人咸成厥功，皋陶為大理平，民各伏得其實。伯夷主禮，上
下咸讓。垂主工師，百工致功。益主虞，山澤辟。弃主稷，百穀時茂。契
主司徒，百姓親和。龍主賓客，遠人至。十二牧行而九州莫敢避違。

孟子敘述瞽瞍殺舜之經過云：

萬章曰：父母使堯完廩，捐階，瞽瞍焚廩。使浚井，出，從而揜之。
象曰：「謨蓋都君咸我績。牛羊，父母；廩倉，父母；干戈，朕；琴，朕；
弤，朕；二嫂使治朕棲。」象往入舜宮，舜在牀，琴。象曰：「鬱陶思君
爾。」忸怩。舜曰：「惟茲臣庶，汝其于予治。」

司馬遷乃改寫成：

瞽叟尚復欲殺之，使舜上塗廩，瞽叟從下縱火焚廩，舜乃以兩笠自扞
而下，去，得不死。後，瞽叟又使舜穿井。舜穿井，為匿空。舜既入深，
瞽叟與象共下實井。舜從匿空出去。瞽叟象喜，以舜為已死。象曰：「本
謀者象。」象與父母分，於是曰：「舜妻堯二女與琴，象取之。牛羊倉廩
予父母。」象乃止舜宮居，鼓其琴，舜往見之。象鄂不懌，曰：「我思舜，
正鬱陶。」舜曰：「然，爾其庶矣。」舜復事瞽叟，愛弟彌謹。

由此，亦可窺知太史公如何「悉論先人所次舊聞」之一斑矣。

至於讀《太史公書》，則有兩存疑之例，所不得不注意者，如：卷三〈殷本紀〉
云：

九侯有好女，入之紂。九侯女不憙淫，紂怒殺之，而醢九侯。鄂侯爭
之彊，辨之疾，并脯鄂侯。西伯昌聞之竊歎，崇侯虎知之以告紂，紂囚西
伯羑里。

又卷四〈周本紀〉云：

> 子昌立，是爲西伯，西伯曰文王。遵后稷、公劉之業，則古公、公
> 季之法，篤仁，敬老，慈少，禮下賢者，日中不暇食以待士，士以此多
> 歸之。……崇侯虎譖西伯於殷紂曰：「西伯積善累德，諸侯皆嚮之，將不
> 利於帝。」帝紂乃囚西伯於羑里。

殷、周二紀，篇第相連，而敘事差異如此，蓋所據書有不同，遂並存之矣。又如〈殷
本紀〉云：

> 微子數諫，不聽，乃與太師、少師謀，遂去。比干曰：「爲人臣者，
> 不得不以死爭。」乃強諫紂。紂怒曰：「吾聞聖人心有七竅。」剖比干觀
> 其心。箕子懼，乃詳狂爲奴，紂又囚之。

卷三十八〈宋微子世家〉云：

> 紂爲淫泆，箕子諫不聽。人或曰：「可以去矣。」箕子曰：「爲人臣諫
> 不聽而去，是彰君之惡，而自說於民，吾不忍爲也。」乃被髮詳狂而爲奴，
> 遂隱而鼓琴以自悲，故傳之曰〈箕子操〉。王子比干者，亦紂之親戚也，
> 見箕子諫不聽而爲奴，則曰：「君有過而不以死爭，則百姓何辜？」乃直
> 言諫紂。紂怒曰：「吾聞聖人之心有七竅，信有諸乎？」乃遂殺王子比干，
> 刳視其心。

依〈殷本紀〉，則比干死而後箕子奴，依〈宋世家〉，是箕子奴而後比干死，亦各有
所據也。他如卷六十三〈老子韓非列傳〉：

> 或曰：老萊子亦楚人也，著書十五篇，言道家之用，與孔子同時云。
> 蓋老子百有六十餘歲，或言二百餘歲，以其修道而養壽也。自孔子死之後
> 百二十九年，而史記周太史儋見秦獻公曰：「始秦與周合，合五百歲而離，
> 離七十歲而霸王者出焉。」或曰：儋即老子：或曰：非也。世莫知其然否？

又卷七十四〈孟子荀卿列傳〉：

> 蓋墨翟，宋之大夫，善守禦，爲節用。或曰：並孔子時：或曰：在其後。

此蓋即司馬貞索隱所謂之聞疑傳疑，事難的據，遂使兩存者也。《史記》敘事，又有
義似複沓難解，然苟能細加分析，則其意自現者，如卷一百四〈田叔傳〉：

> 數歲，坐太子事，（時左丞相自將兵，令司直田仁主閉守城門，坐縱
> 太子。）下吏誅死。

「數歲，坐太子事，下吏誅死。」爲此文之主幹，他皆自注之文，故可加括號或用
破折號以別之。又如卷五十八〈梁孝王世家〉：

> 自山以東游說之士，莫不畢至（齊人羊勝、公孫詭、鄒陽之屬）。公

孫詭多奇邪計。

卷二十八〈封禪書〉：

> 天下名山八，而三在蠻夷，五在中國（中國：華山、首山、太室、泰
> 山、東萊）。此五山，黃帝之所常游與神會。

此則楊樹達《古書疑義舉例續補》所謂之文中自注例者也。太史公著史之周密，亦可由其能注意篇章間之關聯窺出一斑。如卷四〈周本紀〉云：

> 其事在〈周公〉之篇。

卷五〈秦本紀〉云：

> 其事在〈商君〉語中。

又云：

> 其語在〈始皇本紀〉中。

卷六〈秦始皇本紀〉：

> 更爲書，賜公子扶蘇、蒙恬，數以罪，共賜死，語具在〈李斯傳〉中。

卷五十五〈留侯世家〉：

> 語在〈項羽〉事中。

又：

> 語在〈淮陰〉事中。

等是，不勝枚舉。由此，又可知讀史時之須能前後聯繫，融會貫通也。其每藉篇發論，而題爲「太史公曰」者，是亦《春秋左氏傳》假「君子」以稱之之意也。夫論者，誠所以爲辨疑惑，然司馬遷則不止於此，如謂見張良之圖像，狀貌如婦人好女，則即《史通》卷四〈論贊篇〉所謂之別加他語以補書中，所謂事無重出者也。至如後人所以能知其遊踪、著史原因及著史材料之取捨者，亦率由每篇之「太史公曰」尋得。而其借事以抒懷抱，率片言如約，諸義皆備。讀《太史公書》者，其可忽諸！

《史記》版本，亦爲世人所重。《漢書》卷六十二〈司馬遷傳〉云：「遷既死後，其書稍出。宣帝時，遷外孫平通侯楊惲祖述其書，遂宣布焉。」卷八十〈宣元六王傳〉謂：成帝時，東平思王宇來朝，上書求《太史公書》。是漢宣、成之間，《太史公書》已有傳本。又《後漢書》卷二十三〈竇融傳〉稱：光武賜融以太史公〈五宗〉、〈外戚世家〉、〈魏其侯列傳〉；卷七十六〈循吏傳〉云：明帝賜王景〈河渠書〉。是其書乃往往以單篇別行。及家藏人讀後，輾轉傳鈔，已頗多異本。至北宋太宗淳化五年（994）而有刻版。洎乎元、明、清，翻印益多，其是非之相貿，眞譌之舛雜，乃有更至於難辨者矣。今趙澄有〈史記版本考〉一文，刊於民國二十八年燕京大學歷史學會《史學

年報》第一卷第三期，舉證引論，頗有條理。藝文印書館影印瀧川資言《史記會注考證》後則附有「史記鈔本刊本」，錄有日本藏古鈔本等多種。又民國六十一年地平線出版社發行有《史記書錄》，計收《史記》版本六十四種，依時代先後爲序，除詳記各本行款幅式，現存卷數外，並爲尋其淵源，作一比較考覈。至如王民信君所編之《史記研究之資料與論文索引》，所列之版本，固視前書爲多，計分有：漢簡、敦煌鈔本、日本藏古鈔本、宋刊本、元刊本、明刊本、清刊本，現代印本等目。又如新文豐出版公司繼藝文印書館之後，續有斷句本二十五史之發行，新近鼎文書局又有「鼎文版」之二十五史，雖版本或無不同，然皆附加有關資料，咸可取資；他如外域之抄刻本，以至歷代之節選本，苟能善用之，當皆有益於《史記》之校讀矣。

　　古書多一次傳鈔，即多一次譌奪，況讀者又必往往自以其意，注附正文左右，再刻寫者，或即攙入本文，致啓後世之疑惑。如《史記》卷八十四〈屈原賈生列傳〉末云：

　　　　及孝文崩，孝武皇帝立，舉賈生之孫二人至郡守，而賈嘉最好學，世其家，與余通書。至孝昭時，列爲九卿。

按，賈嘉至孝昭時列爲九卿，時司馬遷已死，何由得見？又卷百十七〈司馬相如傳〉末云：

　　　　揚雄以爲靡麗之賦，勸百風一。猶馳騁鄭、衛之聲，曲終而奏雅，不已虧乎？余采其語可論者著于篇。

揚雄乃西漢末年之人，司馬遷著史之時，又何由得引其言？他如卷一百二十五〈佞幸傳〉：

　　　　久之，寖與中人亂。

郭嵩燾《史記札記》卷五下以爲：「案《漢書》作『久之，延年弟季與中人亂。』是延年蓋坐弟季事被除，非自與中人亂也。此當據《漢書》以補《史記》之缺。」是今傳《史記》已非原書面目。然如康有爲之撰《僞經考》，指《史記》經劉歆竄改，崔適之勇於疑古，亦撰《史記探源》，梁啓超本崔適精神，於讀《史記》中，復詳辨《史記》之眞僞，雖可供參稽，然《史記》之竄亂，固未必如此其多也。今考《太史公》百三十篇，《漢志》注已云：「十篇有錄無書。」《漢書》卷六十二〈司馬遷傳〉亦謂：「十篇缺，有錄無書。」注引張晏曰：

　　　　遷沒之後，亡〈景紀〉、〈武紀〉、〈禮書〉、〈樂書〉、〈兵書〉、〈漢興以來將相年表〉、〈日者列傳〉、〈三王世家〉、〈龜策列傳〉、〈傅靳列傳〉。元、成之間，褚先王補缺，作〈武帝紀〉、〈三王世家〉、〈龜策〉、〈日者列傳〉；

言辭鄙陋，非遷本意也。

師古曰：

序目本無〈兵書〉，張云亡失，此說非也。

補注引劉奉世曰：

〈兵書〉即〈律書〉，蓋當時有爾。

先謙曰：

如顏所駁，缺者不足十篇。

又《史記》卷一百三十「太史公曰」句，司馬貞《索隱》以為：

〈景紀〉取班書補之，〈武紀〉專取〈封禪書〉，〈禮書〉取荀卿〈禮論〉，〈樂書〉取〈禮樂記〉，〈兵書〉亡，不補，略述律而言兵，遂分曆述以次之，〈三王系家〉，空取其策文以續此篇，何率略且重，非當也，〈日者〉不能記諸國之同異，而論司馬季主，〈龜策〉直太卜所得占龜兆雜說，而無筆削之功，何蕪鄙也。

是諸家所論，雖或不同，然謂遷歿之後，書有亡闕，則無異辭，而劉知幾於《史通》卷十二〈正史篇〉乃謂：「十篇未成，有錄而已。」《四庫提要》卷四十五從其說，梁啟超《要籍解題及其讀法》亦云：「《史記》之有缺篇，非亡佚而原缺也。」是不觀乎〈太史公自序〉之言：「凡百三十篇，五十二萬六千五百字，為《太史公書》。」既已計及字數，則其書當先成而後亡，故《魏書》卷十三〈王肅傳〉乃有：「漢武帝聞其述史記，取孝景及己紀覽之，於是大怒，削而投之，於今此兩紀有錄無書。」云云，衞宏《漢舊儀注》亦謂：「司馬遷作〈景帝本紀〉，極言其短及武帝過，武帝怒而削去。」〔註22〕如衞宏之說，雖有以為係無稽之言者，〔註23〕然亦知遷書之業經散失，早有論說。其為之補缺者，據張晏所稱，則有褚少孫。

按，褚少孫，潁川人，少孫其名，仕元、成間，（元帝初元元年，西元前 48 年；成帝建始元年，西元前 32 年），為漢博士。〔註24〕據《史記》卷十二〈孝武本紀‧索隱〉引韋稜云：「《褚顗家傳》：褚少孫，梁相褚大弟之孫，宣帝時為博士，寓居于沛，事大儒王式，號為『先生』，續《太史公書》。」卷六十〈三王世家〉褚先生曰：「臣幸得以文學為侍郎，好覽觀太史公之列傳。傳中稱〈三王世家〉文辭可觀，求其世家終不能得。竊從長老故事者取其封策書，編列其事而傳之，令

〔註22〕見《史記》卷一百三十〈太史公自序‧集解〉引。
〔註23〕見殿版《史記》卷十二考證。
〔註24〕見《史記》卷十二〈孝武紀‧集解、索隱〉引張晏云。

後世得觀賢主之指意。」卷一百二十八〈龜策列傳〉褚先生曰：「臣以通經術，受業博士，治《春秋》，以高弟爲郎，出入宮殿中十有餘年，竊好《太史公傳》，太史公之傳曰：『三王不同龜，四夷各異卜，然各以決吉凶，略闚其要，故作〈龜策列傳〉。』臣往來長安中，求〈龜策列傳〉不能得，故之大卜官，問掌故文學長老習事者，寫取龜策卜事，編于下方。」又《漢書》卷八十八〈儒林・王式傳〉稱：「山陽張長安幼君先事式，後東平唐長賓、沛褚少孫亦來事式，問經數篇，式謝曰：『聞之於師具是矣，自閨色之。』不肯復授。唐生、褚生應博士弟子選，詣博士，摳衣登堂，頌禮甚嚴，試誦說，有法，疑者丘蓋不言。諸博士驚問何師，對曰事式。……張生、唐生、褚生皆爲博士……。由是《魯詩》有張、唐、褚氏之學。」知褚少孫者，蓋以《魯詩》名家，而兼習《春秋》，於《太史公書》尤有偏好，今《史記》中凡標曰「褚先生」者，褚少孫也。

　　所補《史記》，據張晏云云，當有十篇，即〈景紀〉、〈武紀〉、〈禮書〉、〈樂書〉、〈兵書〉，〈漢興以來將相年表〉、〈日者列傳〉、〈三王世家〉、〈龜策列傳〉、〈傅靳列傳〉是也，殿版《史記考證》張照則以爲：〈孝武本紀〉愚陋妄謬，恐非少孫所補，褚先生補書惟一紀、一世家、二傳，而餘六篇，並未著爲誰氏。〔註25〕又《十七史商榷》卷一云：「《漢書》所謂十篇有錄無書者，今惟〈武紀〉灼然全亡，〈三王世家〉、〈日者〉、〈龜策〉傳爲未成之筆，但可云闕，不可云亡，其餘皆不見所亡何文。」《廿二史考異》卷一於「孝武本紀」條亦云：「張晏云此紀褚先生補作，予謂少孫補史，皆取史公所闕，意雖淺近，詞無雷同，未有移甲以當乙者也。或魏、晉以後，少孫補篇亦亡，鄉里妄人取此足其數爾。〈秦始皇本紀〉末有漢明帝十七年十月云云，〈平津侯傳〉末有太皇太后詔大司徒大司空云云，〈司馬相如傳贊〉有揚雄以爲靡麗之賦勸百風一云云，皆魏、晉以後人竄入。」今就趙翼所得，褚少孫所補《史記》，十篇之外，尚有少孫所增入者，故《廿二史箚記》卷一云：

　　　　如〈外戚世家〉增尹、邢，二夫人相避不相見，及鉤弋夫人生子，武帝將立爲太子而先賜鉤弋死。又衛青本平陽公子騎奴，後貴爲大將軍，而平陽公子寡居，遂以青爲夫等事。〈田仁傳〉後，增仁與任安，皆由衛青舍人，選入見帝，二人互相舉薦，帝遂拔用之等事。又〈張蒼、申屠嘉傳〉後，增記征和以後爲相者，車千秋之外，有韋賢、魏相、丙吉、黃霸，皆宣帝時也，韋元成、匡衡，則元帝時也。此皆少孫別有傳聞，綴於各傳之後。今《史記》內各有褚先生曰以別之，其無褚先生曰者，則于正文之下，

<hr>

〔註25〕見《史記》卷十二。

另空一字以爲識別。此少孫所補顯然可見者也。

又云：

> 又有就史遷原文而增改者：〈楚元王世家〉後，敍其子孫有至地節二年者，則宣帝年號也；〈齊悼惠王世家〉後，敍朱虛侯子孫有至建始三年者，則成帝年號也。此亦皆在遷後，而遷書內見之，則亦少孫所增入也。又《史記・匈奴傳》，太初四年，且鞮侯單于立，其明年，浞野侯亡歸，又明年，漢使李廣利擊右賢王於天山，又使李陵出居延陵，敗降匈奴，則天漢二年也。又二年，漢使廣利出朔方，與匈奴連戰十餘日，廣利聞家已族滅，遂降匈奴，則應是天漢四年事。然《漢書・武帝紀》：天漢二年，李陵降匈奴，與此傳同，而廣利之降，則在征和三年，距天漢四年尚隔七年，殊屬歧互。不知者，必以史遷爲親身見，與班固事後追書者不同，自應以《史記》爲準。然征和元年，巫蠱事起，三年，太子斬江充，戰敗自殺，而廣利之降，則以太子既死之明年，廣利出擊匈奴，丞相劉屈氂餞於郊外，廣利以太子既死，屬屈氂勸上立昌邑王爲太子，昌邑王者，廣利妹李夫人所生子，廣利甥也，此語爲人所告發，帝誅其家，廣利聞之，乃降匈奴。是廣利之降，在衛太子死後，而太子之死，實在征和二年。此等大事，《漢書》本紀編年記載，斷無差誤，則廣利之降，必不在天漢四年明矣。再以《漢書・匈奴傳》核對，則李陵降匈奴以前，皆與《史記・匈奴傳》同。陵降後二年，廣利出兵，與單于連戰十餘日，無所得，乃引還，並未降匈奴也，又明年匈奴且鞮侯單于死，狐鹿姑單于立，是爲漢太始元年，狐鹿姑立六年，遣兵入寇上谷、五原、酒泉，漢乃又遣廣利出塞，戰勝追北，至范夫人城，聞妻子坐巫蠱事被收，乃降匈奴，計其歲年，正是征和三年之事，與〈武帝紀〉相合，則知《史記・匈奴傳》末所云天漢四年廣利降匈奴者，非遷原本也，遷是時目擊其事，豈有錯誤年歲至此？蓋遷所作傳，僅至李陵降後二年，廣利出塞不利引還便止，而諸少孫於數十年後，但知廣利降匈奴之事，不復細考年代，即以係於天漢四年出兵之下，故年代錯誤也。可知《史記》十篇之外，多有少孫所竄入者。

又姚振宗之撰《漢書藝文志拾補》，亦以爲少孫所補，今可考見者有：〈武帝本紀〉、〈三代世表贊〉、〈建元以來侯者年表〉、〈禮書〉、〈樂書〉、〈曆書〉、〈陳涉世家贊〉、〈外戚世家〉、〈梁孝王世家〉、〈三王世家〉、〈張丞相列傳〉、〈田叔列傳〉、〈滑稽列傳〉、〈日者列傳〉、〈龜策列傳〉凡十五篇。又以《史記》卷一百十〈匈奴傳〉末《索

隱》之引張晏云：「自狐鹿姑單于已下，皆劉向、褚先生所錄，班彪又撰而次之，所以《漢書・匈奴傳》有上、下兩卷。」姚振宗因謂：

> 則褚所補，且有在《漢書》者，其篇數終不可考也。〔註26〕

考班固《漢書》平陽公主以衛青爲夫之事，果係採少孫語以入列傳，則漢時少孫所補，是已有合《史記》並傳者，故其所補篇數，乃有終不可考者矣。至其附益於各篇中之文字，王鳴盛雖譏其如贅疣，〔註27〕然趙翼乃謂：「少孫所補，大概多鈔錄舊文，不必自作。」〔註28〕考褚少孫於所補〈三王世家〉中，亦已有「臣幸得以文學爲侍郎，好覽觀太史公之列傳，傳中稱〈三王世家〉文辭可觀，求其世家，終不能得，竊從長老好故事者取其封策書，編列其事而傳之，令後世得觀賢主之指意。」云云，則其補史動機，既非爲名，所得掌故，又從長老取得，是其言辭雖或鄙淺，自亦有補於史氏。今散見於《史記》中凡明著「褚先生曰」者，當爲少孫所補，其未標明而非出自太史公手者，則或有爲他人竄入處，或尚有出自少孫者亦未可知也。

## 二、衛颯《史要》

篇籍既屢有遺散，加以卷帙繁重，讀者不便，自後漢以來，已多有鈔撮舊史，自爲一書者。據《隋書・經籍志》所見，其書則自衛颯《史要》始。

衛颯，字子產，河內脩武人。家貧好學，隨師無糧，常備以自給。王莽時，歷州宰。光武帝建武二年（26）辟大司徒鄧禹府。除侍御史、襄城令，政有名迹，遷桂陽太守。郡與交州接境，頗染其俗，不知禮則，颯下車，修庠序之教，設婚姻之禮，朞年間，邦俗從化。先是含洭、湞陽、曲江三縣，越之故地，武帝平之，內屬桂陽，民居深山，濱溪谷，習其風土，不出田租，去郡遠者，或且千里，吏事往來，輒發民乘船，名曰「傳役」，每一使出，僦及數家，百姓苦之，颯乃鑿山通道五百餘里，列亭傳，置郵驛，於是役省勞息，姦吏杜絕，流民稍還，漸成聚邑。又以耒陽縣之出鐵石，遂招來亡命，多致姦盜，颯乃上起鐵官，罷斥私鑄，歲所增入五百餘萬。其理卹民事，居官如家，所施政令，莫不合物宜。視事十年，郡內清理。二十五年（49）徵還。光武欲以爲少府，會颯被疾，不能拜起，勅以桂陽太守歸家，須後詔書。居二歲，載病詣闕，自陳困篤，賜錢十萬，後卒于家。〔註29〕

---

〔註26〕見《漢書藝文志拾補》卷一。
〔註27〕見《十七史商榷》卷一。
〔註28〕見《廿二史劄記》卷一。
〔註29〕見《後漢書・循吏列傳》第六十六。

所撰《史要》，不見於《後漢書》本傳，《隋志》著錄於〈雜史類〉，稱有十卷，題爲「漢桂陽太守衞颯撰」，注云：「約《史記》要言，以類相從。」兩《唐志》卷同，稱《史記要傳》。今佚已久。

## 三、楊終刪《太史公書》

據范曄《後漢書》列傳第三十八所載，刪撮《太史公書》者，別有蜀郡成都人楊終。

按，楊終，字子山，年十三，爲郡小吏，太守奇其才，遣詣京受業，習《春秋》。顯宗時，徵詣蘭臺，拜校書郎。建初元年（76）大旱穀貴，終以爲廣陵之獄，徙者萬數，又遠屯絕域，吏民怨曠，乃上疏請陛下留念省察，以濟元元。書奏，肅宗下其章，司空第五倫亦同終議；太尉牟融、司徒鮑昱、校書郎班固難倫，以爲施行既久，孝子無改父之道，先帝所建，不宜回異。終復上書，帝從之，聽還徙者，悉罷邊屯。終又言：「宣帝博徵羣儒，論定五經於石渠閣，方今天下少事，學者得成其業，而章句之徒，破壞大體，宜如石渠故事，永爲後世則。」於是詔諸儒於白虎觀論考同異焉。會終坐事繫獄，博士趙博、校書郎班固、賈逵等，以終深曉《春秋》，學多異聞，表請之，終又上書自訟，即日貰出，乃得與於白虎觀焉。和帝永元十三年（101）徵拜郎中，以病卒。〔註30〕

其刪《太史公書》，蓋五存其一，計得十餘萬言，乃受詔而作。周壽昌曰：「《隋書·經籍志》：衞颯《史要》十卷，約《史記》要言，以類相從，颯當建武時，本傳不載。終在顯宗建初間，又後於颯。又應奉《漢書》十七卷亦云刪《史記》、《漢書》及《漢紀》，則史公書在東漢屢被刪削，然世所行原本也。」〔註31〕是其刪書固在颯後，然當各以意取也。今以世所行者，既爲太史公原本，則其亡失固已久矣。

## 四、延篤《史記音義》

漢代爲《史記》作注者絕省，音義亦稀，〈史記索隱序〉云：

其意難究詳矣，比於班書，微爲古質，故漢、晉名賢，未知見重。

又〈索隱後序〉曰：

太史公之書，既上序軒黃，中述戰國，或得之於名山壞宅，或取之以舊俗風謠，故其殘文斷句難究詳矣。然古今爲注解者絕省，音義亦希，始後漢延篤，乃有《音義》一卷，別有《音隱》五卷，不記作者何人，近代

---

〔註30〕見《後漢書》列傳第三十八。
〔註31〕見《後漢書》列傳第三十八〈楊終傳〉王先謙《集解》引。

鮮有二家之本。

據此，則就唐司馬貞所見，注解《史記》者，乃唯延篤《史記音義》及失撰人之《史記音隱》二書耳。

　　按，延篤有《戰國策論》一卷，並其事蹟已見第一章第二節。所撰《史記音義》，亦止一卷，唐時既已鮮有，知佚已久。曾樸《補後漢書藝文志》卷五以爲《前漢書‧天文志》注李奇引延篤曰云云，即此書佚文也。

## 五、失撰人《史記音隱》

　　司馬貞既述延篤《史記音義》矣，又謂別有《音隱》五卷，然已不記作者何人，又稱近代鮮有其書，則當亡於隋代。章宗源《隋志考證》卷一云：「裴駰《集解》引有《史記音隱》。」又姚振宗《後漢藝文志》卷二曰：「按服虔有《春秋左氏傳音隱》，疑此亦服氏書。或譌作章隱。」是書既已久佚，詳不能知矣。

# 第二節　雜著今古事要諸書

　　衞颯《史要》，既起於後漢，雖或體制不經，然通人君子，亦必廣覽博采，故《隋志‧雜史類序》云：

> 自後漢以來，學者多鈔撮舊史，自爲一書，或起自人皇，或斷之近代，亦各其志，而體制不經，又有委巷之說，迂怪妄誕，眞虛莫測。然其大抵皆帝王之事，通人君子，必博采廣覽，以酌其要。

今考伏無忌《古今注》之采集古今，刪著事要，與夫周樹《洞歷》之上自黃帝，下至漢朝，而畢載其鋒芒毛髮之事，雖或非史策之正，亦有可備參稽者也。

## 一、伏無忌《古今注》

　　伏無忌傳略附見於《後漢書》列傳第十六〈伏湛傳〉。湛，琅邪東武人，九世祖勝，所謂濟南伏生者也。湛代趙禹爲大司徒，封陽都侯，又徙封不其侯。無忌，湛五世孫，嗣爵，亦傳家學，博物多識。順帝時，爲侍中屯騎校尉。永和元年（136），詔與議郎黃景校定中書五經諸子百家藝術。元嘉中（151～152）桓帝復詔與黃景、崔寔等共撰《漢記》，又自爲《伏侯注》。自伏生後，以世傳經學，清靜無競，故東州號爲「伏不鬥」云。

　　所撰《伏侯注》，《隋志‧史部‧雜史類》著錄，稱「《古今注》八卷，伏無忌撰」，《舊唐志》同，《新唐志》入〈子部‧雜家類〉，作「《伏侯古今注》三卷」。又據《後漢書‧伏湛傳》注，知無忌《伏侯注》，在章懷太子時，當猶見行於世，共爲八卷，

上自黃帝，下盡漢質帝，蓋採集古今，刪著事要以成書者，其所以曰「注」，言爲之解說，使其義著明也。今其書雖佚，有茆泮林輯本三卷，補遺一卷，又補遺一卷，見於《十種古逸書》、《龍谿精舍叢書‧史部》，及《叢書集成初編‧社會科學類》中，又馬國翰《玉函山房輯佚書‧子編‧雜家類》亦有輯本一卷，黃奭《黃氏逸書考（漢學堂叢書）‧子史鈎沈》亦輯存一卷，顧懷三據劉昭《續漢書‧天文志、五行志、禮儀志》注及李賢《范書紀傳》注、《藝文類聚》、《初學記》、《北堂書鈔》、《太平御覽》、《開元占經》、《玉海》諸書所引，亦略爲條次，以類相從，輯錄於所撰《補後漢書藝文志》卷四中。以輯引既多，所採錄者，猶可見其有光武、明、章、和、殤、安、順、沖、質諸帝之名諱山陵及後漢官制、符瑞、災異、戶口、墾田之數等，蓋爲掌故瑣記之屬，茆氏輯本因又分有帝號、陵寢、祭祀、漢制、天文、郡國、災異、瑞應諸項，而各有子目，既載兩漢之事，亦見其遠稽上古者。今以其書名蓋爲晉‧崔豹《古今注》所仿，兩書之見引於群籍者，遂往往互混。

## 二、周樹《洞歷》

周樹，正史無傳，謝承《後漢書》汪文臺輯本卷八云：

> 周樹達於法，善能解煩釋疑，八辟從事。〔註32〕

又云：

> 樹爲從事，刺史孟觀有罪，俾樹作章陳事序要，得無罪也。〔註33〕

《論衡》卷十三〈超奇篇〉曰：

> 周長生者，文士之雄也。在州爲刺史任安舉奏，在郡爲太守孟觀上書，事解憂除，州郡無事。長生死後，州郡遭憂，無舉奏之吏，以故事結不解。長生之才，非徒銳于牒牘也，作《洞歷》十篇。

又曰：

> 長生家于會稽。

又《舊唐志‧雜史類》載有《洞曆記》九卷，注云：「周樹撰」，《新唐志》卷同。是會稽周長生者，名樹，東漢人，王充推之甚至，《論衡‧超奇篇》以爲非徒文人所謂之鴻儒者也。

所撰《洞歷》，就王充所見爲十篇，謂上自黃帝，下至漢朝，鋒芒毛髮之事，莫不紀載，與太史公表紀相類似也。以其上通下達，故曰《洞歷》。〔註34〕又《論衡》

---

〔註32〕按，此條引自《書鈔》七十三。
〔註33〕按，此條引自《御覽》七十三。
〔註34〕見《論衡》卷十三〈超奇篇〉。

卷二十九〈按書篇〉曰：

> 會稽吳君高、周長生之輩，位雖不至公卿，囊橐文雅之英雄也。觀君
> 高之《越紐錄》，長生之《洞歷》，劉子政、楊子雲不能過也。

則其書當有可觀者，惜乎今已佚失，無以明其究竟，兩《唐志》惟存九卷，則似其時已亡其一篇矣。

# 第三章　兩漢撰注之漢史

《史通》卷十一〈史官篇〉曰：

> 夫爲史之道，其流有二，何者？書事記言，出自當時之簡；勒成刪定，
> 歸於後來之筆。然則當時草創者，資乎博聞實錄，若董狐《南史》是也；
> 後來經始者，貴乎儁識通才，若班固、陳壽是也。必論其事業，前後不同，
> 然相須而成，其歸一揆。

是史之爲書，無論記言、記事，或勒成、刪定，必皆相須而成。故《太史公書》之
所闕錄，就李賢及劉知幾所論，〔註1〕則有褚少孫、劉向、劉歆、馮商、陽城衡、
揚雄、史岑、梁審、肆仁、晉馮、段肅、金丹、馮衍、韋融、蕭奮、劉恂等之相次
撰續。至建武中，班彪乃得採其舊事，旁貫異聞，作《後傳》六十五篇。其後班固
又能綜其行事，通洽上下，而爲《漢書》紀、表、志、傳百篇。及漢獻帝，以固書
文煩難省，乃詔侍中荀悅，依《左氏傳》體，撮爲《漢紀》三十篇。在漢中興，明
帝亦詔班固、陳宗、尹敏、孟異作《世祖本紀》，並撰功臣、新市、平林、公孫述事，
作列傳、載記二十八篇。又詔劉珍、李尤，雜作〈紀〉、〈表〉及〈名臣〉、〈節士〉、
〈儒林〉、〈外戚〉諸傳，復命伏無忌、黃景作〈諸王王子功臣恩澤侯表〉、〈南單于
西羌傳〉、〈地理志〉。至元嘉中，又令邊韶、崔寔、朱穆、曹壽，雜作孝崇、獻穆二
皇后及順烈皇后傳，並增〈外戚傳〉，入安思等后，〈儒林傳〉入崔篆諸人。寔、壽
又與延篤雜作〈百官表〉、順帝功臣孫程、郭願、鄭眾、蔡倫等傳，凡百十有四篇，
號曰《漢記》。熹平中，馬日磾、蔡邕、盧植又著作東觀，接續紀傳之可成者，而邕
且別作〈朝會〉、〈車服〉等志。是劉氏之初興，雖唯陸賈之《楚漢春秋》而已，然
其後則繁乎著述矣。又有起居注者，乃編次甲子之書，如策命章奏及封拜薨免，莫

---

〔註1〕詳《後漢書》列傳第三十李賢《注》及《史通》卷十二〈正史篇〉。

不隨事記錄，言惟詳審，凡欲撰帝紀者，皆藉之以成功。《史通・史官篇》曰：

> 古者人君，外朝則有國史，內朝則有女史。內之與外，其任皆同。故晉獻惑亂，驪姬夜泣，床第之私，房中之事，不得掩焉。楚昭王讌遊，蔡姬對以其願，王顧謂史書之，蔡姬許從孤死矣。夫宴私而有書事之冊，蓋受命者即女史之流乎。

又曰：

> 至漢武帝時，有《禁中起居注》，明德馬皇后撰《明帝起居注》，凡斯著述，似出宮中，求其職司，未聞位號。

是漢時已有其書，所以錄紀人君日用動止之事，而爲後世撰史之所取資也。

## 第一節　班固漢史之成書及其注釋

### 一、班彪等諸家之撰作漢史

《後漢書・班彪列傳》曰：

> 武帝時，司馬遷著《史記》，自太初以後，闕而不錄，後好事者頗或綴集時事，然多鄙俗，不足以踵繼其書。

李賢《注》曰：

> 好事者謂揚雄、劉歆、陽城衡、褚少孫、史孝山之徒也。

又《史通》卷十二〈正史篇〉曰：

> 《史記》所書，年止漢武，太初以後，闕而不錄。其後，劉向、向子歆及諸好事者，若馮商、衛衡、揚雄、史岑、梁審、肆仁、晉馮、段肅、金丹、馮衍、韋融、蕭奮、劉恂等，相次撰續，迄於哀平間，猶名《史記》。至建武中，司徒掾班彪以爲其言鄙俗，不足以踵前史，又雄、歆褒美偽新，誤後惑眾，不當垂之後代者也，於是採其舊事，旁貫異聞，作《後傳》六十五篇。

又云：

> 其子固，以父所撰未盡一家，乃起元高皇，終乎王莽，十有二世，二百三十年，綜其行事，上下通洽，爲《漢書》紀、表、志、傳百篇。其事未畢，會有上書，云固私改作《史記》者，有詔京兆收繫，悉錄家書封上。固弟超，詣闕自陳。明帝引見，言固續父所作，不敢改易舊書，帝意乃解。即出固，微詣校書，受詔卒業。經二十餘載，至章帝建初中乃成。固後坐竇氏事，卒於洛陽獄。書頗散亂，莫能綜理。其妹曹大家，博學能屬文，奉詔校

敘。又選高才郎馬融等十人，從大家受讀。其八〈表〉及〈天文志〉等猶未
克成，多是待詔東觀馬續所作。而〈古今人表〉尤不類本書。始自漢末，迄
乎陳世，為其注解者，凡二十五家，至於專門受業，遂與五經相亞。

據此，則班固《漢書》之撰成，乃取資於其父彪之《後傳》，而班彪之書，又有得之
於褚少孫、向歆父子及馮商、陽城衡、揚雄，以至於史岑、梁審、肆仁、晉馮、段
肅、金丹、馮衍、韋融、蕭奮、劉恂等之所續者也。

考《後漢書注》及《史通》所載續《太史公書》諸人，今除褚少孫之事蹟已見
於第二章第一節外，餘如劉向、劉歆、揚雄等，《漢書》中並有傳；馮商事乃散見《漢
書》及其《注》中；衞衡，據李賢《注》作「陽城衡」，事見桓譚《新論》；史岑，
見《後漢書·文苑傳》及《史通·人物篇》；晉馮、段肅，見《後漢書·班固傳》；
金丹，名列《後漢書》中；馮衍，《後漢書》亦有傳。餘則未詳其始末。

按，劉向，字子政，沛人，高祖少弟楚元王交之後。本名更生，生於漢昭帝元
鳳二年（西元前 79），卒於漢成帝綏和元年（西元前 8），年七十二。〔註2〕事蹟具
《漢書》卷三十六。向年十二，以父德任為輦郎。既冠，以行修飭，擢為諫大夫。
是時宣帝循武帝故事，招選名儒、俊材置左右，向以通達能屬文，與王褒、張子僑
等並進對，獻賦、頌凡數十篇。宣帝復興神仙、方術之事，而淮南有秘書，言神仙
使鬼物為金，世人莫見，而向父德武帝時治淮南獄，得其書，向幼而讀誦，以為奇，
獻之，言黃金可成。上令典尚方鑄作事，費甚多，而方不驗，上乃下向吏，吏劾向
鑄偽黃金，繫當死，向兄陽城侯安民上書，入國戶半贖向罪，上亦奇其材，得踰冬
減死論。會初立《穀梁春秋》，徵向受《穀梁》，講論五經於石渠，復拜為郎中，給
事黃門，遷散騎諫大夫，給事中。元帝初即位，太傅蕭望之為前將軍，少傅周堪為
諸吏光祿大夫，皆領尚書事，甚見尊任，向年少於望之、堪，然二人重之，薦向宗
室忠直，明經有行，擢為散騎中正，給事中，與侍中金敞拾遺於左右，四人同心輔
政。及外戚許、史在位放縱，中書宦官弘恭、石顯弄權，望之、堪、向議欲白罷退
之，未白而語泄，遂為許、史、恭、顯所譖愬，堪、向下獄，望之免官。其春地震，
上感悟，下詔賜望之爵關內侯，奉朝請。秋，徵堪、向欲以為諫大夫，恭、顯白皆

---

〔註2〕又，姜亮夫撰《歷代名人年里碑傳總表》作生於漢昭帝元鳳四年（西元前 77），卒
　　　於漢哀帝建平元年（西元前 6）。錢穆《劉向歆父子年譜》則云：「向生實在元鳳二
　　　年，錢氏推不誤。」錢氏者，錢大昕也。據此，則向之卒年當在成帝綏和元年（西
　　　元前 8）矣。按，劉向生平可參見拙著《劉向》，民國 67 年，台灣商務印書館《中
　　　國歷代思想》第十一冊。

為中郎。冬，地復震，向使其外親上變事，以為宜退恭、顯，以彰蔽善之罰，進望之等，以通賢者之路，如此太平之門開，災異之原塞矣。書奏，恭、顯疑向所為，白請考姦詐，遂逮向繫獄，坐免為庶人。及成帝即位，顯等伏辜，向乃復進用，自是改「更生」名為「向」。召拜為中郎，使領護三輔都水，數奏封事，遷光祿大夫。是時，帝元舅陽平侯王鳳為大將軍，秉政，倚太后專國權，兄弟七人皆封為列侯。時數有大異，向以為外戚貴盛，鳳兄弟用事之咎，而上方精於《詩》、《書》，觀覽古文，詔向領校中五經秘書。向見《尚書‧洪範》，箕子為武王陳五行陰陽休咎之應，乃集合上古以來，歷春秋、六國至秦、漢符瑞災異之記，推迹行事，著其占驗，比類相從，各有條目，凡十一篇，號曰《洪範五行傳論》，奏之。上心知向忠精，故為鳳兄弟起此論也，然終不能奪王氏權。向睹俗彌奢淫，以為王教由內及外，自近者始，故採《詩》、《書》所載賢妃、貞婦興國顯家可法及孽嬖亂亡者，序次為《列女傳》，凡八篇，以戒天子，及採傳記行事，著《新序》、《說苑》，凡五十篇，奏之。數上疏，言得失，陳法戒，以助觀覽，而補遺闕。上雖不能盡用，然內嘉其言，常嗟歎之。時上無繼嗣，政由王氏出，災異浸甚，向雅奇陳湯智謀，與相親友，獨謂湯曰：「災異如此，而外家日盛，其漸必危劉氏，吾幸得同姓末屬，累世蒙漢厚恩，身為宗室遺老，歷事三主，上以我先帝舊臣，每進見，常加優禮，吾而不言，孰當言者？」遂上封事極諫。書奏，上召見向，歎息悲傷，以向為中壘校尉。其後復數上奏，皆未見用。向自見得信於上，故常顯訟宗室，譏刺王氏及在位大臣，其言多痛切，發於至誠，上數欲用向為九卿，輒不為王氏居位者及丞相御史所持，終不得遷，居列大夫官前後三十年。卒後十三歲，而王氏果代漢矣。向為人簡易，無威儀，廉靖樂道，不交接世俗，專積思於經術，晝誦書傳，夜觀星宿，或不寐達旦。以自孔子之刪述六經以後，中經秦火，及楚、漢之爭，典籍散佚殆盡，至成帝時，乃使謁者陳農求遺書於天下，而詔向校經傳、諸子、詩賦，步兵校尉任弘校兵書，太史令尹咸校數術，侍醫李柱國校方技，每一書已，向更條其篇目，撮其旨意，錄而奏之，向卒，子歆卒其業，其於目錄學之貢獻，遂卓然為萬世祖。

　　《漢書》言向之生平則詳矣，惟於撰史，乃無一語及之，姚振宗於所撰《漢書藝文志拾補》卷一「劉歆續太史公書」條中因云：「《書錄解題》又以為向、歆父子不聞作史，按〈地理志〉言：成帝時，劉向略言其域分，此向欲譔〈地理志〉之權輿也；《史記‧匈奴傳》末，《索隱》引張晏云：自狐鹿姑單于已下，皆劉向、褚先生所錄，此向作〈匈奴傳〉之明證也。向、歆本傳雖未有作史明文，而范書〈班彪傳〉注及《史通》所言，章章若此，非向、歆父子作史之確據乎。」是豈可以本傳未有作史之明文，遂疑其嘗撰史與否耶？

劉歆，字子駿，向少子。以通《詩》、《書》能屬文召見成帝，爲黃門郎。河平中，受詔與父向領校秘書，講六藝、傳記、諸子、詩賦、數術、方技，無所不究。向卒後，歆復爲中壘校尉。哀帝初即位，大司馬王莽舉歆宗室有材行，爲侍中太中太夫，遷騎都尉、奉車光祿大夫，貴幸。復領五經，卒父前業，歆乃集六藝群書，種別爲《七略》。歆及向初皆治《易》，宣帝時，詔向受《穀梁春秋》，十餘年大明習，及歆校秘書，見古文《春秋左氏傳》，因大好之。時丞相史尹咸，以能治《左氏》，與歆共校經傳，歆從咸及丞相翟方進受，質問大義。初，《左氏傳》多古字古言，學者傳訓故而已，及歆治《左氏》，引傳文以解經，轉相發明，由是章句義理備焉。歆亦湛靖有謀，父子俱好古，博見強志，過絕於人，歆以爲左丘明好惡與聖人同，親見夫子，而《公羊》、《穀梁》在七十子後，傳聞之與親見之，其詳略不同。歆數以難向，向不能非間也，然猶自持其《穀梁》義。及歆親近，欲建立《左氏春秋》及《毛詩》、《逸禮》、《古文尚書》皆列於學官，哀帝令歆與五經博士講論其義，諸博士或不肯置對，歆因移書太常博士責讓之，其言甚切，諸儒皆怨恨。是時名儒光祿大夫龔勝以歆移書上疏深自罪責，願乞骸骨罷。及儒者師丹爲大司空，亦大怒，奏歆改亂舊章，非毀先帝所立。上曰：「歆欲廣道術，亦何以爲非毀哉？」歆由是忤執政大臣，爲眾儒所訕。懼誅，求出補史，爲河內太守。以宗室不宜典三河，徙守五原，後轉在涿郡，歷三郡守。數年，以病免官。起家復爲安定屬國都尉，會哀帝崩，王莽執政，莽少與歆俱爲黃門郎，重之，白太后，太后留歆爲右曹太中大夫，遷中壘校尉、羲和、京兆尹，使治明堂辟雍，封紅休侯，典儒林史卜之官，考定律曆，著《三統曆譜》。初，歆以建平元年（西元前4）改名秀〔註3〕字穎叔云。及王莽篡位，歆爲國師嘉新公。後莽以事逼死幼子臨，臨妻愔，歆女，亦自殺。歆怨莽殺其子，又懼大禍將至，從王涉言，謀將誅莽，事敗自殺，時更始元年（23），年七十餘。著有《列女傳頌》一卷、《七略》七卷、《三統曆》三卷、《集》五卷等。〔註4〕考《後漢書‧班彪列傳》第三十有：「司馬遷著《史記》，自太始以後，闕而不錄，後好事者頗或綴集時事，然多鄙俗，不足以蹝繼其書。」云云，李賢注曰：「好事者謂揚雄、劉歆、陽城衡、褚少孫、史孝山之徒也。」又〈劉歆傳〉云：典儒林史卜之官。則褚少孫以下十五家所補續者，劉歆時當皆典領之。〔註5〕是劉歆亦嘗欲綴集漢事，惟未能竟其業也。

〔註3〕按，錢穆《劉向歆父子年譜》以爲哀帝名欣，歆殆因以改名。
〔註4〕詳見《漢書》卷三十六〈楚元王傳〉、卷九十九〈王莽傳〉、嚴可均《全漢文》卷四十〈劉歆傳〉及錢穆《劉向歆父子年譜》。
〔註5〕見姚振宗《漢書藝文志拾補》卷一。

　　馮商，字子高，陽陵人。〔註6〕治《易》，事劉向，能屬文，博聞強記。成帝時，受詔續《太史公書》十餘篇，未卒，會病死。〔註7〕又有《賦》九篇，見《漢志・賦家》。其所續《太史公》，《漢志・春秋家》既著錄七篇，又於卷末「凡《春秋》二十三家九百四十八篇」之下，注云：「省《太史公》四篇。」則所省者，為馮氏續書，是所撰蓋有十一篇，今佚。《漢書》卷五十九〈張湯傳贊〉曰：

　　　　馮商稱張湯之先，與留侯同祖，而司馬遷不言，故闕焉。

王先謙《補注》引周壽昌曰：

　　　　《藝文志・春秋家》有馮商所續《太史公》七篇，《注》引韋昭曰：「商受詔續《太史公》十餘篇，在班彪《別錄》。」據此，則班氏當有其文，豈即在《漢書》中未經別出邪？

是班氏之撰史，當有採於馮商所續者矣。〔註8〕又卷七十六〈趙尹韓張兩王傳贊〉曰：

　　　　馮商傳王尊。

《注》引張晏曰：

　　　　劉向作《新序》，不道王尊，馮商續《史記》，為作傳。

則《漢書・王尊傳》亦有取於商作者，〔註9〕是馮商所續，於漢史之中，猶可考其一、二。


　　陽城衡，蜀郡人。始末不詳。《漢書藝文志拾補》卷一「元始樂經」條引張澍輯注云：「陽成，一作陽城，桓譚《新論》：陽城子張，名衡，為講樂祭酒，蜀人，即陽成公衡也。」又引桓譚《新論》云：「及寢疾，預買棺槨，多下錦繡，立被發冢。」《論衡》卷十三〈超奇篇〉曰：「陽成子長作《樂經》，揚子雲作《太玄經》，造於助思，極窅冥之深，非庶幾之才不能成也。」知陽成衡除嘗與揚雄等續《太史公書》外，亦深於《樂經》者也。

_____

〔註6〕按，陽陵為漢景帝陵，在陝西咸陽縣東，高陵縣西南。《漢書》卷五〈景帝紀〉云：「葬陽陵。」臣瓚曰：「在長安東北四十五里。」故卷五十九〈張湯傳〉贊注引如淳曰：「班固《目錄》：馮商，長安人。」

〔註7〕參見《漢書》卷五十九〈張湯傳〉贊注如淳引班固《目錄》、師古引劉歆《七略》，及卷三十〈藝文志〉「馮商所續太史公七篇」條注引韋昭曰。又姚振宗《漢書藝文志拾補》卷一「劉歆續太史公書」條云：「商，劉向弟子也。」

〔註8〕按，姚振宗《漢書藝文志條理》卷一云：「〈張湯傳〉班氏采馮商所續書。」

〔註9〕按，周壽昌《漢書注校補》卷四以為：「〈王尊傳〉當是商作原文。」楊樹達於所撰〈漢書所據史料考〉則云：「馮商、揚雄既皆同作〈王尊傳〉，則班采商或采雄，或二人兼采皆不可知，不可遽定為商一人之作也。」

　　揚雄，字子雲，蜀郡成都人。漢宣帝甘露元年（西元前 53）生。少好學，而不為章句，訓詁通而已，博覽無所不見。為人簡易，口吃不能劇談。好深思，少嗜欲，不汲汲於富貴，不戚戚於貧賤，家產不過十金，而晏如也。非聖哲之書，不好，非其意，雖富貴，不事也。陽朔中，大司馬王音召為門下史，除給事黃門郎，與王莽、劉歆並。王莽篡位，獲封爵者甚眾，雄以耆老久次，轉大中大夫。天鳳五年（18）卒，年七十一，《漢書》卷八十七有傳。雄嘗好辭賦，時有司馬相如，作賦甚弘麗溫雅，心壯之，每作賦，常擬以為式。又悲屈原，以為君子得時則大行，遇不遇，命也，乃作書，摭〈離騷〉文而反之，名曰〈反離騷〉，又旁〈離騷〉作〈廣騷〉，旁〈惜誦〉以下至〈懷沙〉，名曰〈畔牢愁〉。孝成帝時，客有薦雄文似相如者，上方郊祠甘泉泰畤、汾陰后土，以求繼嗣，召雄待詔。雄從上甘泉，還奏〈甘泉賦〉以風；祭后土，上〈河東賦〉以勸；從羽獵，以為昔在二帝三王，不奪百姓膏腴之地，作〈獵賦〉以風；上將大誇胡人以多禽獸，是時農民不得收成，雄從至射熊館，還，上〈長揚賦〉；哀帝時，雄方草《太玄》，有嘲雄者，因作《解嘲》；後又有《解難》。雄以為賦者，將以風也，必推類而言，極麗靡之辭，競於使人不能加也，既乃歸於正，然覽者已過矣。往時武帝好神仙，相如上〈大人賦〉，欲以風，帝反縹縹有陵雲之志，由是言之，賦勸而不止，明矣，又頗似俳優淳于髡、優孟之徒，非法度所存，於是輟不復為。雄意欲求文章成名於後世，以為經莫大於《易》，故作《太玄》；傳莫大於《論語》，作《法言》；史篇莫善於《蒼頡》，作《訓纂》；箴莫善於《虞箴》，作《州箴》；賦莫深於〈離騷〉，反而廣之；辭莫麗於相如，作四賦。其用心於內，而不求於外，人皆忽之，唯劉歆及范逡敬焉，而桓譚以為絕倫。王莽時，劉歆、甄豐皆為上公，莽既以符命自立，即位之後，欲絕其原，以神前事，而豐子尋、歆子棻，復獻之，莽因誅豐父子，投棻四裔，時雄校書天祿閣，使者來，以劉棻嘗從雄學，雄恐不能自免，乃從閣上自投下，幾死。雄家素貧，嗜酒，人稀至其門。時有好事者，載酒肴從遊學。而鉅鹿侯芭常從雄居，受其《太玄》、《法言》焉。劉歆亦嘗觀之，謂雄曰：「空自苦！今學者有祿利，然尚不能明《易》，又如《玄》何？吾恐後人用覆醬瓿也。」雄笑而不應。是如雄者，實可謂好古而樂道者也。所作騷賦，皆載入本傳，紀昀謂：「凡所列漢人著述，未有若是之詳者，蓋當時甚重雄書，以為孟、荀之亞也。」〔註10〕《史通》卷十一〈史官篇〉云：

　　　　司馬遷既歿，後之續《史記》者，若褚先生、劉向、馮商、揚雄之徒，

　　　並以別職來知史務，於是太史之署，非復記言之司，故張衡、單颺、王立、

---

〔註10〕見程發軔師《國學概論》第四章第五節引。

高堂隆等，其當官見稱，唯知占候而已。

卷十〈辨職篇〉曰：

> 若使直若南史，才若馬遷，精勤不懈若揚子雲，諳識故事若應仲遠，兼斯具美，督彼群才，使夫載言記事，藉為模楷，搦管操觚，歸其儀的，斯則可矣。但今之從政則不然，凡居斯職者，必恩幸貴臣，凡庸賤品，飽食安步，坐嘯畫諾，若斯而已矣。

蓋史才難得，宜乎劉知幾之感歎。揚雄之修史，錄宣帝以至哀平，〔註11〕彪之旁貫前史遺事，當多所取資焉。〔註12〕

史岑，史無專傳，《史通》卷八〈人物篇〉云：

> 既而孟堅勒成《漢書》，牢籠一代，至於人倫大事，亦云備矣，其間若薄昭、楊僕、顏駟、史岑之徒，其事所以見遺者，蓋略小而存大耳。夫雖逐麋之犬，不復顧兔，而雞肋是棄，能無惜乎。

《後漢書・文苑列傳》第七十（上）〈王隆傳〉末附〈史岑傳略〉曰：

> 初，王莽末，沛國史岑子孝亦以文章顯，莽以為謁者，著〈頌〉、〈誄〉、〈復神〉、〈說疾〉凡四篇。

是史岑當為沛國人。又李賢《注》云：

> 岑，一字孝山，著〈出師頌〉。

稽之〈班彪傳〉「後好事者頗或綴集時事」云云，〔註13〕李賢亦《注》云：「好事者謂揚雄、劉歆、陽城衡、褚少孫、史孝山之徒也。」則此以文章顯之史岑字子孝者，李賢蓋以為即字孝山，同為續《太史公書》之好事者。今按《文選》注則以為蓋有二史岑，其卷四十七載有史孝山〈出師頌〉一首，《注》云：

> 范曄《後漢書》曰：王莽末，沛國史岑字孝山，以文章顯，《文章志》及《集林》、《今書七志》並同，皆載岑〈出師頌〉，而《流別集》及《集林》又載岑〈和鄧熹后頌並序〉。計莽之末，以訖和熹，百有餘年。又《東觀漢記》：東平王蒼上〈光武中興頌〉，明帝問校書郎，此與誰等？對云：

---

〔註11〕見《論衡》卷二十〈須頌篇〉。

〔註12〕按，《後漢書》列傳第三十〈班彪傳〉云：「彪既才高而好述作，遂專心史籍之閒，武帝時，司馬遷著《史記》，自太初以後，闕而不錄，後好事者頗或綴集時事，然多鄙俗，不足以蹱繼其書，彪乃繼採前史遺事，傍貫異聞，作《後傳》數十篇，因斟酌前史而譏正得失。」又《史通》卷十二〈正史篇〉曰：「司徒掾班彪以為其言鄙俗，不足以蹱前史，又雄、歆襃美偽新，誤後惑眾，不當垂之後代者也，於是採其舊事，旁貫異聞，作《後傳》六十五篇。」

〔註13〕見《後漢書》列傳第三十。

前世史岑之比。斯則莽末之史岑，明帝之時已云前世，不得爲〈和熹之頌〉明矣。然蓋有二史岑：字子孝者，仕王莽之末，字孝山者，當和熹之際，但書典散亡，未詳孝山爵里，諸家遂以孝山之文，載於子孝之集，非也。

又按，新莽始建國元年，爲西元九年，莽末之地皇三年，爲西元二二年，班彪卒於光武帝建武三〇年，西元五四年，即班固亦生於光武帝建武八年，西元三二年，卒於和帝永元四年，西元九二年，則所續之《太史公書》而能爲彪、固父子所取資者，當爲莽末字子孝之史岑也。所續《太史公書》，雖史無明文，無以詳其究竟，然就《東觀漢記》卷七所載「蒼上世祖受命〈中興頌〉，上甚善之，校書郎以爲前世史岑之比」云云視之，文辭當亦富麗可觀。

晉馮，東漢京兆祭酒。始末未詳。明帝永平初，班固〈奏記〉之說東平王蒼曰：

> 京兆祭酒晉馮，結髮修身，白首無違，好古樂道，玄默自守，古人之美行，時俗所莫及。

知晉馮乃一樂道而好古者也，事見《後漢書》列傳第三十〈班固傳〉。

段肅，東漢弘農功曹史，《後漢書》「段」作「殷」，〈班固傳〉云：

> 弘農功曹史殷肅，達學洽聞，才能絕倫，誦《詩》三百，奉使專對。

又固於永平初，因東平王蒼以至戚爲驃騎將軍輔政，開東閣，延英雄，雖時始弱冠，然即上〈奏記〉，而謂：「竊見幕府新開，廣延群俊，四方之士，顛倒衣裳，將軍宜詳唐、殷之舉，察伊、皐之薦，令遠近無偏，幽隱必達，期於總覽賢才，收集明智，爲國得人，以寧本朝。」因舉晉馮、段肅等，以爲皆有殊行絕才，德隆常世，如蒙徵納，以輔高明，此山梁之秋，夫子所爲歎也。是知晉馮之好古樂道，段肅之達學洽聞，宜乎所續《史記》之見述於劉知幾《史通》矣。

金丹，爲東漢隗囂賓客，《後漢書》列傳第三〈隗囂傳〉云：

> 囂素謙恭愛士，傾身引接爲布衣交。以前王莽平河大尹長安谷恭爲掌野大夫……杜陵金丹之屬爲賓客。

又顧櫰三《補後漢書藝文志》卷四曰：

> 丹，字昭卿，杜陵人，爲隗囂賓客，《班彪集》有〈與金昭卿書〉。

此金丹事蹟之可知者。其續《史記》，既見於劉知幾《史通》，顧櫰三之《補後漢書藝文志》因據以著錄。

馮衍，字敬通，京兆杜陵人。博通群書，王莽時，諸公多薦舉之者，衍辭不肯仕。時天下起兵，莽遣更始將軍廉丹討伐山東，丹辟衍爲掾，與俱至定陶，莽追詔丹曰：「倉廩盡矣，府庫空矣，可以怒矣，可以戰矣。將軍受國重任，不捐身於中野，無以報恩塞責。」丹惶恐，夜召衍，以書示之。衍因說丹以爲：「順而成者，道之所大也，逆而功者，權之所貴也。是故期於有成，不問所由；論於大體，不守小節。」蓋以死易生，以存易亡，君子之道也，詭於眾意，寧國存身，賢智之慮也，若夫知其不可而必行之，破軍殘眾，無補於主，身死之日，負義於時，智者不爲，勇者不行，因衍謂：「方今爲將軍計，莫若屯據大郡，鎮撫吏士，砥厲其節，百里之內，牛酒日賜，納雄桀之士，詣忠智之謀，要將來之心，待從橫之變，興社稷之利，除萬人之害，則福祿流於無窮，功烈著於不滅。何與軍覆於中原，身膏於草野，功敗名喪，恥及先祖哉？」丹不能從。及戰死，衍乃亡命河東。更始二年（24），遣尚書僕射鮑永行大將軍事，衍因以計說永曰：「今生人之命，縣於將軍，將軍所杖，必須良才，宜改易非任，更選賢能。夫十室之邑，必有忠信，審得其人，以承大將軍之明，雖則山澤之人，無不感德，思樂爲用矣。然後簡精銳之卒，發屯守之士，三軍既整，甲兵已具，相其土地之饒，視其水泉之利，制屯田之術，習戰射之教，則威風遠暢，人安其業矣。若鎮太原，撫上黨，收百姓之歡心，樹名賢之良佐，天下無變，則足以顯聲譽，一朝有事，則可以建大功。」永既素重衍，乃以衍爲立漢將軍，屯太原。及光武即位，乃共罷兵。頃之，以衍爲曲陽令。建武六年（30）日食，衍上書陳八事：其一曰顯文德，二曰褒武烈，三曰修舊功，四曰招俊傑，五曰明好惡，六曰簡法令，七曰差秩錄，八曰撫邊境。後衞尉陰興、新陽侯陰就以外戚貴顯，深敬重衍，衍遂與之交結，由是爲諸王所聘請，尋爲司隸從事。明帝即位，多短衍文過其實，廢於家。居貧年老，卒。所著有賦、誄、銘、策等五十篇，明帝甚重之，事詳《後漢書》列傳第十八本傳。所續《史記》，史無明文。

肆仁，始末未詳。蕭奮，名見〈儒林傳〉。《漢書》卷八十八曰：

> 孟卿，東海人也，事蕭奮，以授后蒼、魯閭丘卿。

曾樸《補後漢書藝文志及考》卷五云：「案《東觀記》，肆仁與劉珍等同著作東觀，則仁亦後漢人。」《史通・正史篇》歷敘續《史記》諸人，自劉向而下，先舉西漢人，後至於東漢，然則奮、仁等固皆爲東漢人矣。

綜此數子所撰，當皆在《漢書》著作之前，且爲叔皮所得見，而爲班氏父子撰史之所取資者也。以作由多人，不似《史記》之出自一家，誠不免有鄙俗之處，然記言

書事，草創實難，若無前人之博聞實錄，雖有儁識通才，實難成其事業。今考《漢志》注引韋昭之言馮商受詔所續在班彪《別錄》，則《別錄》所得，當不止商一家耳，《論衡》卷十三〈超奇篇〉曰：「班叔皮續《太史公書》百篇以上。」數既在百有餘篇，則除褚少孫所補者已附《太史公書》行世外，其餘各家所撰，當亦在《別錄》之中矣。

　　班彪，字叔皮，扶風安陵人。性沈重好古，年二十餘，更始敗，三輔大亂，時隗囂擁眾天水，彪乃避難從之。以疾囂言，又傷時方難，乃著〈王命論〉，以爲漢德承堯，有靈命之符，王者興作，非詐力所致。欲以感之，而囂終不寤，遂避地河西。河西大將軍竇融以爲從事，深敬待之，接以師友之道。及融徵還京師，光武雅聞彪才，因召入見，舉司隸茂才，以病免。東宮初建，官屬未備，師保多闕，彪上言，以爲宜博選名儒有威重明通政事者，爲太子太傅，帝納之。建武三十年（54）年五十二，卒官。所著賦、論、書、記、奏事合九篇。〔註14〕

　　所撰《史記後傳》，據《史通・正史篇》所言，乃以向、歆父子之所續者，其言鄙俗，或褒美僞新，乃採其舊事，旁貫異聞而成。是前人之失，雖難免後人之譏正，然後人之所刪定勒成者，亦必藉諸前賢之所經營也。又馮商所續，既在班彪《別錄》，叔皮又得見諸家之史記，則《別錄》所載，自是裒錄諸家之作，而爲《後傳》之長篇者也，就彪弟子王充所見，〔註15〕所續《太史公書》，乃有百篇以上，〔註16〕視《史通・正史篇》所謂作《後傳》六十五篇者爲多，蓋一爲待定之稿，一爲已撰之書矣。《後漢書》本傳謂：「彪既才高而好述作，遂專心史籍之閒。」是其所以能繼採前史遺事，作《後傳》數十篇者，乃以才高而又能潛心於此也。既有所見，是以所慎覈整齊者，乃不爲世家，惟紀傳而已，〔註17〕今其書已不可得而見，鄭樵謂：「可見者，元、成二帝贊焉。」姚振宗稱：「彪之論贊，今可見者，尚有韋賢、翟方進、元后三傳，不盡如鄭氏所指二篇。」〔註18〕考《漢書》卷九〈元帝紀〉贊「臣外祖兄弟爲元帝侍中」云云，《注》引應劭曰：「元、成帝紀皆班固父彪所作。」是叔皮所作，尚可窺出一二。以記事詳悉，義淺理備，曾見稱於王充，《論衡》卷十三〈超奇篇〉謂：「觀讀之者以爲甲而太史公乙。」又馬端臨《文獻通考・經籍考》亦指其贊文能於本紀之外，別記所聞，爲能深入太史公之閫奧者，且以爲善學司馬遷者，莫如班彪，彪續遷書，自武昭至於後漢，

〔註14〕詳《後漢書・班彪列傳》第三十。
〔註15〕按，《後漢書》列傳第三十九〈王充傳〉云：「充受業太學，師事扶風班彪。」
〔註16〕見《論衡》卷十三〈超奇篇〉。
〔註17〕見《後漢書》列傳第三十班彪之〈略論〉。
〔註18〕見姚氏所撰《後漢藝文志》卷二。

如出一手，善乎其繼志也。是班固之能斷代爲史者，其來有自。

## 二、班固《漢書》

　　班固，字孟堅，彪子。生於光武帝建武八年（32），卒於和帝永元四年（92），年六十一，《後漢書》列傳第三十有傳。固少能屬文，誦《詩》、《書》。及長，博貫載籍，九流百家之言，無不窮究。所學無常師，不爲章句，舉大義而已。性寬和容眾，不以才能高人，諸儒以此慕之。永平初，東平王蒼以至戚爲驃騎將軍輔政，開東閣，延英雄，時固始弱冠，嘗奏記說蒼，因舉才以薦，蒼納之。父彪卒，歸鄉里，以彪所續前史未詳，乃潛精研思，欲就其業。既而有人上書明帝，告固私改國史，有詔下郡，收固繫京兆獄，乃盡取其家書。先是，扶風人蘇朗僞言圖讖事，下獄死，固弟超恐固爲郡所覈考，不能自明，乃馳詣闕上書，得召見，言固所著述意，而郡亦上其書，明帝甚奇之，召詣校書部，除蘭臺令史，與陳宗、尹敏、孟異共成〈世祖本紀〉，遷爲郎，典校秘書。固又撰功臣、平林、新市、公孫述事，作列傳、載記二十八篇，奏之，帝乃復使終成前所著書。固自爲郎後，遂見親近。時京師修起宮室，濬繕城隍，而關中耆老，猶望朝廷西顧，固感前世相如、壽王、東方之徒造構文辭，終以諷勸，乃上〈兩都賦〉，盛稱洛邑制度之美。及明帝雅好文章，固愈得幸，數入讀書禁中，或連日夜。每巡狩，輒獻賦、頌。朝廷有大議，使難問公卿，辯論於前，賞賜恩寵甚渥。固自以父子二世才術，位不過郎，不遭蘇秦、張儀、范睢、蔡澤之時，作〈賓戲〉以自通焉，後遷玄武司馬。天子會諸儒講論五經，作《白虎通德論》，令固撰集其事。固又作〈典引篇〉，述敘漢德，以爲相如〈封禪〉，靡而不典，揚雄〈美新〉，典而不實，蓋自謂得其致焉。永元初，大將軍竇憲出征匈奴，以固爲中護軍，與參議。及竇憲敗，固先坐免官。固不教學諸子，諸子多不遵法度，吏人苦之。初，洛陽令种兢嘗行，固奴干其車騎，吏推呼之，奴醉罵，种兢大怒，畏憲不敢發，心銜之。及竇氏賓客皆逮考，兢因此捕繫固，遂死獄中。所著詩、賦、誄、銘等，在者凡四十一篇。

　　固撰《漢書》，則亦如司馬遷之撰《史記》，爲父子續業而成者。考彪之所撰，已云多矣，然彪卒，固仍以爲所續未詳，故思就其業，遂探前記，綴集所聞，以爲《漢書》，凡百篇，都八十餘萬言，自明帝永平中（永平元年，58）受詔，潛精積思約二十餘年，至章帝建初中（建元初年，76），乃成，知其用力之深矣，《史通‧正史篇》嘗述其事曰：

　　　　其事（按指固之撰《漢書》）未畢，會有上書，云固私改作《史記》
　　者，有詔京兆收繫，悉錄家書封上，固弟超詣闕自陳，明帝引見，言固續

父所作，不敢改易舊事，帝意乃解。即出固，徵詣校書，受詔卒業，經二十餘載，至章帝建初中乃成。

又曰：

> 固後坐竇氏事，卒於洛陽獄，書頗散亂，莫能綜理，其妹曹大家，博學能屬文，奉詔校敘，又選高才郎馬融等十人，從大家受讀。其八〈表〉及〈天文志〉等，猶未克成，多是待詔東觀馬續所作，而〈古今人表〉，尤不類本書。

斯又知班固所作，猶有未盡完備者，會坐竇氏事卒，莫能綜理，其八〈表〉及〈天文志〉，乃多資於班昭及馬續就東觀藏書閣踵而全之也，故《玉海》卷四十六「漢書」條亦云：

> 劉昭〈補志序〉曰：以是推之，八〈表〉其班昭所補，〈天文志〉其馬續所成歟！

又續《漢書・天文志》（上）亦曰：

> 孝明帝使班固敘《漢書》，而馬續述〈天文志〉。

是《漢書》之撰成，班昭、馬續其有功焉。

按班昭者，班彪之女，同郡曹世叔之妻也。《後漢書・列女傳》第七十四述其傳略云：

> 字惠班，一名姬，博學高才，世叔早卒，有節行法度。兄固著《漢書》，其八〈表〉及〈天文志〉未及竟而卒，和帝詔昭就東觀藏書閣踵而成之。帝數召入宮，令皇后諸貴人師事焉，號曰大家。每有貢獻異物，輒詔大家作賦頌。及鄧太后臨朝，與聞政事。以出入之勤，特封子成關內侯，官至齊相。時《漢書》始出，多未能通者，同郡馬融伏於閣下，從昭受讀，後又詔融兄續繼昭成之。

昭又嘗作《女誡》七篇，有助內訓，馬融善之，令妻女習焉。年七十餘卒，皇太后素服舉哀，使者監護喪事。所著賦、頌、銘、誄等凡十六篇，子婦丁氏為撰集之。

馬續者，字季則，父嚴，嚴父余，余之弟援。馬援者，扶風茂陵人也。《後漢書・馬援列傳》云：

> 嚴七子，唯續、融知名。續，字季則，七歲，能通《論語》，十三，明《尚書》，十六，治《詩》，博觀群籍，善《九章算術》。順帝時，為護羌校尉、遷度遼將軍，所在有威恩。

　　《漢書》之作，上起高祖，下至孝平王莽之誅，共十二世，歷二百三十年事。既探纂前記，又旁貫五經，綜其行事，綴集所聞而成。凡為十二帝紀、八表、十志、七十列傳。體例蓋承《史記》之舊，而變其通史之體為斷代之作。後世正史，代代相襲，遂無由改作焉。

　　今觀《漢書‧敘傳》所言，則《漢書》之名，乃出於班固所定，亦稽古之偉稱，故《史通》卷一〈六家篇〉曰：「昔虞、夏之典，商、周之誥，孔氏所撰，皆謂之書。夫以書為名，亦稽古之偉稱。」史既以「書」為名，因易載典章之作者為「志」，至於世家，以既非通史，且已時移世異，又所以承其父之舊軌，遂並改曰列傳，此其大較也。

　　其十二本紀，計高帝、惠帝、高后、文帝、景帝、武帝、昭帝、宣帝、元帝、成帝、哀帝、平帝是也。《史記》於〈高祖本紀〉後，繼以〈呂后本紀〉，《漢書》則於〈高后本紀〉之前，先立〈惠帝紀〉，揆諸《春秋》義法，體例為善。《史記》立〈項羽本紀〉，《漢書》改入列傳，蓋楚、漢之爭，由漢視之，其僭偽歟！又《漢書》武帝以前紀傳，多用《史記》原文，惟移換之法，則別見剪裁，如卷三十一〈項籍傳〉寫沛公至鴻門謝羽，情況緊急之時，但云「賴張良、樊噲得免」，繼之以「語在〈高紀〉」耳；下文寫楚、漢大戰彭城之情景，到「漢王乃與數十騎遁去」，便又繼以「語在〈高紀〉」四字；下文寫至「漢王乃與陳平金四萬斤，以間楚君臣」，亦曰「語在〈陳平傳〉」；寫至「漢王數羽十罪」，亦云「語在〈高紀〉」。如此錯綜，前後疊見，異乎《史記》寫鴻門宴敘彭城之戰時之一一詳說之，蓋體例有別也。

　　其八表，曰〈異姓諸侯王〉、〈諸侯王〉、〈王子侯〉、〈高惠高后孝文功臣〉、〈景武昭宣元成哀功臣〉、〈外戚恩澤侯〉、〈百官公卿〉、〈古今人表〉是也。《史記》一書，功在十〈表〉，鄭樵已稱之矣。然《漢書》斷代，而表古今，雖所包億載，旁貫百家，分之以三科，定之以九等，始自上上，終於下下，錢大昕〈跋漢書古今人表〉且以為表彰正學，有功名教，識見實非尋常所能及，然進退人物而失斷限，亦未愜人意，宜乎有非議者也。班氏所表，已有損益，如增〈外戚恩澤侯表〉等是，而清‧夏燮又撰有《校漢書八表》八卷，萬斯同有《新莽大臣年表》一卷，沈維賢有《前漢匈奴表》三卷、〈附錄〉一卷等，並見於開明書店《二十五史補編》第一冊中。

　　其十志者，〈律歷〉、〈禮樂〉、〈刑法〉、〈食貨〉、〈郊祀〉、〈天文〉、〈五行〉、〈地理〉、〈溝洫〉、〈藝文〉是也。此猶《史記》之八〈書〉，唯併其〈律〉、〈歷〉為〈律歷志〉，〈禮〉、〈樂〉為〈禮樂志〉，而易〈平準〉為〈食貨志〉，〈封禪〉為〈郊祀志〉，〈天官〉為〈天文志〉，〈河渠〉為〈溝洫志〉，另增〈刑法〉、〈五行〉、〈地理〉、

〈藝文〉四志耳。〈律歷志〉本之劉歆；〔註19〕〈禮樂志〉則多採賈誼、董仲舒、王吉、劉向四人之論奏；〔註20〕〈刑法志〉撮舉《周禮》井田軍賦大略；〈食貨〉上卷言食，下卷言貨，下卷自武帝以前皆取〈平準〉原文；〈郊祀志〉武帝以前取〈封禪書〉；〈天文志〉乃本〈天官〉，而所志無漢事；〈五行志〉引《尚書‧洪範》、伏生《洪範五行傳》、歐陽小夏侯等說，及董仲舒、劉向、歆父子之論；〈地理〉始述沿革，末陳迹塞，先列郡國，後言戶口，篇首則采〈禹貢〉全書；〈溝洫志〉前半篇全取〈河渠書〉；〈藝文〉一志，則多本乎劉歆《七略》。按曾國藩〈聖哲畫像記〉云：「班氏閎識孤懷，不逮子長遠甚，然經世之典，六藝之旨，文字之源，幽明之情狀，粲然大備。」是班書十〈志〉，既蹠事增華，固有勝於《史記》者，如藝文有志，遂成我國見存最早之書目，且爲我國西漢以前群書目錄之總匯，既以剖判藝文，辨章學術，復得據以考鏡源流，而總其百家之緒。研究先秦學術者，因皆求津途於是。〈地理〉一志，則存前古之軌迹，立來史之準繩，且兼詳水道源流，使後人水地相資，以求往蹟，王先謙於《前漢補‧注序例》，乃譽之爲功存千古者也。然其改〈河渠〉爲〈溝洫〉，王鳴盛《十七史商榷》卷十一則以爲名實不相應。又合戰守之兵與墨劓等刑於〈刑法志〉，且先兵後刑，而無兵法，亦爲王鳴盛所非。〔註21〕其〈五行志〉之多錯誤雜駁，則更爲劉知幾所指陳。至於〈地理〉無圖，如《文史通義‧永清縣志輿地圖序》之所謂：

> 史不立表，而世次年月，猶可補綴於文辭，史不立圖，而形狀名象，必不可旁求於文字，此耳治目治之所以不同，而圖之要義，所以更甚於表也。古人口耳之學，有非文字所能著者，貴其心領而神會也，至於圖象之學，又非口耳之所能授者，貴其目擊而道存也。以鄭康成之學，而憑文字以求，則娑尊詁爲鳳舞，至於鑿背之犧既出，而王肅之義長矣；以孔穎達之學，而就文義以解，江源出自岷江，至金沙之道既通，而緬志之流遠矣。
>
> 此無他，一則困於三代圖亡，一則困於班固〈地理〉無圖學也。

則蓋以〈地理志〉自班固始，章氏故特責之切，觀司馬遷之創定百三十篇，亦但知本《周譜》作表，而不能溯夏鼎以爲圖，二千年來，學者亦相率而鮮爲，則知其咎不在固一人而已矣。今補訂《漢書》之志者，有王元啓《律歷志正譌》一卷、

---

〔註19〕按，《漢書》卷二十一上〈律歷志〉云：「至元始中，王莽秉政，欲燿名譽，徵天下通知鐘律者百餘人，使義和劉歆等典領條奏，言之最詳，故刪其僞辭，取正義，著于篇。」

〔註20〕按，王鳴盛謂：「漢實無所爲禮樂，實無可志。」詳見《十七史商榷》卷十一「漢無禮樂」條。

〔註21〕詳見《十七史商榷》卷十一。

劉元賷《前漢書食貨志注》二卷，又錢子文有《補漢兵志》一卷，劉文洪有《楚漢疆域志》三卷，汪遠孫有《漢書地理志校本》二卷，楊守敬有《地理志補校》二卷，王紹蘭有《漢書地理志校注》二卷，呂調陽有《漢書地理志詳釋》四卷，錢坫有《新斠注地理志》十六卷，吳卓信有《漢書地理志補注》一百三卷，全祖望有《地理志稽疑》六卷，汪士鐸有《漢志釋地略》一卷及《漢志志疑》，洪頤煊有《漢志水道疏證》四卷，陳澧有《漢書地理志水道圖說》七卷，吳承志有《漢書地理志水道圖說》補正二卷，王應麟有《漢書藝文志考證》，姚振宗有《漢書藝文志條理》八卷、《拾補》六卷，劉光賷有《前漢書藝文志注》一卷，孫德謙有《漢書藝文志舉例》一卷，率見於開明書店《二十五史補編》第一冊。

七十列傳中，其彙傳有〈儒林〉、〈循吏〉、〈酷吏〉、〈貨殖〉、〈游俠〉、〈佞幸〉、〈外戚傳〉；傳四夷者有〈匈奴〉、〈西南夷〉、〈南粵王〉、〈閩粵王〉、〈朝鮮〉、〈西域〉等。視《史記》省〈刺客〉、〈滑稽〉、〈日者〉、〈龜策〉四傳，而增〈西域傳〉。或以〈貨殖傳〉范蠡、子貢諸子為失斷限，此則蓋以行文敘事，本以類為名，故稱引造端，所不能免也。又武帝以前王侯公卿，率用《史記》舊文，然間有《史記》無傳而增立者，亦有《漢書》轉增事蹟者，且《漢書》於文字之有關學問或涉及政務者，必一一載之，皆經世致用之文，此則亦有異於《史記》者也，《史通》卷二〈列傳篇〉曰：「傳之為體，大抵相同，而述者多方，有時而異。」斯言得之。

考班史之為書，亦有自注之例，如卷三十一〈項籍傳〉云：

於是梁乃求楚懷王孫心（在民間為人牧羊），立以為楚懷王。

「在民間為人牧羊」七字乃自注之詞，可加括號或破折號以別之。又有附記之例，如卷九十二〈游俠郭解傳〉云：

自是之後，俠者極眾，而無足數者。然關中長安樊中子、槐里趙王孫、長陵高公子、西河郭翁中、太原魯翁孺、臨淮兒長卿、東陽陳君孺，雖為俠，而恂恂有退讓君子之風。至若北道姚氏、西道諸杜、南道仇景、東道佗羽公子、南陽趙調之徒，盜跖而居民閒者耳，曷足道哉！

又有較量之例，如卷八十九〈循吏・黃霸傳〉云：

霸材長於治民，及為丞相，總綱紀號令，風采不及丙魏、于定國，功名損於治郡時。

又有互文相足之例，如卷六十〈杜延年傳〉云：

左將軍上官桀父子與蓋主、燕王謀為逆亂，假稻田使者燕倉知其謀，以告大司農楊敞。

於卷六十三〈燕剌王旦傳〉則云：

會蓋主舍人父燕倉知其謀，告之，由是發覺。

按，〈杜延年傳〉記燕倉之官職，〈燕王傳〉記其關係，互文以相足也。又有微詞之例，如卷六〈武帝紀贊〉云：

如武帝之雄材大略，不改文景之恭儉以濟斯民，雖《詩》所稱，何有加焉？

師古注云：「美其雄材大略而非其不恭儉也。」又有記始之例，如卷四十三〈叔孫通傳〉云：

惠帝嘗出游離宮，通曰：古者有春嘗菓，方今櫻桃孰，可獻，願陛下出，因取櫻桃獻宗廟。上許之，諸菓獻由此興。

又有終言之例，如卷四十〈張良傳〉云：

五日，良夜半往，有頃，父亦來，喜曰：「當如是。」出一編書，曰：「讀是則為王師，後十年興，十三年，孺子見我濟北，穀城山下黃石，即我已。」遂去不見。……良始所見下邳圯上老父與書者，後十三歲，從高帝過濟北，果得穀城山下黃石，取而寶祠之。

又有一人再見之例，如夏侯勝已見卷七十五〈兩夏侯傳〉，又見卷八十八〈儒林傳〉。
又有闕文之例，如卷三十四〈盧綰傳〉云：

（陳）豨者，宛句人也，不知始所以得從。

又有說明作意之例，如卷六十五〈東方朔傳〉云：

朔之詼諧，逢占射覆，其事浮淺，行於眾庶，童兒牧豎，莫不眩燿，而後世好事者，因取奇言怪語，附著之朔，故詳錄焉。

綜斯十例，楊樹達皆嘗舉述之，詳見其所撰《漢書釋例》。

《漢書》百卷，固非皆出於孟堅手，其所據史料，除武帝以前本之《史記》者外，就前文所言，知有本之父業者，有本之褚少孫者，有本之劉向、歆父子者，有本之馮商者，有本之揚雄者，有本之馮衍者，有本之韋融者，有為班昭、馬續所終篇者，楊樹達亦嘗考核本書，細為搜校，而撰有〈漢書所據史料考〉一文，言之詳矣。〔註22〕今除班昭、馬續所撰者已如前述外，其本之父業者，如卷九〈元帝紀贊〉之云：「臣外祖兄弟為元帝侍中。」注引應劭之言已曰：

元、成帝紀皆班固父彪所作，臣則彪自說也。外祖，金敞也。

又如卷十〈成帝紀贊〉云：「臣之姑充後宮為婕妤。」注引晉灼亦曰：

班彪之姑也。

<hr/>

〔註22〕按，楊氏〈敘〉云：「《漢書》百卷，自武帝以前全本《史記》，此人人所知也，然其他率皆出於采獲，不必盡出孟堅之手。今討核本書，細為搜校，雖叔皮創業，孟堅承父，一家之學，與因襲他人者不同，然欲詳考《漢書》之源流，固不能不論及也。」

又〈韋賢〉、〈翟方進〉、〈元后〉三傳贊皆稱「司徒掾班彪曰。」楊樹達以元、成紀例推之，以為三傳自為彪作。本之褚少孫者，楊樹達云：

> 如〈衛青傳〉尚主一事，本褚補〈外戚世家〉；〈武五子傳〉燕、齊、廣陵三王策書，本褚補〈三王世家〉是也。

本之劉向、歆父子者，如卷七十六〈趙廣漢傳贊〉云：

> 劉向獨序趙漢廣、尹翁歸、韓延壽，馮商傳王尊。

《注》引張晏曰：

> 劉向作〈新序〉，不道王尊，馮商《續史記》為作傳。

楊氏以為晏為魏、晉間人，所見《新序》自為全本，其言如此，然則趙、尹、韓三傳當本《新序》之文，殆無疑義。馮商之撰有〈王尊傳〉，則贊已明之。又如卷二十七〈五行志〉云：

> 景武之世，董仲舒治《公羊春秋》，始推陰陽，為儒者宗。宣、元之後，劉向治《穀梁春秋》，數其禍福，傳以〈洪範〉，與仲舒錯。至向子歆治《左氏傳》，其《春秋》意已乖矣，言〈五行傳〉又頗不同。是以檻仲舒，別向、歆，傳載眭孟、夏侯勝、京房、谷永、李尋之徒所陳行事，訖至王莽，舉十二世以傳《春秋》，著於篇。

楊氏因云：「按《藝文志·書家》有劉向《五行傳記》十一卷，即〈五行志〉所稱，數其禍福傳以〈洪範〉者也。今〈五行志〉除仲舒說外，向、歆之說最多，蓋此十一卷之書已全采入矣。」又卷二十七〈藝文志〉云：

> 至成帝時，以書頗散亡，使謁者陳農求遺書於天下，詔光祿大夫劉向校經傳、諸子、詩賦，每一書已，向輒條其篇目，撮其指意，錄而奏之。會向卒，哀帝復使向子侍中奉車都尉歆卒父業。歆於是總群書而奏其《七略》，故有〈輯略〉，有〈六藝略〉，有〈詩賦略〉，有〈兵書略〉，有〈術數略〉，有〈方技略〉，今刪其要以備篇籍。

〈藝文志〉本之向、歆，孟堅則已明言之矣。楊樹達又曰：「近人姚振宗謂《漢書·儒林傳》所載經師授受多本《七略》，其說亦信而有徵。其雜引《說苑》今可考見者，〈路溫舒〉、〈于定國〉二傳出〈貴德篇〉，〈丙吉〉、〈袁盎〉二傳本〈復思篇〉，〈枚乘傳〉本〈正諫篇〉，〈吾丘壽王傳〉本〈善說篇〉，〈霍光傳〉茂陵徐生事出〈權謀篇〉，〈胡建傳〉本〈指武篇〉，〈楊王孫傳〉本〈反質篇〉，凡九事。其雜引《新序》者，按《新序》本三十卷，今僅存十卷，故多不可考，然馬邑誘匈奴之事，《史記·韓安國傳》不載安國、王恢二人辯論之辭，而《漢書·安國傳》載之獨備，則全本《新序·善謀篇》也。」又以為《史記》卷五十〈楚元王世家〉敘元王交之事甚略，

《漢書》卷三十六〈楚元王傳〉則不然，因疑此文蓋亦向、歆父子之文。本之馮商者，如卷五十九〈張湯傳贊〉云：

> 馮商稱張湯之先與留侯同祖，而司馬遷不言，故闕焉。

則商當有〈張湯傳〉也。商又傳有〈王尊傳〉已見前述。本之揚雄者，如卷八十七〈揚雄傳贊〉云：

> 雄之自序云爾。

此班采揚雄明見於本書者也。又據卷七十六〈趙、尹、王、張傳贊〉「馮商傳王尊，揚雄亦如之」云云，楊氏以爲揚雄亦曾作〈王尊傳〉，班或采用其文。本之馮衍者，據《漢書》卷七十九〈馮奉世傳〉敘馮氏世系百餘言，與司馬遷、揚雄〈自序〉絕相類，楊氏因謂：

> 據《史通・正史篇》，續《史記》者有馮衍，衍爲奉世後人，《後漢》卷二十八〈衍傳〉載衍所著有〈自序〉，又衍傳中引〈自論〉，蓋即其〈自序〉，此正衍〈自序〉之文而班采用之耳。

本之韋融者，楊氏云：

> 《漢書》卷七十三〈韋賢傳〉敘與賢相距五世之先祖韋孟事，又詳載孟諫楚王戊之詩及在鄒之詩，而終乃云：或曰：其子孫好事，述先人之志而作是詩也。蓋既采其事而又疑之。又〈韋玄成傳〉詳載〈毀廟奏文〉，與他傳不類。故東漢胡廣即謂此等應載入〈郊祀志〉，不當在〈玄成傳〉。樹達按：《史通・正史篇》記續《史記》者有韋融，班之此傳蓋采自融，其引或說謂子孫好事述先人之志而作是詩，即疑其融所爲也。〈班彪傳〉稱續《史記》諸人爲好事者，此亦云其子孫好事者所作，尤足互相印證矣。

　　知班氏之採摭前修，正以所資之多，而如漁人之入海，薪者之登山，所以能成其美也，而鄭樵竟以此詆之，楊樹達因以爲此不通之論也。其言曰：「敘述史事，豈能憑空結撰，苟以此爲班罪，則史遷之采摭《尚書》、《左氏》、《國語》、《國策》、《世本》及《楚漢春秋》者，不亦同爲襲取乎？而鄭氏不譏，抑又何也？愚謂班氏采摭之弘，不惟不當爲罪，而其書之所以傑出，正在乎此。」〔註23〕鄭樵於其〈校讎略〉又譏固云：

> 《漢志》以《世本》、《戰國策》、《秦大臣奏事》、《漢著紀》爲〈春秋類〉，此何義也？

---

〔註23〕見所撰〈漢書所據史料考〉。

姚振宗乃駁之曰：

> 按，此于阮孝緒《七錄·序目》亦未嘗繙閱。〔註24〕

則鄭之菲薄前人乃至如此，豈以惡班固之易通史爲斷代乎？

夫班固於《漢書》卷一百〈敘傳〉嘗曰：

> 固以爲唐、虞、三代，《詩》、《書》所及，世有典籍，故雖堯、舜之盛，必有典、謨之篇，然後揚名於後世，冠德於百王。故曰：巍巍乎，其有成功，煥乎其有文章也。

又曰：

> 漢紹堯運，以建帝業，至於六世，史臣乃追述功德，私作本紀，編於百王之末，廁於秦項之列。太初以後，闕而不錄，故探纂前記，綴輯所聞，以述《漢書》。

《後漢書》列傳第三十〈班固傳〉亦曰：

> 固以爲漢紹堯運，以建帝業，至於六世，史臣乃追述功德，私作本紀，編於百王之末，廁於秦項之列。太初以後，闕而不錄，故探撰前記，綴集所聞，以爲《漢書》。

是班固所以成斷代之作者，蓋以漢既建帝業，則必亦冠德百王而有揚名後世之作，又以司馬遷所追述，漢家功德不當列百王之末而廁於秦、項之間。是時有不同。法亦移改也。《史通》卷一〈六家篇〉曰：

> 「漢書家」者，其先出於班固。司馬遷撰《史記》，以續前篇，至子固，乃斷自高祖，盡於王莽，爲十二紀、十志、八表、七十列傳，勒成一史，目爲《漢書》。

又曰：

> 如《漢書》者，究西都之首末，窮劉氏之廢興，包舉一代，撰成一書，言皆精練，事甚該密，故學者尋討，易爲其功，自爾迄今，無改斯道。

是班固《漢書》，後世遂舉之爲斷代紀傳史之祖矣。自此而後，歷代不絕，劉知幾於《史通·六家》，既備述史體，乃謂《尚書》、《春秋》、《國語》、《史記》諸家久廢，所可祖述者，《漢書》及《左氏》二家而已。今二十五史之中，惟李氏《南北史》及薛、歐《五代史》，敘述包舉數朝，仍屬斷代之作，而用《通史》之法者耳。

又《後漢書》列傳第三十既載班彪父子之事蹟，於班固《漢書》亦嘗論之曰：

> 司馬遷、班固父子，其言史官載籍之作，大義粲然著矣，議者咸稱二

---

〔註24〕見《漢書藝文志條理·敘錄》。

子有良史之才。遷，文直而事覈；固，文贍而事詳。若固之序事，不激詭，
不抑抗，贍而不穢，詳而有體，使讀之者亹亹而不厭，信哉其能成名也。

贊曰：

二班懷文，裁成帝墳，此良遷董，兼麗卿雲。

遷，指司馬遷；董，董狐；卿，司馬長卿；雲，揚子雲。據此，是班氏直可以比美
太史公矣。劉知幾於《史通‧六家篇》更以為《史記》疆宇遼濶，年月遐長，而分
以紀傳，散以書表，每論家國一政，而胡、越相懸，敘君一時，而參、商是隔，此
其為體之失者也，而《漢書》乃包舉一代，事甚該密，學者尋討，易為有功，蓋有
嫌於通史科錄之蕪累矣。梁啓超亦謂：

司馬遷以後，帶了創作性的史家是班固，他做的《漢書》，內容比較
《史記》還好，好體裁半是創作，就在斷代成書這點。後來鄭樵罵他毀滅
司馬遷的成法，到底歷史應否斷代還有辯論的餘地，但斷代體創自班固則
不可誣。〔註25〕

又謂：

《史記》的〈屈原賈生列傳〉，對於屈原方面，事跡模糊，空論太多，
這種借酒杯澆塊壘的文章，實在作的不好，這且勿論，對於賈生方面，專
載他的〈鵬鳥賦〉、〈弔屈原賦〉，完全當作一個文學家看待，沒有注意他
的政見，未免太粗心了。《漢書》的〈賈生列傳〉就比《史記》做的好，
我們看那轉錄的〈陳政事書〉，就可以看出整個的賈誼。像賈誼這樣人，
在政治上眼光很大，對封建，對匈奴，對風俗，都有精深的見解，他的〈陳
政事書〉，到現在還有價值，太史公沒有替他登出，不是祇顧發牢騷，就
是見識不當，完全不是作史的體裁。〔註26〕

蓋以為《漢書》有勝於《史記》者也。按世人每以《史》、《漢》並稱，且論之者多，
而《史記》為我國千古之一大鉅著，已見前述，《漢書》又從而整齊續纂之，是一為
一家之言，一稱一代之史，可謂雙璧齊名矣。

今考班固《漢書》，據其〈敘傳〉之謂：「凡百篇。」蓋篇即卷也，《隋志》著錄
則作一百一十五卷，注云：「漢護軍班固撰，太山守應劭集解。」《唐日本國見在書
目》同，《舊唐志》作《漢書》一百十五卷，注云：「班固作。」又一百二十卷，注
云：「顏師古注。」《唐藝文志》著錄「班固《漢書》一百十五卷」，又別出「顏師古
注《漢書》一百二十卷」，卷數轉多者，以原帙繁重，集注之時，乃為析分子卷，故

---

〔註25〕見《中國歷史研究法補編》分論一第四章。
〔註26〕見《中國歷史研究法補編》分論一第三章。

王先謙《漢書補注》卷首引洪頤煊曰：「〈敘傳〉班氏原目百卷，今本一百二十卷，蓋師古集注，分〈高紀〉、〈王子侯表〉、〈百官公卿表〉、〈律歷志〉、〈食貨志〉、〈郊祀志〉、〈地理志〉、〈司馬相如傳〉、〈嚴安以下傳〉、〈揚雄傳〉、〈匈奴傳〉、〈外戚傳〉、〈敘傳〉爲二卷，〈王莽傳〉爲三卷，〈五行志〉爲五卷。《隋書·經籍志》：《漢書》一百一十五卷，太山太守應劭集解。顏注視應本又多五卷。《梁書·陸倕傳》：嘗借人《漢書》，失〈五行志〉四卷。視顏本五卷又異。」按，《補注》所列，遺〈西域傳〉，亦分上下，顏注計共增子卷二十，合爲一百二十卷。至《宋志》所著錄，雖注云：「顏師古注」，然仍作一百卷者，蓋不數其所分子卷矣。其書自宋淳化五年命官分校起，版本染印，摹刻滋多，通行既廣，譌文奪字，烏焉成馬，遂有不暇細校者矣。今以景祐本爲見存最古善本，張元濟《校史隨筆》嘗論述之。又新文豐斷句本《漢書補注》末附有《漢書》之異本，可供參考，近又有鼎文版《廿五史》之印行，段落標點皆有條理，讀《漢書》者其可忽諸！

## 三、應劭《漢書集解》

《漢書》始出，多未能通者，馬融因伏於閣下，從昭受讀，此《後漢書·班昭傳》中已言之矣。又《三國志》卷五十九〈吳志·孫登傳〉云：

> 權欲登讀《漢書》，習知近代之事，以張昭有師法，重煩勞之，乃命休從昭受讀，還以授登。

《史通》卷十二〈正史篇〉之論《漢書》云：

> 始自漢末，迄乎陳世，爲其注解者，凡二十五家，至於專門受業，遂與五經相亞。

知《漢書》之難讀，亦知班史受重視之一斑。楊樹達云：

> 《漢書》經始於班叔皮，孟堅承業，蕙班補遺，集一門父子兄妹三人之力以成一書，可謂艱矣。其書乍出，馬季長一代大儒，伏閣從蕙班受讀，爲書簡奧，略可測知。東京末葉，服子慎、應仲遠之倫，競爲注釋，魏晉以後，釋者多家，東晉蔡謨爲之集解，書今不存。李唐開國，顏師古承其諸父游秦之業，裒集舊訓爲之注，一時號爲班氏功臣。然至宋氏，三劉吳仁傑等糾舉違誤，刜摘猶未盡也。清代樸學雲興，鴻生鉅儒多肆力此書。及其末造，同邑先輩王葵園先生從事采輯，爲之補注，奧義益明，〈地理〉一志尤爲卓絕，自是讀《漢書》者人手一編，非無故也。

楊氏以三十年精力，用心於《漢書》，因於所撰之《漢書窺管·序》中，歷述各代《漢書》注家之尤可稱道者，而於東漢，則舉應劭、服虔二人。

按，應劭，字仲瑗（一作仲遠，又作仲援），奉子，汝南南頓人。少篤學，博覽多聞。靈帝時舉孝廉，辟車騎將軍何苗掾。《後漢書》列傳第三十八有傳。中平年間，劭以高第出爲營陵令，遷太山太守。獻帝初平二年（191），黃巾三十萬眾入郡界，劭嘗糾率文武與賊戰，前後斬首數千級，獲生口老弱萬餘人，輜重二千兩，賊皆退却，郡內以安。興平元年（194），前太尉曹嵩及子德從琅邪入太山，劭遣兵迎之，然爲徐州牧所殺，劭遂畏誅棄郡，奔冀州袁紹。建安二年（197）拜爲軍謀校尉，後卒於鄴。撰有《駁議》三十篇，又嘗刪定律令爲《漢儀》，綴集所聞著《漢官禮儀故事》，凡朝廷制度，百官典式，多劭所立。當其父奉爲司隸時，並下諸官府郡國，各上前人像贊，劭乃連綴其名，錄爲《狀人記》。又論當時行事，著《中漢輯序》。撰《風俗通》，以辨物類名號，識時俗嫌疑。凡所著述三十六篇，又集解《漢書》，皆傳於時。

其《漢書集解》，《隋志》著錄，稱「《漢書集解音義》二十四卷，應劭撰」，兩《唐志》並同。惟顏師古於〈漢書敘例〉則曰：

> 《漢書》舊無注解，唯服虔、應劭等各爲音義，自別施行。至典午中朝，爰有晉灼，集爲一部，凡十四卷，又頗以意增益，時辨前人當否，號曰《漢書集注》。屬永嘉喪亂，金行播遷，此書雖存，不至江左。是以爰自東晉，迄于梁、陳，南方學者皆弗之見。有臣瓚者，莫知氏族，考其時代，亦在晉初，又總集諸家音義，稍以己之所見，續厠其末，舉駁前說，喜引《竹書》，自謂甄明，非無差爽，凡二十四卷，分爲兩帙。今之《集解音義》則是其書，而後人見者不知臣瓚所作，乃謂之應劭等集解。王氏《七志》、阮氏《七錄》，並題云然，斯不審耳。

據此，則《隋志》所載，蓋爲誤題，應劭原本，當亡於永嘉之亂矣，今其《注》見取於顏《注》中者甚夥。

## 四、服虔《漢書音訓》

服虔，字子慎，河南滎陽人。少以清苦建志，入太學受業。有雅才，善著文論，作《春秋左氏集解》，又以《左傳》駁何休之所駁漢事六十條。靈帝中平末，拜九江太守，免，病卒。所著賦、碑、誄等凡十餘篇。事蹟具《後漢書・儒林傳》。

其注《漢書》，《隋志》著錄，作《漢書音訓》一卷，服虔撰，兩《唐志》並同，今佚。

考世之治《漢書》，魏晉六朝爲盛，至唐而極。《史通・正史篇》謂：始自漢末，迄乎陳世，爲其注解者，已二十五家。《隋志》所著錄，則可得應劭等十八種。見於《唐藝文志》者，乃有三十餘種。是顏師古之得總先儒舊注，刪繁補略，而成一家

言者，良有以也。其注《漢書》，《十七史商榷》卷七「漢書敍例」條乃嘗云：

> 注《漢書》者，師古以前凡五種：一服虔，二應劭，三晉灼，四臣瓚，五蔡謨。師古據此五種，折衷而潤色之。又敍例臚列諸家姓名、爵里、出處，凡二十三人，大約晉灼於服、應外添入伏儼、劉德、鄭氏、李斐、李奇、鄧展、文穎、張揖、蘇林、張晏、如淳、孟康、項昭、韋昭十四家，臣瓚於晉所採外，添入劉寶一家。師古則於五種外，又添荀悅《漢紀》，並崔浩《漢紀音義》及郭璞注〈司馬相如傳〉三家。

是雖師古於〈敍例〉以爲：服、應曩說，疏紊尚多，然其撰《漢書注》，亦不能不據以折中，知應、服所注，有足取者。

## 第二節　荀悅《漢紀》

《史通》卷一〈六家篇〉述「左傳家」曰：

> 當漢代史書，以遷、固爲主，而紀、傳互出，表、志相重，於文爲煩，頗難周覽。至孝獻帝，始命荀悅，撮其書爲編年體，依《左傳》著《漢紀》三十篇。自是每代國史，皆有斯作，起自後漢，至於高齊，如張璠、孫盛、干寶、徐賈、斐子野、吳均、何之元、王邵等，其所著書，或謂之「春秋」，或謂之「紀」，或謂之「略」，或謂之「典」，或謂之「志」，雖名各異，大抵皆依《左傳》以爲的準焉。

是漢獻帝以固書文煩難省，乃詔侍中荀悅，依左氏傳體，刪《漢書》爲《漢紀》三十篇。又《史通》卷二〈二體篇〉曰：

> 然則班、荀二體，角力爭先，欲廢其一，固亦難矣。後來作者，不出二途，故《晉史》有王、虞，而副以干《紀》，《宋書》有徐、沈，而分爲裴《略》，各有其美，並行於世。

知紀傳、編年乃各有其長處，而荀悅之作，以辭約事詳，歷代美之，今乃與班史並行，且爲今存之第一部斷代體編年史。

按，荀悅，字仲豫，潁川潁陰人。漢桓帝建和二年（148）生，獻帝建安十四年（209）卒，年六十二，事蹟附於《後漢書》列傳第五十二其祖〈荀淑傳〉。悅幼孤，年十二，能說《春秋》。家貧無書，每之人間，所見篇牘，一覽多能誦記。性沈靜，美姿容，尤好著述。靈帝時，閹官用權，士多退身窮處，悅乃託疾隱居，時人莫之識，唯從弟彧特稱敬焉。初辟鎮東將軍曹操府，遷黃門侍郎。獻帝頗好文學，悅與彧及少府孔融侍講禁中，旦夕談論。累遷秘書監侍中。時政移曹氏，天子恭己而已，

悅志在獻替，而謀無所用，乃作《申鑒》五篇，其所論辯，通見政體，帝覽而善之。帝好典籍，乃令悅爲《漢紀》三十篇，詔尚書給筆札，論辨多美，又著有〈崇德正論〉及諸論數十篇。

　　所撰《漢紀》，乃奉詔就班書別加銓次，論斷而成，取便省覽也。其《漢紀・序》曰：「謹約撰舊書，通而敍之。總爲帝紀，列其年月。比其時事，撮要舉凡。存其大體，旨少所缺。務從省約，以副本書，以爲要記。」是其書大抵依《左氏傳》之以年繫事而爲斷代編年之體，乃易班固之人物本位而爲時際本位者也。《史通》卷二〈二體篇〉曰：「夫《春秋》者，繫日月而爲次，列歲時以相續，中國外夷，同年共世，莫不備載其事，形於目前，理盡一言，語無重出，此其所以爲長也。」故何景明序荀悅《漢書》乃謂：「其君臣附載，事物咸彰，天人並包，災祥異舉，治忽參稽，成敗並陳，得失相明，美惡互見，即一時一人之跡，雖前後散著，而本末必備，屬類比方，名義罔紊，闡幽攝顯，論贊悉精，可謂托倫鑒之要，深墳索之情者矣。」此序雖爲《漢紀》而發，實亦編年體之長。〔註27〕今檢《漢紀》目錄末有「凡十二世，十一帝，通王莽二百四十二年」等語，王鳴盛《十七史商榷》卷二十八「漢紀」條因謂：「其篇首當言十一世，十二帝，通王莽二百三十年，今云云者亦皆誤。」茲考其三十卷之目及所載年數如下：

高祖一第一：計沛公三年。

高祖二第二：自漢元（西元前206）至三年（西元前204），計三年。

高祖三第三：自四年（西元前203）至七年（西元前200），計四年。

高祖四第四：自八年（西元前199）至十二年（西元前195）計五年。

孝惠第五：自元年（西元前194）至七年（西元前188），計七年。

高后第六：自元年（西元前187）至八年（西元前180），計八年。

孝文上第七：自元年（西元前179）至九年（西元前171），計九年。

孝文下第八：自十年（西元前170）至後七年（西元前157），計十四年。

孝景第九：自元年（西元前156）至後三年（西元前141），計十六年。

孝武一第十：自建元元年（西元前140）至六年（西元前135），計六年。

孝武二第十一：自元光元年（西元前134）至五年（西元前130），計五年。

孝武三第十二：自元光六年（西元前129）至元狩五年（西元前122），計八年。

孝武四第十三：自元狩二年（西元前121）至元鼎四年（西元前113），計九年。

孝武五第十四：自元鼎五年（西元前112）至天漢四年（西元前97），計十六年。

〔註27〕見《二十五史述要》第一編〈前論〉第二〈史體〉。

孝武六第十五：自太始元年（西元前 96）至後元二年（西元前 87），計十年。

孝昭第十六：自始元元年（西元前 86）至元平元年（西元前 74），計十三年。

孝宣一第十七：自本始元年（西元前 73）至地節三年（西元前 67），計七年。

孝宣二第十八：自地節四年（西元前 66）至元康四年（西元前 62），計五年。

孝宣三第十九：自神雀元年（西元前 61）至四年（西元前 58），計四年。

孝宣四第二十：自五鳳元年（西元前 57）至黃龍元年（西元前 49），計九年。

孝元上第二十一：自初元元年（西元前 48）至五年（西元前 44），計五年。

孝元中第二十二：自永光元年（西元前 43）至建昭元年（西元前 38），計六年。

孝元下第二十三：自建昭二年（西元前 37）至竟寧元年（西元前 33），計五年。

孝成一第二十四：自建始元年（西元前 32）至河平元年（西元前 28），計五年。

孝成二第二十五：自河平二年（西元前 27）至鴻嘉三年（西元前 18），計十年。

孝成三第二十六：自鴻嘉四年（西元前 17）至永始四年（西元前 13），計五年。

孝成四第二十七：自元延元年（西元前 12）至綏和二年（西元前 7），計六年。

孝哀上第二十八：自建平元年（西元前 6）至三年（西元前 4），計三年。

孝哀下第二十九：自建平四年（西元前 3）至元壽二年（西元前 1），計三年。

孝平第三十：自元始元年（西元 1）至王莽之篡位十五年，計二十二年。

　　觀荀悅之受詔鈔撰《漢紀》，乃由尙書給紙筆，虎賁給書吏，凡國家綱紀，功臣名賢，奇策善言，殊總異行，法式之典，乃省約易習。是班《書》、悅《紀》，一作於明、章之際，一成於獻帝之時，一爲紀傳，一爲編年，遂各有其美而兩便於用。今言編年史者，捨《竹書記年》而外，漢、魏以來，要當以荀悅《漢紀》爲始。至袁宏而下，又相繼撰述，如張璠《後漢紀》、陸機《晉紀》、干寶《晉紀》、庾翼《晉陽秋》、習鑿齒《漢晉春秋》、孫盛《晉陽秋》、鄧粲《晉紀》、曹嘉之《晉紀》、徐廣《晉紀》、檀道鸞《續晉陽秋》、劉謙之《晉紀》、裴松之《晉紀》、王韶之《晉安帝紀》、蕭子顯《晉史草》、王智深《宋紀》、吳均《齊春秋》、劉璠《梁典》，〔註 28〕以及孫盛《魏氏春秋》、裴子野《宋略》、何之元《梁典》、王邵《北齊志》等，雖名稱有別，要皆依此體爲書，遂盛著錄中編年之一類矣。

　　《漢紀》卷三十末云：

　　　　凡《漢紀》，其稱年本紀表志傳者，書家本語也，其稱論者，臣悅所
　　論，粗表其大事，以參得失，以廣視聽也。

是荀悅所撰，固本班書，而盡其探摭之能事，然亦嘗假文以發論，而時有刪潤，其

---

〔註 28〕按此諸作，並參見拙著《兩晉史部遺籍考》第二章及第三章。

洞達政體，昭晰物情者，蓋有微意。故其《漢紀・序》即以爲立典有五志，曰：達道義、彰法式、通古今、著功勳、表賢能是也，於是，天人之際，事物之宜，粲然顯著，罔不備矣。是以荀悅所作，《四庫全書總目》卷四十七乃以爲：「詞約事詳，論辨多美。張璠《後漢紀》亦稱其因事以明臧否，致有典要，大行於世。」高似孫《史略》卷三「荀悅《漢紀》」條亦注云：「唐李大亮爲涼州都督，表諫求鷹，太宗報書，賜荀悅《漢紀》，曰：『悅論議深博，極爲政之體，公其繹味之。』」故唐代試士，遂以悅《紀》與《史》、《漢》爲一科。至於王銍〈兩漢紀後序〉之稱，荀、袁二紀，於朝廷紀綱，禮樂刑政，治亂成敗，忠邪是非之際，指陳論著，每致意焉，其反復辨達，明白條暢，啓告當代，而垂訓無窮。則知宋時，亦甚重其書，故當司馬光撰《資治通鑑》時，已能據荀悅《漢紀》以正《漢書》譌本之失。

　　荀悅《漢紀》，《隋志》著錄三十卷，注云：「魏秘書監荀悅撰。」唐、宋志卷並同。《郡齋讀書志》稱「漢荀悅撰」，《直齋書錄解題》謂「漢侍中汝南荀悅仲豫撰」，《四庫全書・史部・編年類》著錄亦作「漢荀悅撰」。按，《後漢書》列傳第五十二〈荀悅附傳〉謂：悅建安十四年卒。是悅卒於漢獻帝時（209），《隋志》稱爲「魏」人。蓋誤。其書清時已有與袁宏《後漢紀》合刻者，《四庫提要》卷四十七云：「是書考李燾所跋，自天聖中已無善本，明黃姬水所刊，亦間有舛譌。康熙中，襄平蔣國祥、蔣國祚與袁宏《後漢紀》合刻，後附《兩漢紀字句異同考》一卷，今用以參校，較舊本稍完善焉。」胡玉縉《補正》卷十五謂：瞿氏目錄有影鈔宋本，當是從紹興間錢塘刻本影寫者，此書祥符、天聖中皆有刊本，昔人每謂不若紹興本之善，明黃姬水亦得宋本以刊，相較則此本爲勝。楊立誠《四庫目略》標舉群書，於荀悅《漢紀》因列有明呂枏校正翟清刊本、嘉靖戊申黃姬水刊本、萬曆二十六年刊本、康熙中蔣國祥刊本，又謂《天祿後目》有《前後漢紀》三十卷，宋紹興十二年刊本。

## 第三節　後漢史之淵藪

### 一、班固等諸家之撰寫〈光武本紀〉及諸列傳、載記

　　《史通》卷十一〈史官篇〉曰：

　　　　漢氏中興，明帝以班固爲蘭臺令史，詔撰〈光武本紀〉及諸列傳、載記，又楊子山爲郡上計吏，獻所作〈哀牢傳〉，爲帝所異，徵詣蘭臺，斯則蘭臺之職，蓋當時著述之所也。自章、和以後，圖籍盛於東觀，凡撰漢記，相繼在乎其中，而都爲著作，竟無它稱。

知後漢史之纂輯，當肇始於明帝之詔蘭臺令史班固撰作〈光武本紀〉及諸列傳、

載記也。章、和以後，凡撰漢紀，則相繼在乎東觀。是蘭臺、東觀，皆爲東漢藏書著作之所在，其所著述，劉知幾乃更明著於所撰《史通》卷十二之〈正史篇〉中，其言曰：

> 在漢中興，明帝始詔班固與睢陽令陳宗、長陵令尹敏、司隸從事孟異，作〈世祖本紀〉，並撰功臣及新市、平林、公孫述事，作列傳、載記二十八篇。

是世祖光武皇帝之本紀，乃班固與陳宗、尹敏、孟異等所同撰者。又撰諸列傳、載記者，則述功臣及新市、平林、公孫述諸人事共二十八篇也。

按，班固撰有《漢書》，並其事蹟，已見前述。《後漢書》列傳第三十嘗云：「召（固）詣校書部，除蘭臺令史，與前睢陽令陳宗、長陵令尹敏、司隸從事孟異共成〈世祖本紀〉。遷爲郎，典校秘書。固又撰功臣、平林、新市、公孫述事，作列傳、載記二十八篇，奏之。帝乃復使終成前所著書。」則知幾所謂始詔班固撰作本紀、列傳、載記云云，蓋本於《後漢書‧班固傳》。

陳宗爲睢陽令，見於班固本傳及劉知幾《史通》所述。又顧櫰三《補後漢書藝文志》卷四「世祖本紀」條云：「案《論衡》：陳平仲紀光武。是宗字平仲。」

尹敏，字幼季，南陽堵陽人。少爲諸生。初習歐陽《尚書》，後受古文，兼善《毛詩》、《穀梁》、《左氏春秋》。光武建武二年（206），上疏陳〈洪範〉消災之術，時世祖方草創天下，未遑其事，命敏待詔公車，拜郎中，辟大司空府。帝以敏博通經記，令校圖讖，敏對曰：「讖書非聖人所作，其中多近鄙別字，頗類世俗之辭，恐疑誤後生。」帝不納。敏與班彪親善，每相遇，輒日旰忘食，夜分不寢，自以爲鍾期、伯牙、莊周、惠施之相得也。明帝永平五年（62），詔書捕男子周慮，慮素有名稱，而善於敏，敏坐繫免官。及出，歎曰：「瘖聾之徒，眞世之有道者也，何謂察察而遇斯患乎？」十一年（68），除郎中，遷諫議大夫，卒於家。〔註29〕

孟異，始末未詳。有平陵人孟冀者，《後漢書‧馬援列傳》云：「初，援軍還，將至，故人多迎勞之，平陵人孟冀，於坐賀援。援謂之曰：『吾望子有善言，反同眾人邪？昔伏波將軍路博德開置七郡，裁封數百戶；今我微勞，猥饗大縣，功薄賞厚，何以能長久乎？先生奚用相濟？』冀曰：『愚不及。』援曰：『方今匈奴、烏桓尚擾北邊，欲自請擊之。男兒要當死於邊野，以馬革裹屍還葬耳，何能臥牀上在兒女子

---

〔註29〕見《後漢書‧儒林列傳》第六十九上。

手中邪？』冀曰：『諒爲烈士當如此矣。』」此孟冀蓋即孟異。〔註30〕

　　今考固之受詔撰〈光武本紀〉，既在爲蘭臺令史之時，則當以明帝之見其所潛精研思者有足觀，遂令成劉秀之事，又以既屬初創，故使陳宗、尹敏、孟異與共成之也。觀乎尹敏與班彪之親善，乃如鍾期與伯牙之相得，則固〈世祖本紀〉之撰寫，亦自多得他人之參贊。至於撰功臣、平林、新市、公孫述事，作列傳、載記二十八篇等，據本傳及《史通・正史篇》所述，則當爲固所完成，是以奏上之時，必又以能愜明帝之意，乃復使終成前所著書矣。

## 二、劉珍等諸家之受詔續寫後漢史

　　《史通》卷十二〈正史篇〉又云：

> 自是以來，春秋考紀，亦以煥炳，而忠臣義士，莫之撰勒，於是又詔史官謁者僕射劉珍及諫議大夫李尤，雜作紀、表、名臣、節士、儒林、外戚諸傳，起自建武，訖乎永初，事業垂竟，而珍、尤繼卒，復命侍中伏無忌與諫議大夫黃景，作諸王、王子、功臣、恩澤侯表、南單于、西羌傳、地理志。

又《後漢書・宗室傳》第四〈北海靖王興傳〉曰：

> 鄧太后召毅及駒騄入東觀，與謁者僕射劉珍著〈中興以下名臣列士傳〉。

是班固撰作之後，繼有劉珍、劉駒騄、劉毅、李尤、伏無忌、黃景等之受詔續寫焉。

　　按，劉珍，字秋孫，南陽蔡陽人。安帝永初中，爲謁者僕射。鄧太后詔使與校書劉駒騄、馬融及五經博士校定東觀五經、諸子傳記、百家藝術，整齊脫誤，是正文字。永寧元年（120），太后又詔珍與駒騄作〈建武已來名臣傳〉，遷侍中、越騎校尉。延光四年（125），拜宗正。明年，轉衞尉，卒官。著誄、頌等凡七篇。又撰《釋名》三十篇，以辯萬物之稱號云。〔註31〕

　　劉駒騄，漢宗室，能文章，與從兄平望侯劉毅並有才學，嘗受詔與劉珍等校定東觀群書，又撰〈中興以下名臣列士傳〉，別有賦、頌、書、論凡四篇，其事蹟略見《後漢書・文苑・劉珍傳》及列傳第四〈北海靖王興傳〉。

　　劉毅，北海敬王子，初封平望侯，永元中，坐事奪爵，元初元年（107），上〈漢

―――――――――――――――

〔註30〕按，《史通通釋》卷十二「孟異」句注云：「〈班固傳〉作『異』，舊本作『冀』。」
〔註31〕見《後漢書・文苑傳》第七十上。

德論〉等十二篇，時劉珍、鄧耽、尹兌、馬融共上書稱其美，安帝嘉之，賜錢三萬，拜議郎。〔註32〕

李尤，字伯仁，廣漢雒人。和帝時，侍中賈逵薦其有相如、揚雄之風，召詣東觀，受詔作賦，拜蘭臺令史。安帝時，爲諫議大夫，受詔與謁者僕射劉珍等俱撰《漢記》。順帝時，遷樂安相，年八十三卒。所著詩、賦、銘、誄、頌等凡二十八篇。〔註33〕

伏無忌，撰有《伏侯注》，並其事蹟，已見前述。桓帝元嘉中，亦嘗受詔與黃景等共撰漢記。

黃景，官議郎，順帝永和元年（136），嘗受詔與無忌校定中書五經、諸子百家、藝術等書。元嘉中，桓帝復詔撰漢記。〔註34〕

綜上諸人事蹟，就范書中所載者，唯劉珍、劉騊駼、劉毅等之所作明著爲〈中興以來之名臣列士傳〉外，餘者率僅稱受詔撰漢紀而已。據劉知幾所見，則珍、尤所撰，乃雜作紀表及名臣、節士、儒林、外戚諸傳，起自建武，訖乎安帝永初，惜垂竟而卒；伏無忌及黃景所撰者，則爲〈諸王王子功臣恩澤侯表〉、〈南單于西羌傳〉及〈地理志〉。劉、李之作，俱在安帝之時，伏、黃所撰，則至桓帝元嘉之中，此則漢記之初續也。又據《後漢書‧張衡傳》（列傳第四十九）云：「永初中，謁者僕射劉珍、校書郎劉騊駼等著作東觀，撰集漢記，因定漢家禮儀，上言請衡參論其事，會並卒，而衡常歎息，欲終成之，乃爲侍中，上疏請得專事東觀，收檢遺文，畢力補綴。」李賢《注》引衡〈表〉亦有願得專於東觀，竭思於補闕，俾有漢休烈，比久長於天地之言，是亦可窺後漢諸名賢之願爲當代史補闕之一斑矣。

## 三、邊韶等諸家之再續後漢史

劉知幾既述劉、李、伏、黃之所作矣，於《史通‧正史篇》又云：

> 至元嘉元年，復令太中大夫邊韶、大軍營司馬崔寔、議郎朱穆、曹壽，雜作孝穆、崇二皇及〈順烈皇后傳〉，又增〈外戚傳〉，入安思等后，〈儒林傳〉入崔篆諸人。寔、壽又與議郎延篤，雜作〈百官表〉、順帝功臣孫程、郭願及鄭眾、蔡倫等傳，凡百十有四篇，號曰《漢記》。

則桓帝之時，又嘗有邊韶、崔寔、朱穆、曹壽、延篤等之續作後漢史矣。

---

〔註32〕同前。
〔註33〕同前。
〔註34〕黃景事蹟略見《後漢書》列傳第十六〈伏侯傳〉。

　　按，邊韶，字孝先，陳留浚儀人。以文章知名，教授數百人。桓帝時，爲臨潁侯相，徵拜太中大夫，著作東觀，再遷北地太守，入拜尚書令，後爲陳相，卒官。著詩、頌、碑、銘、書、策凡十五篇。〔註35〕

　　崔寔，字子眞，涿郡安平人。少沈靜，好典籍。桓帝初，詔公卿、郡國舉至孝、獨行之士，寔以郡舉，徵詣公車，病不對策，除爲郎。明於政體，吏才有餘，論當世便事數十條，名曰〈政論〉，指切時要，言辯而确，當世稱之。其後辟太尉袁湯、大將軍梁冀府，竝不應，大司農羊傅、少府何豹上書薦寔才美能高，宜在朝廷，召拜議郎，遷大將軍冀司馬，與邊韶、延篤等著作東觀。出爲五原太守。乃爲作紡績以教之，民得以免寒苦，又整厲士馬，嚴烽候，使虜不敢犯。拜議郎，復與諸儒博士共雜定五經。會梁冀誅，寔以故吏免官，禁錮數年。時鮮卑數犯邊，詔三公舉威武謀略之士，司空黃瓊薦寔，拜遼東太守。母卒，服竟，召拜尚書。寔以世方阻亂，稱疾不視事。數月免歸，靈帝建寧中病卒。所著碑、論、箴、銘等凡十五篇。〔註36〕

　　朱穆，字公叔，南陽宛人。幼有孝稱，及壯耽學。初舉孝廉，順帝末，大將軍梁冀辟之，使典兵事，甚見親任。及桓帝即位，順烈太后臨朝，穆望有以扶持王室，因推〈災異奏記〉，以勒戒冀。冀無術學，舉爲侍御史。穆感時澆薄，慕尚敦篤，乃作〈崇厚論〉。又著〈絕交論〉，亦矯時之作。永興元年（153）擢爲冀州刺史。延熹六年（163）卒，年六十四，所著論、策、書、詩等凡二十篇。蔡邕嘗與門人共述其體行，諡爲文忠先生。〔註37〕

　　曹壽，字世叔，妻即同郡扶風班彪之女班昭也，以妻著。事見《後漢書》列傳第三十七〈班超傳〉及《列女》第七十四〈班昭傳〉。

　　延篤，字叔堅。桓帝時，以博士徵，拜議郎，與朱穆、邊韶共著作東觀，嘗注《戰國策》，並其事蹟，已見前述第一章第二節。

　　綜此數人所作，據劉知幾之言，則有孝崇、獻穆二皇后及〈順烈皇后傳〉，又有〈外戚傳〉、〈儒林傳〉、〈百官表〉及順帝功臣孫程、郭願、鄭眾、蔡倫等傳，凡百十四篇，號曰《漢記》，此則後漢史之再續也。

　　又據范書之述伏無忌事，亦稱元嘉中，桓帝詔與黃景、崔寔等共撰《漢記》。又

〔註35〕同註31。
〔註36〕詳見《後漢書》列傳第四十二。
〔註37〕詳見《後漢書》列傳第三十三。

《後漢書·鄧寇》列傳第六云：「闞妻耿氏有節操，痛鄧氏誅廢，子忠早卒，乃養河南尹豹子嗣爲闞後。耿氏教之書學，遂以通博稱。永壽中，與伏無忌、延篤著書東觀，官至屯騎校尉。」則知其時共著作東觀者，固不止邊、崔、朱、曹、延諸人而已。撰作既盛，史體粗備，後漢史蓋已具雛形矣。

## 四、馬日磾等諸家之相繼著作於東觀

《史通·正史篇》云：

> 熹平中，光祿大夫馬日磾，議郎蔡邕、楊彪、盧植，著作東觀，接續紀傳之可成者，而邕別作〈朝會〉、〈車服〉二志，後坐事徙朔方，上書求還，續成十志，會董卓作亂，大駕西遷，史臣廢弃，舊文散佚。在許都，楊彪頗存注記，至於名賢君子，自永初巳下闕續。魏黃初中，唯著〈先賢表〉，故漢記殘缺，至晉無成。

又《後漢書》列傳第五十〈蔡邕傳〉曰：

> 邕前在東觀，與盧植、韓說等撰補後漢記，會遭事流離，不及得成。

《續漢·律歷志》中《注》引袁山松書曰：

> 劉洪……及在東觀，與蔡邕共述〈律曆志〉。

知靈帝之時，又有馬日磾、蔡邕、盧植、韓說、劉洪、楊彪等人之相繼著作東觀，以接續其可成者也。

按，馬日磾，字翁叔，馬融族孫。少傳融業，以才學進，與楊彪、盧植、蔡邕典校中書，歷位九卿，遂登台輔。當王允收蔡邕付廷尉治罪時，太尉馬日磾嘗馳往謂允曰：「伯喈，曠世逸才，多識漢事，當續成後史，爲一代大典。且忠孝素著，而所坐無名，誅之無乃失人望乎！」允曰：「昔武帝不殺司馬遷，使作謗書，流於後世，方今國祚中衰，神器不固，不可令佞臣執筆在幼主左右，既無益聖德，復使吾黨蒙其訕議。」日磾退而告人曰：「王公其不長世乎！善人，國之紀也；制作，國之典也，滅紀廢典，其能久乎？」〔註38〕

蔡邕，字伯喈，陳留圉人。少博學，好辭章數術，妙操音律，師事太傅胡廣。桓帝聞其善鼓琴，嘗敕太守督促發遣，邕稱疾歸。因感東方朔〈客難〉及揚雄、班固之徒設疑以自通，乃斟酌群言，作〈釋誨〉以戒厲云。靈帝時，辟司徒橋玄府，玄甚敬待之，出補河平長，召拜郎中，校書東觀，遷議郎。邕以經籍去聖久

---

〔註38〕按，馬日磾史無專傳，其事蹟略見《後漢書》列傳第五十上〈馬融傳〉、卷五十下〈蔡邕傳〉及〈融傳〉王先謙《集解》等。

遠，文學多謬，俗儒穿鑿，疑誤後學，熹平四年（175），乃與五官中郎將堂谿典、光祿大夫楊賜、諫議大夫馬日磾、議郎張馴、韓說、太史令單颺等，奏求正定六經文字，靈帝許之。邕乃書冊於碑，使工鐫刻，立於太學門外，於是後儒晚學，咸取正焉。後以應詔，議論群臣，遂忤宦官，又與司徒劉郃不平，叔父質亦與將作大匠楊球（中常侍程璜女夫）有隙，璜因使人飛章言邕，於是詔下尚書詰狀，下於洛陽獄，劾以議害大臣，大不敬，棄市。中常侍呂強愍邕無罪，請之，詔減死一等，與家屬髡鉗徙朔方。楊球使客追路刺邕，客感其義，皆莫爲用。球又賂其州牧、郡守等，使加毒害，所賂者卻反以其情戒邕，故每得免焉，居五原安陽縣。邕前在東觀，與盧植、韓說等撰補後漢記，會遭事流離，不及得成，因上書自陳，奏其所著《十意》，帝嘉其才高，會明年大赦，乃宥還本郡。將就還路，五原太守徫邕，密告其謗訕朝廷，邕乃亡命江海，在吳十三年。靈帝崩，董卓爲司空，切敕州郡舉邕詣府，署爲祭酒，舉高第，補侍御史，轉持書御史，遷尚書，三日之間，周歷三臺，遷巴郡太守，復留爲侍中，拜左中郎將，從獻帝遷都長安，封高陽侯。卓重邕才學，厚相遇待，邕亦每存匡益，然卓多自用，邕恨其言少從。及卓被誅，邕爲王允收付廷尉治罪。邕陳辭謝乞黥首刖足，繼成漢史，士大夫亦多矜救之，不能得，遂死獄中。時年六十一。所著詩文凡百四篇傳於世。〔註39〕

　　盧植，字子幹，涿郡涿人。少與鄭玄俱事馬融，能通古今學，好研精而不守章句。融外戚豪家，多列女娼歌舞於前，植侍講積年，未嘗轉眄，融以是敬之。學終辭歸，闔門教授。性剛毅，有大節，常懷濟世志。州郡數命，植皆不就。靈帝建寧中，徵爲博士。熹平四年（175），拜九江太守。以疾去官，作《尚書章句》、《三禮解詁》。會南夷反叛，以植嘗在九江，有恩信，拜爲盧江太守。植深達政宜，務存清靜。能弘大體。歲餘，復徵拜議郎，與諫議大夫馬日磾、議郎蔡邕、楊彪、韓說等並在東觀，校中書五經、記傳，補續漢記。帝以非急務，轉爲侍中，遷尚書。中平元年（184），黃巾賊起，拜北中郎將征之，連戰破賊帥張角，斬獲萬餘人。及董卓陵虐朝廷，植獨抗議不同。卓怒，將誅之，植素善蔡邕，邕前徙朔方，植獨上書請之，時邕見親於卓，故往請植事。植以老病求歸。獻帝初平三年（192）卒。所著碑、誄、表、記凡六篇。〔註40〕

　　韓說，字叔儒，會稽山陰人。博通五經，尤善圖緯之學。舉孝廉，與議郎蔡邕

〔註39〕詳《後漢書》列傳第五十三〈蔡邕傳〉及嚴可均《全後漢文》卷六十九至八十「蔡
　　　　邕」條。
〔註40〕見《後漢書》列傳第五十四。

友善。數陳災眚，遷侍中，又遷江夏太守，年七十，卒於家。〔註41〕

劉洪，字元卓，泰山蒙陰人，魯王宗室。桓帝延熹中，拜郎中，遷常山長史，父憂去官。後爲上計掾，拜郎中，遷謁者、會稽東部都尉，領山陽太守，卒官。洪善籌，當世無偶，作《七曜術》。及在東觀，與蔡邕共述《律曆記》。〔註42〕

綜上諸人，今除楊彪卒於魏文帝黃初六年（225）不論外，〔註43〕，其餘如蔡邕等人，就其事蹟觀之，亦可見當時著作東觀之盛。是漢紀諸體，既已粗具，後之人乃更續爲撰補，而邕之力尤多，蓋其所學所志在此，是以當死獄中之時，搢紳諸儒，莫不流涕，北海鄭玄亦聞而歎曰：「漢世之事，誰與正之！」今其所作《十意》〔註44〕及所補諸列傳，亦因李催之亂，而散佚無存。後史之撰作，自其初創，至此乃經三續矣。

## 五、《東觀漢記》

東漢諸史之修撰，既自蘭臺而移至東觀，《隋書·經籍志》所載，因有《東觀漢記》之目。《四庫提要》卷五十云：

> 《後漢書》注引〈洛陽宮殿名〉云：南宮有東觀。范書〈竇章傳〉云：
> 永初中，學者稱東觀爲老氏藏室、道家蓬萊山，蓋東漢初，著述在蘭臺，
> 至章、和以後，圖籍盛於東觀，修史者皆在是焉。

是《東觀漢記》者，蓋以後漢諸記之相繼著作於此，而作者又非一人，所著亦不出於一時，因即修史之所在而以爲其書之總名，是以亦有簡稱爲《東觀記》者，乃自昭帝起，即大集眾儒之群體著作也。

其書《隋志》錄一百四十三卷，稱「東觀漢記」，注云：「起光武，記注至靈帝，長水校尉劉珍等撰。」《新唐志》載一百二十六卷，又〈錄〉一卷，《舊唐志》作一

---

〔註41〕見《後漢書》列傳第七十二下。

〔註42〕見《續漢律曆志》中《注》引袁山松書。《注》又引《博物記》曰「：洪篤信好學，觀乎六藝羣書意，以天下數術，探賾索隱，鉤深致遠，遂專心銳思。爲曲城侯相，政教清均，吏民畏而愛之，爲州郡之所禮異。」

〔註43〕按其事蹟並見於《後漢書》列傳第四十四、汪文臺《華嶠後漢書輯本》卷二及嚴可均《全後漢文》卷五十一中。

〔註44〕按，《十意》者，猶《漢書·十志》也，蓋避桓帝諱改。嚴可均《全後漢文》卷七十編有蔡邕〈戌邊上章〉，云：「有〈律曆意〉、〈禮意〉、〈樂意〉、〈郊祀意〉、〈天文意〉、〈車服意〉、〈朝會意〉、〈五行意〉。」又嚴氏案曰：「此下有闕文，劉知幾《史通》稱邕作〈朝會〉、〈車服〉二志，又《後漢書》本傳云，事在〈五行〉、〈天文志〉，則《十意》中有〈朝會〉及〈五行〉，其餘二意蓋〈地理〉，〈藝文〉也。」

百二十七卷，劉珍下無「等」字，《宋志》存八卷，《玉海》卷四十六「漢東觀記」條引《中興書目》云：「八卷。按《隋志》本一百四十三卷，唐吳兢家藏已亡十六卷，今所存止鄧禹、吳漢、賈復、景弇、寇恂、馮異、祭遵、景丹，蓋延九傳。」又《文獻通考・經籍考》二十二「東觀漢記」條引陳氏曰：「今所存者，惟吳漢、賈復、耿弇、寇恂、馮異、祭遵及景丹、蓋延八人列傳而已，其卷第凡十而闕第七、八二卷，未知果當時之遺否也？」是《東觀漢記》唐時已有亡闕，宋時殘缺更甚，自元以來，則已久佚。今姚之駰之撰《後漢書補逸》，乃曾蒐集遺文，而析爲八卷，四庫館臣因據姚本，更以《永樂大典》所載，且參考諸書，得二十四卷，著錄於《四庫全書》中，〔註45〕，《四庫提要》卷五十述其事云：

> 自唐章懷太子集諸儒注范書盛行於代，此書遂微，北宋時尚有殘本四十三卷，趙希弁《讀書附志》、邵博《聞見後錄》，並稱其書乃高麗所獻，蓋已罕得。南宋《中興書目》則止存鄧禹、吳漢、賈復、耿弇、寇恂、馮異、祭遵、景丹、蓋延九傳，共八卷，有蜀中刊本流傳，而錯誤不可讀，上蔡任泜始以秘閣本讎校，羅願爲序行之，刻版於江夏。又陳振孫《書錄解題》稱其所見本卷凡十二，而闕第七、第八二卷，卷數雖似稍多，而核其列傳之數，亦止九篇，則固無異於書目所載也。

又云：

> 自元以來，此書已佚。《永樂大典》於鄧、吳、賈、耿諸韻中，並無「漢記」一語，則所謂九篇者，明初即已不存矣。本朝姚之駰撰《後漢書補逸》，曾蒐集遺文，析爲八卷。然所採祇據劉昭《續漢書十志補注》、《後漢書注》、虞世南《北堂書鈔》、歐陽詢《藝文類聚》、徐堅《初學記》五書，又往往掇拾不盡，挂漏殊多。今謹據姚本舊文，以《永樂大典》各韻所載，參考諸書，補其闕逸，所增者幾十之六。其書久無刻版，傳寫多譌，姚本隨文鈔錄，謬戾百出，且《漢記》目錄雖佚，而紀、表、志、傳、載記諸體例，《史通》及各書所載，梗概尚一一可尋，姚本不加考證，隨意標題，割裂顛倒，不可殫數，今悉加釐正，分爲帝紀三卷、年表一卷、志一卷、列傳十七卷、載記一卷，其篇第無可考者別爲佚文一卷，而以〈漢記與范書異同〉附錄於末。雖殘珪斷璧，零落不完，而古澤斑爛，固非瑰寶。

今觀其帝紀三卷者，即世祖光武皇帝（卷一）、顯宗孝明皇帝、肅宗孝章皇帝、穆宗

---

〔註45〕按，《桐華館史翼》、《湖北先正遺書》、《叢書集成初編》及《四部備要》等諸叢書中，亦並有漢劉珍等撰《東觀漢記》二十四卷，王仁俊《玉函山房輯佚書續編・史編・總類》中，亦輯有一卷，又陶棟《輯佚叢刊》中，得有二卷，《拾遺》二卷。

孝和皇帝、孝殤皇帝（卷二）、恭宗孝安皇帝、敬宗孝順皇帝、孝沖皇帝、孝質皇帝、威宗孝桓皇帝、孝靈皇帝（卷三）等是也；年表一卷者，即〈百官表〉、〈諸王表〉（以下四篇全闕）、〈王子侯表〉、〈功臣表〉、〈恩澤侯表〉等是；志一卷者，〈地理志〉、〈律麻志〉、〈禮志〉、〈樂志〉、〈郊祀志〉、〈車服志〉、〈朝會志〉（以下二篇全闕）、〈天文志〉也；列傳十七卷者，外威光烈陰皇后、明德馬皇后、敬隱宋皇后、孝和陰皇后、和熹鄧皇后、順烈梁皇后、竇貴人、孝崇匽皇后、孝桓鄧皇后（卷六）、宗室齊武王縯、北海靖王興、北海敬王睦、趙孝王良、弘、梁、城陽恭王祉、東海恭王彊、沛獻王輔、楚王英、濟南安王康、東平憲王蒼、阜陵質王延、廣陵思王荊、中山簡王焉、琅邪孝王京、彭城靖王恭、樂成靖王黨、樂成王萇、下邳惠王衍、孝德皇、平原懷王勝（卷七），及鄧禹、鄧訓、鄧鴻、鄧陟、鄧悝、鄧弘、鄧閶、鄧豹、鄧遵、吳漢、賈復、賈宗、耿況、耿弇、耿國、耿秉、耿恭（卷八）、寇恂、岑彭、岑起、馮異、馮彰、朱祐、祭遵、祭肜、祭參、景丹、蓋延、銚期（卷九）、耿純、臧宮、馬武、劉隆、馬成、王梁、陳俊、陳浮、傅俊、堅鐔、王霸、任光、任隗、李忠、李純、邳彤、劉植、劉歆、劉嘉、王常、李通、竇融、竇固、竇憲、竇章、卓茂（卷十）、郭晨、來歙、樊重、樊弘、樊儵、樊梵、樊準、張況、張歆、張禹、郭況、陰睦、陰識、陰興、陰傅（卷十一）、馬援、馬廖、馬防、馬光、馬客卿、馬嚴、馬融、馬棱、梁統、梁竦、梁商、梁冀、梁不疑、孫咸（卷十二）、伏湛、伏盛、伏恭、伏晨、侯霸、宋弘、韓歆、歐陽歙、朱浮、張湛、杜林、張純、馮勤、馮魴、馮石、趙憙（卷十三）、朱鮪、鮑永、鮑昱、田邑、馮衍、馮豹、王閎、王元（卷十四）、丁綝、丁鴻、宣秉、宣彪、王丹、王良、申屠剛、郅惲、郭伋、杜詩、孔奮、張堪、衛颯、茨充、任延、董宣、樊曄、李章、馮駿、鄧讓（卷十五）、班彪、班固、班超、班始、鄭興、鄭眾、范升、陳元、桓榮、桓郁、桓焉、桓鸞、桓典、桓礹、張佚、桓譚、劉昆、劉軼、洼丹、戴憑、牟長、尹敏、高詡、丁恭、甄宇、張玄、李恭、蘇竟、丁邯、溫序、周嘉、劉茂、索盧放、朱勃、樊顯、楊正、崔篆、崔駰、崔瑗、崔寔、倪明、古初、王琳、蔡順、李業、逢萌、王霸、嚴光、閔貢、周黨、井丹、耿嵩（卷十六）、虞延、郭丹、周澤、牟融、孫堪、魏應、劉般、劉愷、郭賀、吳良、劉平、承宮、鍾離意、宋均、朱酺、觟陽鴻、楊政、薛漢、郇恁、徐匡、張重、姜詩、趙孝、魏譚、李善（卷十七）、第五倫、桓虞、鄧彪、鄭弘、袁安、朱暉、韋彪、韋豹、郭躬、鄭均、王景、廉范、王阜、秦彭、玄賀、曹褒、賈逵、江革、召馴、李育、杜安、杜根、杜篤、宋楊、趙興、趙勤、毛義、濟于恭、梁鴻、高鳳、郭鳳（卷十八）、張酺、韓稜、巢堪、魯恭、魯丕、徐防、陳寵、陳忠、尹勒、何熙、魏霸、應順、應奉、應劭、鄭璩、樂恢、何敞、周榮、梁諷、李恂、王渙、黃香、黃

瓊、黃琬、張霸、周紆、李充、司馬均、汝郁、張表、郭玉、鄭眾（卷十九）、張敏、
楊震、楊秉、楊賜、任尚、薛苞、馮良、所輔、蔡倫、龐參、李固、張耽、左雄、
周舉、張綱、王堂、吳祐、祝良、朱建、丘騰、韓昭、趙序、孫程、苗光、籍建（卷
二十）、胡廣、陳龜、劉祐、李雲、韋毅、宗資、陳番、段潁、劉寬、陳球、張奐、
陽球、趙咨、荀曇、符融、高彪、范丹、韓卓、曹節、皇甫嵩、王允、趙溫、孔融、
蔡邕、周珌、劉翊、郭汜、呂布、蔣疊、須誦、馮模、周行、劉訓、雍儵、梁福、
范康、蔣翊、宗慶、郇删、喜夷、李庸、巴异、卜福、陳導、楊喬、翟歆、魏成、
畢尋、段普、邪崇、陰猛、羊融、張意、沈豐、蕭彪、陳囂（卷二十一），再益以列
女及外裔之鮑宣妻、江伯姊、匈奴南單于、莋都夷、西羌、西域（卷二十二）等是；
載記一卷者，劉玄、公賓就、申屠志、陳遵、劉盆子、赤眉、呂丹、王郎、盧芳、
蘇茂、彭寵、張豐、秦豐、鄧奉、龐萌、隗囂、公孫述、延岑、田戎、銅馬等群盜
是也。又有單文碎句，則無篇可歸。考其中所載，如章帝之詔增修羣祀，杜林之議
郊祀，東平王蒼之議廟舞，並爲一朝大典，范曄《後漢書》均不詳載其文，他如張
順預起義之謀，王常贊昆陽之策，楊正之嚴正，趙勤之潔清，范書亦復闕如。是今
傳之《東觀記》，雖爲殘文輯本，其有資考證，已非淺鮮。此書晉時嘗以與《史記》、
《漢書》合爲三史，人多習之。故六朝及初唐人之隸事釋書，類多徵引。唯自唐章
懷太子李賢取注范《書》行世，逐漸衰微。至於曄史等之所撰，則乃删集眾書而爲
一家之作，〔註46〕故《史通‧正史篇》曰：

> 漢記殘缺，至晉無成。泰始中，秘書丞司馬彪，始討論眾書，綴其所
> 聞……號曰《續漢書》。又散騎常侍華嶠，刪定《東觀記》爲《漢後書》。……
> 自斯已往，作者相繼，爲編年者四族，創紀傳者五家，推其所長，華氏居
> 長。……至宋宣城太守范曄，乃廣集學徒，窮覽舊籍，刪煩補略，作《後
> 漢書》。

又陳振孫《直齋書錄解題》卷四「後漢書九十卷」條亦云：

> 案《唐藝文志》，爲後漢書史者，有謝承、薛瑩、司馬彪、劉義慶、
> 華嶠、謝沈、袁山松七家，其前又有劉珍等《東觀記》，至蔚宗，乃刪取
> 眾書，爲一家之作。

高似孫《史略》卷二「後漢書」條又云：

> 至吳謝承作《漢書》，司馬彪作《續漢書》，華嶠、謝沈、袁崧又作《後
> 漢書》，往往皆因《漢記》之舊爲之，是固爲有所據依，而曄史又出於諸

---

〔註46〕按，范曄之撰史，參見拙文〈范曄及其後漢書〉。台灣師大《國文學報》第三期。

史之後，尤爲有據依者乎。

是司馬彪等諸家之書，既率刪取《漢記》而成，范書又承其後，則《東觀漢記》者，實爲後漢諸史之淵藪也。

## 第四節　起居注及其他有關漢史之撰作

起居注者，左右史職，所以錄記人君日用動止之事，而爲後世撰史之所取資者也。故《史通·史官篇》曰：

> 夫起居注者，編次甲子之書，至於策命、章奏、封拜、薨免，莫不隨事紀錄，言惟詳審，凡欲撰帝紀者，皆因之以成功，即今爲載筆之別曹，立言之貳職。

《周禮》卷二十六有內史，掌書王命，是其職也。荀悅《申鑒·時事篇》云：

> 先帝故事有起居注，日用動靜之節必書焉，宜復其式，內史掌之，以紀內事。

又《漢書·藝文志》有《漢著記》百九十卷，注謂「若今之起居注。」《玉海》卷四十八亦云：「《著記》爲漢起居注昭昭矣。」《隋書·經籍志·起居注序》稱漢武帝有《禁中起居》。據此，則西漢歷代似有起居注。然《漢著紀》，據朱希祖〈漢唐宋起居注考〉則以爲非起居注，以著記掌於太史，而起居注則掌於內史，自誤以注記之名，混於起居注，顏師古、王應麟等遂指著記爲起居注。〔註47〕《禁中起居注》，杭世駿則詳言其爲僞書，〔註48〕《隋志》之《漢獻帝起居注》，侯康謂似魏人作，〔註49〕則今起居注之確出於漢代所撰無疑者，殆即東漢之《明帝起居注》、《長樂宮注》、及《靈帝起居注》耳。至於《漢著記》，則與《漢大年紀》，皆爲班固撰史所資以考證者，又有陸賈之《楚漢春秋》，則爲司馬遷據以述楚、漢之事，侯瑾《漢皇德傳》、應奉《漢書》、荀爽《漢語》、劉艾《漢靈帝二帝紀》、應劭《中漢輯序》及《狀人紀》等，亦皆記撰漢史之著有成績者也。

### 一、《明帝起居注》

《後漢紀》卷十一云：

> 初，明帝寢疾，馬防爲黃門郎，參侍醫藥，及太后爲《明帝起居注》，

---

〔註47〕按，朱希祖〈漢十二世著紀考〉嘗謂顏師古、王應麟之言爲是，而於其後所撰之〈漢唐宋起居注考〉則以爲非，當以後者爲是。

〔註48〕見《道古堂文集》卷二十一〈答任武承問起居注書四〉。

〔註49〕見所撰補《後漢書藝文志》卷三。

削去防名。

又《後漢書・皇后紀》第十之述明德馬皇后稱：

> 自撰《顯宗起居注》，削去兄防參醫藥事。帝請曰：「黃門舅旦夕供養，
> 且一年，既無襃異，又不錄勤勞，無乃過乎？」太后曰：「吾不欲令後世
> 聞先帝數親后宮之家，故不著也。」

知顯宗孝明帝之有起居注也。

　　按，明德馬皇后，史失其名，伏波將軍援之小女也。年十三，選入太子宮。明
帝即位，以爲貴人。永平三年（60），立爲皇后。章帝即位，尊曰皇太后。年四十餘
卒。〔註50〕朱希祖〈漢唐宋起居注考〉以爲，《明帝起居注》未必爲馬后自撰，必
當明帝御宇時先有撰注，馬后爲之編定耳。今其書已佚，《初學記》三十引《風俗通》
云云及《御覽》七百三十六、九百二十，又《文選・赭白馬賦注》等並引之。

## 二、《長樂宮起居注》

　　朱希祖〈漢唐宋起居注考〉云：

> 自明帝始有《起居注》，其後章帝、和帝、殤帝、安帝，亦必世有《起
> 居注》。故劉毅於安帝元初五年上書，請爲鄧太后撰《長樂宮注》。時鄧太
> 后臨朝政，有善績，居長樂宮，故毅特請爲撰《起居注》。

朱氏又云：

> 此《長樂宮注》，即《長樂宮起居注》，猶宋之《德壽宮起居注》也，言注
> 者，省稱耳。

按，《後漢書・皇后紀》：

> 元初五年，平望侯劉毅以太后多德政，欲令早有注記，上書安帝曰：
> 「臣聞《易》載羲農而皇德著，《書》述唐虞而帝道崇，故雖聖明，必書
> 功於竹帛，流音於管弦。伏惟皇太后膺大聖之姿，體乾坤之德，齊蹤虞妃，
> 比跡任姒。孝悌慈仁，允恭節約，杜絕奢盈之源，防抑逸欲之兆。臣位內
> 朝，流化四海。及元興、延平之際，國無儲副，仰觀乾象，參之人譽，援
> 立陛下爲天下主，永安漢室，綏靜四海。又遭水潦，東州飢荒。垂恩元元，
> 冠蓋交路，菲薄衣食，躬率羣下，損膳解驂，以贍黎苗。惻隱之恩，猶視
> 赤子。克己引愆，顯揚仄陋。崇晏晏之政，敷在寬之教。興滅國，繼絕世，
> 錄功臣，復宗室。追還徙人，蠲除禁錮。政非惠和，不圖於心；制非舊典，
> 不訪於朝。弘德洋溢，充塞宇宙；洪澤豐沛，漫衍八方。華夏樂化，戎狄

〔註50〕詳見《後漢書・皇后紀》。

混并。丕功著於大漢，碩惠加於生人。巍巍之業，可聞而不可及；蕩蕩之勳，可誦而不可名。古之帝王，左右置史；漢之舊典，世有注記。夫道有夷崇，治有進退。若善政不述，細異輒書，是爲堯、湯負洪水大旱之責，而無咸熙假天之美；高宗、成王有雊雉迅風之變，而無中興康寧之功也。上考《詩》、《書》，有虞二妃，周室三母，修行佐德，思不踰閾。未有内遭家難，外遇灾害，覽總大麓，經營天物，功德巍巍若兹者也。宜令史官著《長樂宮注》、《聖德頌》，以敷宣景燿，勒勳金石，縣之日月，擄之罔極，以崇陛下烝烝之孝。」帝從之。

是當時史官當有《長樂宮注》矣。今佚。觀劉毅書之「漢之舊典，世有注記。」云云，蓋指明帝以來起居注。〔註51〕

## 三、《漢靈帝起居注》

袁宏《後漢紀・序》云：

> 予嘗讀《後漢書》，煩穢雜亂，睡而不能竟也，聊以暇日，撰集爲《後漢紀》。

又謂：其所掇會，謝承書、司馬彪書、華嶠書、謝忱書、《漢山陽公記》、漢靈、獻起居注、《漢名臣奏》，旁及諸郡耆舊、先賢傳，凡數百卷。是靈帝之時，亦有起居注，唯其作者、卷數皆不可知，今佚。

按，起居之作，成非一朝，紀非一人，其爲漢代所撰者，早有零落不可復知之嘆，故《隋志・起居注序》謂：「漢時起居注，似在宮中，爲女史之職，然皆零落，不可復知。」又謂：「今之存者，有漢獻帝及晉代已來起居注，皆近侍之臣所錄。」又《史通・史官篇》曰：「晉令著作郎掌起居集注，撰錄諸言行勳伐舊載史籍者。元魏置起居令史，每行幸讌會，則在御左右記錄帝言及賓客訓對，後別置修起居注二人，多以餘官兼掌，至隋以吏部散官及校書、正字閑於述注者修之，納言監領其事。煬帝以爲古有內史、外史，今既有著作，宜立起居，遂置起居舍人二員，職隸中書省。」又曰：「唐氏因之，又加置起居郎二員，職與舍人同，每天子臨軒，侍立於玉階之下，郎居其左，舍人居其右，人主有命，則逼階延首而聽之，退而編錄，以爲起居注。」準此推之，知聽事侍旁，記跡言行者，起居注之所以作也。

## 四、《漢著記》

《漢書・五行志》云：

---

〔註51〕按，著記掌於太史，而起居注則掌於內史。詳朱希祖〈漢唐宋起居注考〉。

　　　　凡《漢著紀》，十二世，二百一十二年。

又《漢藝文志・春秋類》著錄《漢著記》百九十卷，是〈五行志〉之漢十二世《著紀》，即〈藝文志〉之《漢著記》百九十卷。故朱希祖云：「〈五行志〉言十二世《著紀》，〈律曆志〉則十二世之外，又增『《孺子著紀》新都侯王莽居攝三年』……〈五行志〉之漢十二世《著紀》，及〈律曆志〉所引漢十二世《著紀》，皆即〈藝文志〉之《漢著記》。〈藝文志〉本於劉歆《七略》，〈律曆志〉本於劉歆《三統曆譜》，劉歆在王莽篡位後爲國師，故所見著紀，至哀、平而止，凡十二世。〈律曆志〉孺子至光武皇帝著紀，蓋爲班固所增，《後漢書・馬嚴傳》：『顯宗召見嚴，詔與校書郎杜撫、班固等雜定《建武注記》』，建武爲光武年號，則光武皇帝《著紀》且爲班固等所定矣。」〔註52〕

　　　是漢自高祖起，至於哀、平止，乃代有著記，劉歆蓋嘗見之，至於孺子嬰以迄《光武皇帝著紀》，則爲班固所增，其《建武注記》，且爲馬嚴、杜撫及班固等所雜定者。按，馬嚴，字威卿、子續、融等並知名，杜撫，字叔和，《後漢書》皆有傳，班固則撰有《漢書》，已見前述。

　　　其書蓋雜天人相應之學，且世世相承，非一時一人之事，故朱希祖云：「〈五行志〉所引《漢著紀》，如高帝三年十月十一日兩次日食，所舉燕地、齊地人事應驗，不標舉名氏者，蓋係太史所記，其他標舉劉向、谷永等說，或爲著記所采原文，或係班固撰〈五行志〉時所加，則不能別矣。」又云：「劉歆著《七略》及《三統曆譜》，所見《漢著記》百九十卷，以〈藝文志〉之例言之，此百九十卷，既非班固所入，尚沿《七略》舊文，當然僅有十二世。而〈律曆志〉則雖本《三統曆譜》，然自孺子以至光武《著紀》，顯爲班固所增入，而《光武注記》且爲馬嚴、杜撫、班固等雜定；則《十二世著紀》，亦必世有參定之人。故於太史所記之外，間有儒家天人相應之學說參錯乎其中，此亦勢所必至者也。」〔註53〕所記蓋爲編年之體，故《漢書》卷二十一〈律曆志〉引《著紀》曰：

　　　　文帝，前十六年，後七年，《著紀》即位二十三年。
　　　　景帝，前七年，中六年，後三年，《著紀》即位十六年。

又曰：

　　　　《孺子著紀》新都侯王莽居攝三年，王莽居攝，盜襲帝位，竊號曰新
　　　　室。始建國五年、天鳳六年、地皇三年，《著紀》盜位十四年。……

其書所載，既天變人事交相附會，舉凡《漢書・五行志》之所陳，〈律曆志〉、〈天文

〔註52〕見所撰〈漢十二世著紀考〉。
〔註53〕同前。

志〉之所載，凡屬太史所觀察占驗者，無不分年別月，兼容並記。唐・張說〈古今注記序〉謂：「注記之書，實欽天授時之樞要。」是知著記既非如起居注之專詳人事，亦與本紀之體例大不相同。故《漢書・本紀》云：

> 高帝三年冬十月甲戌晦，日有食之。

《漢書・五行志》引《漢著紀》則曰：

> 高帝三年十月甲戌晦，日有食之，在斗二十度，燕地也。後二年，燕王臧荼反，誅，立盧綰爲燕王，後又反敗。〔註54〕

由此亦可知，班固十二帝紀之撰作，於《漢著記》，當多所取資。〔註55〕是其書今雖無存，然於《漢書》之中，亦可窺其一斑。

## 五、《漢大年紀》

《漢大年紀》五篇，亦見於《漢志・春秋類》，今佚。王應麟《漢藝文志考證》卷三以爲：

> 高祖、文帝、武帝紀臣瓚注引《漢帝年紀》，蓋即此書。

又姚振宗云：

> 此似大事記之類，而臣瓚所注《漢帝年紀》亦在其中。〔註56〕

今考《玉海》卷四十八「漢大事記」、「大年紀」、「漢帝年紀」條引《史記》云：

> 〈漢興以來將相年表〉所記，有曰大事記，有曰相位、將位、御史大夫位。大事：若高祖始爲漢中王，破項羽，踐尊位，而尊太上皇，惠帝城長安，文帝除苛律；相位：若蕭何守關中；將位：若太尉盧綰爲燕王；御史大夫：若周苛守滎陽。

又引《漢書》高紀五年臣瓚注曰：

> 《漢帝年紀》有信平侯臣陵、都武侯臣起。〔註57〕

又云：

> 《漢帝年紀》：六月禁踰侈；七月閉城門大搜，則搜索踰侈者也。

則此所記，蓋皆漢事之足著於簡篇者，故章如愚《山堂考索前集》曰：「非有《漢著記》百九十卷、《漢大年紀》五篇，則孟堅十二帝紀，何所考證而作也。」〔註58〕

---

〔註54〕詳見朱希祖〈漢十二世著紀考〉引。
〔註55〕按，《漢書藝文志條理》卷一下引章如愚《山堂考索前集》曰：「非有《漢著記》百九十卷、《漢大年紀》五篇，則孟堅十二帝紀，何所考證而作也。」
〔註56〕見《漢書藝文志條理》卷一之下「漢大年紀五篇」條。
〔註57〕按，《漢書・高帝紀》第一下注引臣瓚曰：「高帝時有信平侯臣陵、都武侯臣起。」
〔註58〕見《漢書藝文志條理》卷一之下引。

## 六、陸賈《楚漢春秋》

《史通》卷十六《雜說》上曰：

　　自漢已降，作者多門，雖新書已行，而舊錄仍在。

又曰：

　　劉氏初興，書唯陸賈而已，子長述楚、漢之事，專據此書。

是陸賈之《楚漢春秋》，當爲漢人撰史之第一部。

　　按，陸賈，楚人。以客從高祖定天下，名有口辯士。居左右，常使諸侯。時中國初定，尉佗平南越，因王之，高祖使陸賈賜尉佗印。賈至，乃說拜之，令稱臣奉漢約，歸報。高祖拜爲太史大夫。賈時稱《詩》、《書》，高帝罵之曰：「公居馬上而得之，安事《詩》、《書》。」賈曰：「馬上得之，寧可以馬上治之乎？」高帝雖不懌，而有慙色，乃謂賈曰：「試爲我著秦所以失天下，吾所以得之者，及古成敗之國。」賈凡著十二篇，每奏一篇，高帝未嘗不稱善，左右呼萬歲，稱其書曰《新語》。孝惠帝時，呂太后用事，欲王諸呂，畏大臣及有口者，賈自度不能爭之，乃病免。及諸呂擅權，欲危劉氏，右丞相陳平患之。賈曰：「天下安，注意相；天下危，注意將。將相和，則士豫附；士豫附，天下雖有變，則權不分。權不分，爲社稷計，在兩君掌握耳。臣常欲謂太尉絳侯，絳侯與我戲，易吾言。君何不交驩太尉，深相結？」陳平用其計，太尉亦報如之，兩人深相結。及誅諸呂，立孝文帝，賈頗有力焉。後以壽終。〔註59〕

　　所撰《楚漢春秋》，《漢志》著錄九篇，隋、唐志並作九卷，蓋篇即卷也。其書所記，自楚、漢初起，至於惠、文間事，〔註60〕乃以漢滅嬴項，因稽古而記錄時功也。以權記當時，不終一代，劉知幾遂稱之爲偏記。〔註61〕其書篇第，不繫年月，雖名「春秋」，然非編年之體。〔註62〕王應麟《漢書藝文志考證》卷三引洪氏曰：

　　陸賈書當時事，而所言多與史不合，顏師古屢辨之。

則其書當有足資考異者，惜宋時之高似孫，於所撰《史略》卷三中，雖謂尚能得讀，然洪邁《容齋三筆》已稱「不復見」。今《水經·渭水注》、《藝文類聚》、《史記索隱》、《漢書注》、《文選注》、《太平御覽》、《困學紀聞》等諸書中並引之，高郵茆泮林因其與《左傳》、《國語》、《世本》、《戰國策》均爲司馬遷作史屬稿所據，唯《世本》及陸

〔註59〕見《史記》卷九十七、《漢書》卷四十三〈陸賈傳〉。

〔註60〕見《史記集解·序》索隱。

〔註61〕見《史通》卷十〈雜述篇〉。

〔註62〕按，《史通》卷一〈六家·春秋篇〉曰：「儒者之說《春秋》也，以事繫日，以日繫月，言春以包夏，舉秋以兼冬，年有四時，故錯舉以爲所記之名也。苟如是，則晏子、虞卿、呂氏、陸賈，其書篇第，本無年月，而亦謂之春秋，蓋有異於此者也。」

—89—

書無傳，故既輯《世本》成帙，乃復留意此書，因得輯本一卷，附〈疑義〉一卷，存於《十種古逸書》、《後知不足齋叢書》七函及《龍谿精舍叢書・史部》中。又《槐廬叢書初編》中所見者，別有陳其榮輯〈考證〉一卷。洪頤煊亦有輯本一卷，在《問經堂叢書・經典集林》。黃奭《黃氏逸書考（漢學堂叢書）・子史鉤沈》中亦別輯有一卷。

## 七、侯瑾《漢皇德簿》

《玉海》卷四十六引唐・劉知幾曰：

> 古之國史，皆出一家，惟後漢《東觀》，大集群儒，而著述無序，條章靡立。由是……侯瑾案之爲《皇德傳》，應奉刪之爲《漢事》。

是《東觀漢記》之撰作，以其著述無序，條章靡立，漢時已有侯瑾、應奉等之據以爲書也。

按，侯瑾，字子瑜，敦煌人。少孤貧，依宗人居。性篤學，恆傭作爲資，暮還輒燃柴以讀書。常以禮自牧，獨處一房，如對嚴賓焉。州郡累召，並稱疾不到，作〈矯世論〉以譏切當時，而徙入山中，覃思著述。以莫知於世，故作〈應賓難〉以自寄。又案《漢記》，撰中興以後行事爲《皇德傳》三十三篇，時行於世。別有雜文數十篇，今並亡失。〔註63〕

其《皇德傳》，據本傳所載，知爲三十三篇，《隋志》著錄，則作三十卷，兩《唐志》卷同，題名與《隋志》並作《漢皇德記》。其書所記，據《隋志》之云「起光武，至沖帝」，本傳之稱其「案《漢記》，撰中興以後行事」，是乃撮取東觀所作以自爲書者。今《太平御覽・皇王部、人事部、禮儀部、獸部、資產部》中並引之。唯稱名或異，張澍有輯本一卷，見於《二酉堂叢書》及《叢書集成初編・史地類》中。

## 八、應奉《漢事》

應奉，字世叔，汝南南頓人。爲郡決曹史、校尉。及黨事起，奉乃慨然以疾自退，卒，著有《漢書後序》，又嘗追愍屈原，著《感騷》三十篇。《後漢書》列傳第三十八有傳。

據范書本傳《注》引袁山松曰：「奉又刪《史記》、《漢書》及《漢記》三百六十餘年，自漢興至其時，凡十七卷，名曰《漢事》。」則其書之所刪定者，乃兼及兩漢之事。今佚。章宗源《隋志考證》謂：《史記・匈奴傳》索隱、《通典・職官門》注各引應奉一條，章懷《雷義傳注》亦引之，姚振宗云：「章氏所舉三引，但稱「應奉

---

〔註63〕詳《後漢書・文苑列傳》。

曰」，不著書名，恐亦是《後序》中語。《後序》見子部儒家。」〔註64〕

## 九、荀爽《漢語》

刪取漢事以成書者，侯瑾、應奉之外，別有荀爽。

荀爽，字慈明，潁川潁陰人。幼而好學，耽思經書，慶弔不行，徵命不應。桓帝延熹九年（166），太常趙典舉爽至孝，拜郎中，對策陳便宜，奏聞，即棄官去。後遭黨錮，隱於海上，又南遁漢濱，積十年餘，以著述為事，遂稱為碩儒。黨禁解，五府並辟，司空袁逢舉有道，不應。後公車徵為大將軍何進從事中郎，進恐其不至，迎薦為侍中，及進敗而詔命中絕。獻帝即位，董卓輔政，復徵之，爽欲遁命，吏持之急，不得去，因復就拜平原相，行至宛陵，復追為光祿勳，視事三日，進拜司空。病卒，年六十三。事具《後漢書》列傳第五十二。〔註65〕

所撰《漢語》，據〈爽傳〉所載，乃集漢事成敗可垂鑒戒者。其書卷亡，今已久佚，章宗源云：「《史記》：文帝遺詔，臨者無踐。裴駰《注》晉灼曰：《漢語》作「跣」。《索隱》曰：《漢語》，書名，荀爽所作。《漢書·昭帝紀》注：外人字少君。〈宣帝紀〉注：馮殷，字子都。〈霍光傳〉注：光嫡妻東閭氏，生上官安夫人，昭后之母。又云：東閭氏亡，霍光妻顯以婢代立，素與馮殷姦也。四書皆晉灼引《漢語》。」章氏之撰《隋書經籍志考證》，因據以著錄爽書於卷三中。

## 十、劉艾《漢靈獻二帝紀》

劉艾《漢靈獻二帝紀》見於《隋志·雜史類》，稱有三卷，注云：「漢侍中劉芳撰，殘缺。梁有六卷。」兩《唐志》入〈編年類〉，作六卷，並稱劉艾撰，姚振宗於《隋書經籍志考證》卷十三以為：「劉芳，為劉艾。」

按，劉艾，始末未詳，據侯康謂：艾，官侍中，在獻帝興平年間，〈獻帝本紀〉：興平元年，使侍中劉艾出讓有司是也。又謂據《三國志·董卓傳》注引〈獻帝紀〉，知其曾為陝令，據范書〈董卓傳〉，知其曾為卓長史，據〈魏武紀〉建安元年注引張璠《漢紀》、十九年注引《獻帝起居注》，知其又為宗正，據廿一年注引〈獻帝傳〉，知其又以宗正使持節行御史大夫。〔註66〕姚振宗因云：「按袁宏《後漢紀》，建安元年八月，封彭城相劉艾等為列侯，賞有功也，亦見范書〈董卓傳〉注。是艾初為陝令，後為董卓長史，遷侍中，出為彭城相，封列侯，又入為宗正者也。其為宗正，在建安元年，至二十一年，猶以宗正為使持節行御史大夫奉使冊封魏公為魏王。」

〔註64〕見所撰《後漢藝文志》卷二「應奉《漢事》十七卷」條。
〔註65〕按，《後漢書·孝獻帝紀》謂：初平元年夏五月，司空爽薨。
〔註66〕見侯康《補後漢書藝文志》卷三。

〔註67〕其後則未見其事蹟，蓋未嘗入魏也。

其書早有殘缺，今佚。《後漢書・靈紀、獻紀、董卓傳》注、《三國志・武紀》、董卓、張楊、賈詡、劉焉、孫堅諸傳、注，屢引此書，皆興平及建安初年事，唯〈賈詡傳〉引一條云：後以段煨爲大鴻臚光祿大夫，建安十四年以壽終。此或後來又有增益。〔註68〕又《初學記・鳥部》引一事，稱劉艾《漢帝傳》，姚振宗以爲「似是劉艾書之本名。」〔註69〕蓋艾既未入魏，則無由題獻帝諡號，其〈獻紀〉云者，當爲後人之所追加也。

## 十一、應劭《中漢輯序》

《後漢書・應劭傳》之稱劭著有《中漢輯序》，乃爲論當時行事而作。以劭之用心於漢事，則所言固當亦有足資參證者。其父奉爲司隸時，竝下諸府郡國各上前人像贊，劭因連綴其名，而錄成《狀人紀》，則其清濁進退，當能得述事之實，而亦有助於後人於漢史之研究，惜今皆無存。按，劭撰有《漢書集解》，並其事蹟，已見第三章第一節。

---

〔註67〕見所撰《隋書經籍志考證》卷十三。
〔註68〕見侯康《補後漢書藝文志》卷三。
〔註69〕見所撰《隋書經籍志考證》卷十三。

# 第四章　兩漢之地理書及地方史

《隋志·地理類敘》曰：

> 昔者先王之化民也，以五方土地，風氣所生，剛柔輕重，飲食衣服，各有其性，不可遷變。是故疆理天下，物其土宜，知其利害，達其志而通其欲，齊其政而脩其教。故曰，廣谷大川異制，人居其間異俗。《書》錄禹別九州，定其山川，分其圻界，條其物產，辨其貢賦，斯之謂也。周則夏官司險掌建九州之圖，周知山林川澤之阻，達其道路。地官誦訓掌方志以詔觀事，以知地俗。春官保章以星土辨九州之地，所封之域，以觀祆祥。秋官職方掌天下之圖地，辨四夷、八蠻、九貉、五戎、六秋之人，與其財用九穀、六畜之數，周知利害，辨九州之國，使同其貫。司徒掌邦之土地之圖，與其人民之教，以佐王擾邦國，周知九州之域廣輪之數，辨其山林、川澤、丘陵、墳衍、原隰之名物及土會之法。然則其事分在眾職，而冢宰掌建邦之六典，實總其事。太史以典逆冢宰之治，其書蓋亦總爲史官之職。

又曰：

> 漢初，蕭何得秦圖書，故知天下要害。後又得《山海經》，相傳以爲夏禹所記。武帝時，計書既上太史，郡國、地志固亦在焉。而史遷所記，但述河渠而已。其後劉向略言地域，丞相張禹使屬朱貢條記風俗，班固因之作〈地理志〉，其州國、郡縣、山川、夷險、時俗之異，經星之分，風氣所生，區域之廣，戶口之數，各有攸叙，與古〈禹貢〉、《周官》所記相埒。

是漢自蕭何得秦圖書起，其郡國、地志、風俗、地理之書，所在多有，山川夷險，風氣所生者，乃各有攸叙。蓋五方土地異制，人居其間異俗，欲疆理天下，周知利害者，得無聞乎！至有載筆之士，或管窺末學，雖不能及遠，亦得各因經歷，而並有記載。

# 第一節　漢之輿地圖及圖經

圖書之設，由來尚矣，故《尚書・洛誥》曰：「我又卜瀍水東，亦惟洛食，伻來，以圖及獻卜。」孔穎達《疏》云：「以所卜地圖及獻所卜吉兆於王。」蔡沈《集傳》謂：「圖，洛之地圖也。」戰國以降，行政用兵之際，輿圖之為用，更見重視，是以荊軻能藉督亢地圖以近秦王；孫子論兵，亦詳及地形；劉邦之至咸陽，蕭何獨收丞相御史律令、圖書藏之，其後所以能具知天下阨塞、戶口強弱、民所疾苦者，以得秦圖書也，故劉氏之興，乃時以之為意。至於西京之盛，固有《長安宮觀圖》之作，又以古之輿圖，繪法至簡，乃或有兼記注以濟其窮者，此圖經之始也。

## 一、失撰人《輿地圖》

漢代雖得秦之圖書，然區域不同，名稱或異，故必另奏新圖，以為分封行政之依據。故《史記》卷六十〈三王世家〉，於元狩六年四月，載有丞相臣青翟、太僕臣賀、行御史大夫事常臣充、太子少傅臣安行宗正事之言曰：

臣請令史官擇吉日，具禮儀上，御史奏《輿地圖》，他皆如前故事。

又太僕臣賀行御史大夫事昧死言：

臣昧死奏《輿地圖》，請所立國名。禮儀別奏。臣昧死請。

可知漢代於《輿地圖》之重視。《索隱》之釋「御史奏《輿地圖》」句稱：

謂地為「輿」者，天地有覆載之德，故謂天為「蓋」，謂地為「輿」，故地圖稱「輿地圖」。疑自古有此名，非始漢也。

是輿地圖者，即地圖也，其見於諸史所述者，如《史記》卷一百一十八〈淮南王傳〉云：

王日夜與伍被、左吳等案《輿地圖》。

《索隱》曰：

《志林》云：「《輿地圖》，漢家所畫，非出遠古也。」

《漢書》卷五三〈江都易王傳〉曰：

具天下之輿地及軍陳圖。

此西漢時之《輿地圖》也。

又《後漢書・光武紀》建武十五年大司空融等奏議曰：

臣請大司空上《輿圖》，太常擇吉日，具禮儀。

按，《周禮・地官・大司徒》鄭《注》：若今司空郡國《輿地圖》。賈公彥謂：「漢蕭何收秦圖籍，以知天下阨塞廣遠，至後漢，乃有司空郡國《輿地圖》。」考司空掌土

地，故命之也。又〈明德馬皇后紀〉云：

> 帝案《地圖》，將封皇子，悉半諸國。

〈馬援傳〉曰：

> 援又爲書與囂將楊廣，即曉勸於囂曰……前披《輿地圖》，見天下郡
> 國百有六所，奈何欲以區區二邦，以當諸夏百有四乎？

〈鄧禹傳〉稱：

> 光武舍城樓上，披《輿地圖》，指示禹曰：天下郡國如是，今始乃得其一。

《東觀漢記》卷二〈顯宗孝明帝紀〉謂：

> 自皇子之封，皆減舊制，嘗案《輿地圖》。

此爲東漢時之地圖也。

　　班固〈東都賦〉云：「天子受四海之圖籍。」知當時輿圖之多，故能流傳之廣且遠，至於魏、晉，猶能見之。是以《漢書》卷六〈武紀〉「又遣浮沮將軍公孫賀出九原」句之注中，臣瓚能據漢輿地圖而謂：「浮沮，井名，在匈奴中，去九原二千里。」《晉書》卷三十五〈裴秀傳〉之引〈禹貢地域圖序〉，亦有「今秘書既無古之地圖，又無蕭何所得，惟有漢氏《輿地》及《括地》諸雜圖。」之言。〔註1〕今則無聞焉。

## 二、張衡《地形圖》

　　後漢張衡有《地形圖》，張彥遠《歷代名畫記》卷三曰：「古之秘畫珍圖，固多散逸，人間不得見之，今粗舉領袖，則有……《地形圖》一，張衡。」

　　按，張衡，字平子，南陽西鄂人。少善屬文，游於三輔，因入京師，觀太學，遂通五經，貫六藝。雖才高於世，而無驕尙之情，從容淡靜，不好交接俗人。和帝永元中，舉孝廉不行，辟公府不就。時天下承平日久，自王侯以下，莫不踰侈，衡乃擬班固〈兩都〉，作〈二京賦〉，因以諷諫，精思傅會，十年乃成。衡善機巧，尤致思於天文、陰陽、曆算，常耽好玄經。安帝雅聞衡善術學，公車特徵拜郎中，再遷爲太史令，遂乃研覈陰陽，妙盡琁機之正，作渾天儀。順帝初，復爲太史令。衡不慕當世，所居之官，輒積年不徙。自去史職，五載復還，乃設客問，作〈應問〉以見其志云。陽嘉元年（132），復造侯風地動儀，以精銅鑄成，圓徑八尺，合蓋隆起，形似酒尊，驗之以事，合契若神，自書典所記，未之有也。嘗一龍機發而地不覺動，京師學者咸怪其無徵，後數日驛至，果地震隴西，於是皆服其妙。時政事漸損，權移於下，衡因上疏陳事。又以圖緯虛忘，非聖人之法，復上疏陳

---

〔註1〕按，裴秀爲我國輿地學理論之先驅者，其事蹟參見拙著《兩晉史部遺籍考》第四章第一節。嘉新文化基金會出版。

之。後遷侍中，帝引在帷幄，諷議左右。又以為吉凶倚伏，幽微難明，乃作〈思玄賦〉，以宣寄情志。永和初，出為河間相，時國王驕奢，不遵典憲，又多豪右，共為不軌，衡治威嚴，整法度，陰知姦黨名姓，一時收禽，上下肅然。視事三年，上書乞骸骨，徵拜尚書。永和四年（139）卒，年六十二，所著詩、賦、銘等凡三十二篇。〔註2〕衡亦嘗願得專於東觀，竭思於補闕，已見前述。又條上司馬遷、班固所敘與典籍不合者十餘事；復以為王莽本傳但應載篡事而已，至於編年月，紀災祥，宜為〈元后本紀〉；又更始居位，人無異望，光武初為其將，然後即真，宜以更始之號建於光武之初。書數上，竟不聽，及後之著述，多不詳典，時人追恨之。是其以高才巧性所撰之《地形圖》，必有可觀者，惜乎今不可知矣。

## 三、失撰人《三輔黃圖》

宮殿之作，有《三輔黃圖》與《長安圖》。

按，《玉海》卷十四引漢〈三輔黃圖序〉云：

> 孔子作《春秋》，第一台，新一門，必書以經。今哀秦、漢以來，宮殿、門闕、樓觀、池苑在關輔者，著于篇，東都不與焉，不著作者姓名。
> 始於三輔治所，終於雜錄，一帙凡二十九條。

是其所撰，乃在明三輔都會之坊巷宮闕，當為圖說兼具之作。考漢之宮殿林立，讀史者，每不易曉解，《三輔黃圖》乃以長樂、未央、建章、北宮、甘泉宮等為綱，而以其中宮室臺殿為目，條分縷析，至為詳備，稽古者遂恒所取資。故《四庫提要》卷六十八云：

> 其書皆記長安古蹟，間及周代靈台、靈囿諸事，然以漢為主，亦間及河間日華宮、梁曜華宮諸事，而以京師為主，故稱《三輔黃圖》。三輔者，顏師古《漢書注》謂長安以東為京兆，以北為左馮翊，渭域以西為右扶風也。所紀宮殿、苑囿之制，條分縷析，至為詳備。

其書《隋志》著錄一卷，注云：「記三輔宮觀、陵廟、明堂、辟雍、郊畤等事，不著撰人。」《唐日本國見在書目》、兩《唐志》等卷並同，《四庫全書》所收，則有六卷，亦不著撰人名氏，陽湖孫星衍以為漢人所作，其〈輯本序〉曰：

> 如淳、晉灼多引其文，劉昭注〈郡國志〉引《黃圖》云：下邽縣并鄭桓帝西巡復之。（按，見司隸京兆尹）則為漢末人。其書亦名《西京黃圖》，舊有〈敘〉不傳，故臣瓚引〈西京黃圖序〉民摩錢取屑也。（按見《漢書‧食貨志注》）舊書有圖，特以文為標識，故其詞甚簡，今書中稱舊圖云云

---

〔註2〕見《後漢書》列傳第四十九。

者，標識之辭，下有文複出者，圖說是也。漢人著書存者絕少，今剌取舊
文，依《隋志》成爲一卷。

是今傳之《三輔黃圖》，既非當時本書，亦非隋、唐舊第，所紀長安古蹟、宮殿、苑
囿之制，固已迭經後人之增續矣。今孫氏輯本存《平津館叢書》中，又《經訓堂叢
書》、《廣漢魏叢書》、《龍谿精舍叢書》及《叢書集成初編·史地類》中，並有畢沅
校《三輔黃圖》六卷〈補遺〉一卷，《四部叢刊三編·史部》有張元濟校勘《三輔黃
圖六卷》、附〈校勘記〉一卷，《古今逸史》、《秦漢圖記》、《增訂漢魏叢書》、《宸翰
樓叢書》及《景印元明善本叢書十種》等並有《三輔黃圖》六卷，《寶顏堂秘笈》及
《關中叢書》第一集有二卷，宛委山堂本《說郛》、張宗祥校明鈔本《說郛》中亦得
一卷，又王仁俊有《佚文》一卷，在《經籍佚文》中。

# 四、失撰人《長安圖》

西京既盛，《長安圖》之作，自不乏人，故《史記》卷十〈孝文紀〉「居細柳」
句，《集解》云：

> 駰按：如淳曰：「《長安圖》細柳倉在渭北，近石徼。」

姚振宗因云：

> 如淳，魏、陳郡丞，其人距漢末不遠，而所注《漢書》引《長安圖》，
> 則是圖漢時所有審矣。并疑西京盛時即有是圖，不始于東都也。《文選·
> 西征賦》注及《御覽·地部》引《長安圖》，其文似後漢人語，未必是如
> 淳所見本。〔註3〕

是東、西兩漢之人，皆當有《長安圖》之作，《玉海》卷十四著錄，題「《漢長安圖》。」

# 五、《巴郡圖經》

王庸《中國地理學史》第三章第一節述圖經與圖志云：

> 中國古代地志，多未必有地圖，而地圖之有文字說明，則幾成通例。
> 《山海經圖》、《職貢圖》等姑勿論，彼秦、漢輿圖，以及裴秀等所製圖，
> 殆莫不於地名之外，兼有記注說明，故其圖雖亡，而後世尚有採引其文字
> 之遺跡可見。惟其說明文字之詳略多寡，自不一致耳。蓋吾國古來輿圖，
> 其繪法至簡，一切政治經濟及自然地理之狀況，多未能以圖繪表示，故不
> 得不有說明以濟其窮。故實際上，吾國之地志與地圖，多未易爲明白之劃
> 分，但在晉、宋以前，方志地記之附圖者絕少，而地圖雖有說明，在名目

〔註3〕見所撰《後漢書·藝文志》卷二。

上亦尚以圖稱，不與地志相混。及宋、齊以降，各地圖經之作漸多，至周、隋之世，又有總圖志之纂集，於是地圖與輿地志遂混合爲一體。下迄宋代，各地圖經之作大盛，其內容即等於方志，而後世方志與總地志之例須冠以地圖者，蓋皆導源於漢、隋之際之圖經也。

又云：

> 竊嘗以爲吾國圖經之見於記載者，以王逸之《廣陵郡圖經》爲最早（見《禹貢半月刊》第二卷第二期拙著〈地志與地圖〉），繼而知其不確，蓋疑此王逸爲南齊時王逡之之譌也。

是今可知之圖經，當自東漢桓帝時之《巴郡圖經》始。

按，《華陽國志》卷一〈巴志〉云：「孝桓帝以并州刺史張秦山但望字伯闓爲巴郡太守。……永興二年三月甲午，望上疏曰：謹按《巴郡圖經》：境界南北四千，東西五千，周萬餘里，屬縣十四，鹽鐵五官，各有丞史，戶四十六萬四千七百八十，口百八十七萬五千五百三十五，遠縣去郡千二百至千五百里，鄉亭去縣或三四百或及千里。」據此，則其時一般官府之地圖所表示者，可推知矣。桓帝時之巴郡守但望上疏，既嘗引《巴郡圖經》，則圖經之作，當起於桓帝之前，而漢代諸郡，時或別有此圖說兼具之書，亦未可知，惜今無從考見矣。

觀晉裴秀〈禹貢地域圖序〉之嘗云：

> 圖書之設，由來尚矣，自古立象垂制，而賴其用，三代置其官，國史掌厥職，暨漢屠咸陽，丞相蕭何盡收秦之圖籍，今秘書既無古之地圖，又無蕭何所得，惟有漢氏輿地及括地諸雜圖，各不設分率，又不考正準望，亦不備載名山大川，雖有麤形，皆不精審，不可依據，或荒外迂誕之言，不合事實，於義無取。大晉龍興，混一六合，以清宇宙，始於庸蜀，采入其俎，文皇帝乃命有司，撰訪吳蜀地圖，蜀土既定，六軍所經，地域遠近，山川險易，征路迂直，校驗圖記，罔或有差。今上考〈禹貢〉山海川流，原隰陂澤，古之九州，及今之十六州郡國縣邑疆界鄉陬及古國盟會舊名、水陸徑路，爲地圖十八篇。

知裴秀之所以能爲我國輿地學理論之先驅者，固由其能繼三代之絕學於秦漢之後，然時既無古之地圖，又無蕭何所得，惟有漢氏輿地諸雜圖，〔註4〕則漢人所作，雖不設分率，又不考正準望，亦不備載名山大川，或不精審，然於裴氏之圖說，豈全

---

〔註4〕按，王莽於平帝元始中，亦嘗從〈堯典〉奏改十三州爲十二州，篡位之後，又從〈禹貢〉改爲九州，（事具《漢書》卷十二〈平帝紀〉及卷九十九〈王莽傳〉）則其分裂改易之迹，晉時或仍有官府之簿籍可供稽考也。

無啓之邪？蓋踵事增華，後出轉精，裴氏之能集古人製圖經驗之大成者，蓋亦承漢人之餘緒矣。

# 第二節　水道、郡國、風俗、雜記諸書

《漢書》卷二十八（上）〈地理志〉曰：

> 漢興，因秦制度，崇恩德，行簡易，以撫海內。至武帝攘卻胡、越，開地斥境，南置交阯，北置朔方之州，兼徐、梁、幽，并夏、周之制，改雍曰涼，改梁曰益，凡十三部，置刺史。先王之迹既遠，地名又數改易，是以采獲舊聞，考迹《詩》、《書》，推表山川，以綴〈禹貢〉、《周官》、《春秋》，下及戰國、秦、漢焉。

卷二十八（下）又曰：

> 凡民函五常之性，而其剛柔緩急，音聲不同，繫水土之風氣，故謂之風，好惡取舍，動靜亡常，隨君上之情欲，故謂之俗。孔子曰：「移風易俗，莫善於樂。」言聖王在上，統理人倫，必移其本，而易其末，此混同天下一之虖中和，然後王教成也。漢承百王之末，國土變改，民人遷徙，成帝時，劉向略言其地分，丞相張禹使屬潁川朱贛條其風俗，猶未宣究，故輯而論之，終其本末著於篇。

凡此所作，皆所謂之地理書者也。是以後漢應劭之《地理風俗記》，亦皆當如朱贛之所撰，同爲地理之總記。又自光武之詔南陽撰作《風俗》，州郡分記之書，蓋由是而作。東漢以降，復有所謂「異物志」，大抵以雜記南方事物爲多，所以爲北方人士廣其見聞者。其風土記之撰作，乃兼及山川古跡。至於水道圖記，則自以西漢桑欽之《水經》爲最早。

## 一、桑欽《水經》

著錄桑欽《水經》者，始見於《新唐志》，作三卷，又注云：「一作郭璞撰。」今言桑欽撰《水經》者，蓋本乎此。然《隋志》有兩《水經》，一本三卷，作郭璞注，一本四十卷，作酈善長注，皆不著撰人。《舊唐志》有《水經》二卷，則云：「郭璞撰。」故後之人，言《水經》之作者，遂淆亂紛紜。畢沅〈山海經新校正篇目考〉乃嘗以爲：郭注者，係《山海經·海內東經·水經》，酈注者，乃桑氏之經。其言曰：

> 《山海經·海內東經》篇中，自泯三江首至漳水，入章武南，多有漢郡縣名，此是《水經》。據《隋志·經籍志》云：《水經》三卷，郭璞注；

《舊唐書‧經籍志》云,《水經》二卷,郭璞撰。此《水經》,隋、唐二志
皆次在《山海經》末,當即〈海內經〉中文也。又有《水經》四十卷,酈
善長注,乃桑氏之經。杜佑不知郭注是〈海內東經〉中《水經》,以郭璞
爲注桑氏之書,其謬甚矣。

於畢氏之言,姚振宗以爲《晉書‧郭璞傳》載璞所著書甚詳,有《山海經注》,無《水
經注》,畢氏所考良信。(《漢志拾補》卷五)丁國鈞亦謂畢氏所攷,足袪群疑。(《補
晉書藝文志》卷二)然則《舊唐志》作《水經》二卷郭璞撰者,殊誤。《新唐志》雖
別有所據,作《桑欽水經》三卷,然又注云:「一作郭璞撰。」蓋受《舊志》影響。
姚振宗《隋志考證》卷二十一云:

> 〈海內東經〉篇末,言水道者,凡二十七條,其文與桑氏《水經》相
> 同,篇中有郭注三十餘條,又他篇亦有言水道者,亦有郭氏注文,皆可刺
> 取入《水經》,世遂有《水經郭氏注》一本,本志依以著錄,《通典》詆其
> 疏略迂怪,無怪其然矣。

是酈氏所注者,當是桑欽《水經》,《隋志》蓋失撰名,故《崇文總目》卷二云「《水
經》四十卷,桑欽撰」,其「經」下應增「注」字,又於「桑欽撰」之下應有「酈道
元(或作酈善長)注」等字。《郡齋讀書志》卷八則作:《水經》四十卷,漢桑欽撰,
後魏酈道元注。《直齋書錄解題》卷八作《水經》三卷、《水經注》四十卷,桑欽撰、
後魏御史中尉范陽酈道元善長注。《史略》卷六亦有《水經》三卷,云:「漢中大夫
桑欽撰,後魏酈道元注爲四十卷。」又《宋志》有「桑欽水經四十卷。」注云:「酈
道元注。」是《水經》當爲桑欽撰者審矣。〔註5〕

---

〔註5〕 按,杜佑撰《通典》時,則不詳《水經》撰者名氏,亦不知其爲何代書,乃以經云
壽張,光武更名;臨濟,安帝更名;湖陸,章帝更名;永安,順帝更名等,而以爲
係順帝以後所纂序。王應麟撰《困學紀聞》,又以經云「武侯壘」,又云「魏興安陽
縣」,注謂「諸葛武侯所居,魏分漢中,立魏興郡」,又云「改信都從長樂」,則晉太
康五年事也,而謂非後漢人所撰。王氏又以所載及魏晉,而疑出於璞,或欽爲此書,
而後人附益(《困學記聞集證》卷十上)。歐陽玄《圭齋集‧補正水經序》,則以爲蜀
漢間人所爲。他如姚際恒《古今僞書攷》、胡渭《禹貢錐指》等,並以爲《水經》不
出於桑欽。《四庫提要》於卷六十九更據以削去「舊題」,其言曰:「《水經》作者,《唐
書》題曰桑欽,然班固嘗引欽說,與此經文異,道元《注》亦引欽所作《地理志》,
不曰《水經》,觀其涪水條中,稱「廣漢」已爲「廣魏」,則決非漢時;鍾水條中,
稱晉寧仍曰魏寧,則未及晉代;推尋文句,大抵三國時人。今既得道元原序,知並
無桑欽之文,則據以削去舊題,亦庶幾闕疑之義云爾。」然錢大昕則不以爲然,其
《三史拾遺》卷三「《漢書地理志》研吳山在西古文以爲汧山」條下云:「案志稱古
文者十一,汧山終南惇物在扶風外方,在潁川內方,倍尾在江夏,嶧陽在東海,震
澤在會稽,傅淺原在豫章,豬埜澤在武威,流沙在張掖,皆《古文尚書》家說,與

按，桑欽史不立傳，始末未詳，據《漢書》卷八十八〈儒林傳〉稱，孔氏有《古文尚書》，孔安國以今文字讀之，因以起其家。安國爲諫大夫，授都尉朝，朝授膠東庸生，庸生授清河胡常少子，常授虢徐敖，敖授王璜、平陵塗惲子眞，子眞授河南桑欽君長。王莽時，諸學皆立，劉歆爲國師，璜、惲等皆貴顯云。知桑氏蓋爲古文家，受《古文尚書》於子眞，乃安國之六傳弟子也。又晁公武曰：「欽，成帝時人。」（《郡齋讀書志》卷八）陳振孫以爲當有所據（《直齋書錄解題》卷八），姚振宗云：「王莽時，與其師塗惲並貴顯，晁氏以爲成帝時人，亦相去不甚遠。」（《隋志考證》卷二十一）又《通志·氏族略》謂，桑氏，嬴姓，秦大夫子桑之後也。公孫枝，字子桑，以字爲氏，漢有御史大夫桑弘羊，成帝時有桑欽撰《水經》三卷。高似孫云：「《水經》三卷，漢中大夫桑欽撰。」（《史略》卷六）此桑欽事蹟之可知者也。

所撰《水經》云三卷者，當是《水經》二卷，〈禹貢〉山水澤地所在又別爲一卷也。其水出山而入海者，則命之曰經水。趙一清〈水經注釋敘目〉稱：

> 李林甫《唐六典》注云：桑欽《水經》所引天下之水百三十七。王應麟《玉海》云：自河水至斤江水，非經水常流，不在記注之限。末卷載〈禹貢〉山水澤地所在凡六十。案，今本經水凡百六十，較《唐六典》少二十一篇，證以本注及雜采他籍，得溠、洺、漳沱、浿、滋、伊、瀘、澗、洛、

---

《水經》所載〈禹貢〉山澤所在無不脗合，相傳《水經》出於桑欽，欽即傳《古文尚書》者，則《水經》爲欽所作信矣。戴東原以《水經》有廣魏縣，斷爲魏人所作，大昕謂水經郡縣，間有與西漢互異者，乃後人附益改竄，猶……《史記》司馬遷作，而有揚雄之語也。然則志何以別有桑欽說，曰：〈禹貢山水澤地所在〉一篇，本古文家相傳之學，而欽引以附《水經》之末，《水經》則欽自出新意爲之，故不可合而爲一。」又姚振宗《漢志拾補》卷五云：「今本《水經注》酈道元〈序〉非全文，故始終不見言《水經》撰人，李林甫等著《六典》，於經之若干，水之若干，言之鑿鑿，必得之酈氏全序也。酈氏至杜佑時，已有所散佚，故《通典》謂《水經》不知何代之書。《唐藝文志》題桑欽，似亦本《六典》，而又因舊志稱郭璞撰，故兩存其說，據畢氏所攷，則郭璞所注非桑氏書。」又云：「或謂酈道元《水經注》引桑欽所作《地理志》。今攷戴氏校本，「河水東北過高唐縣東」條引桑欽《地理志》曰：『漯水出高唐。』《說文·水部》漯字下亦引桑欽此說，桂氏《義證》遂謂此出桑欽所作《地理志》，然攷趙氏注釋本則云：『《地理志》桑欽曰：「漯水出高唐。」』蓋即《漢志》引桑欽說，道元轉引之，非道元引桑欽《地理志》，戴氏沿《永樂大典》寫誤，失於校正耳。酈氏於濟水、濁漳水、易水、沔水下引桑欽說又有四條，皆出《漢志》，亦無別引桑欽《地理志》之文，知桂氏及《提要》實沿戴氏此一條之誤也。」又云：「《漢志》引桑欽說者，上黨郡屯留下一條、平原郡高唐下一條、泰山郡萊蕪下一條、丹陽郡陵陽下一條、張掖郡刪丹下一條、敦煌郡效穀下一條、中山國北新成下一條，《說文·水部》引桑欽說三條，與《漢志》所引略同，〈金部〉銛字下引一條，或爲欽說《尚書·禹貢》文，或爲《水經》文，無以詳知。」故余嘉錫《四庫提要辨證》卷七云：「《水經注》之作者，自當乃屬之桑欽。」

豐、涇、汭、渠、獲、洙、滁、日南、弱黑十八水，而灅下當有灅餘，清
濁漳、大小遼原分爲二，刪去無注無名之沅酉水，合一百三十七水，與《唐
六典》數合也。

是其所引天下之水，合一百三十七，以北魏酈道元之注爲四十卷而流傳，〔註6〕言
隋以前之地理者，因無不質徵焉。惟以《經》、《注》諸本率多混淆，蓋南宋時已然，
故王應麟所引，已有《注》之混於《經》者，《四庫》館臣因爲之考論，如《提要》
卷六十九云：

> 今考驗舊文，得其端緒，凡水道所經之地，《經》則云過，《注》則云
> 逕，《經》則統舉都會，《注》則兼及繁碎地名。凡一水之名，《經》則首
> 句標明，後不重舉，《注》則文多旁涉，必重舉其名以更端。凡書内郡縣，
> 《經》則但舉當時之名，《注》則兼考故城之迹。

又《漢學師承記》卷五「戴震」條云：

> 《經》文每一水云某水出某郡縣，此下不更舉水名，《注》則兼及所
> 納群川，故須重舉。《經》云過某縣者，統一縣而言，《注》則詳言所逕委
> 曲，故有一縣而再三見者。《經》據當時縣治，善長作《注》時，縣邑流
> 移，是以多稱故城，《經》無言故城者也。《經》例云過，《注》例云逕，
> 以是推之，《經》、《注》之淆者可正也。

是讀者其善辨之乎！今宛委山堂本《說郛》、《廣漢魏叢書》、《五朝小說》、《增訂漢魏
叢書》等並有桑欽撰《水經》二卷，又《山水二經合刻》、《四庫全書・史部・地理類》、
《摛藻堂四庫全書薈要・史部》、《武英殿聚珍版書・史部》、《崇文書局彙刻書》、《四
部叢刊・史部》及《四部備要・史部・地理》中，並有酈道元撰《水經注》四十卷，
《續古逸叢書》中有《水經注》十五卷，王仁俊《經籍佚文》有《水經注佚文》一卷。

## 二、朱贛地理書

《史通》卷十〈雜述篇〉曰：

> 地理書者，若朱贛所採，浹於九州，闞駰所書，彈於四國。斯則言皆
> 雅正，事無偏黨者矣。

知朱贛之所條記，固未能備，然有足稱者，《漢地理志》及《隋志・地理類篇敘》乃
並稱班固因之而作〈地理志〉。〔註7〕則其所記之風俗、地理，當已略具總地志之規

---

〔註6〕按，酈注《水經》，參見拙著《南北朝史部遺籍考》第十章第三節。行政院國科會民
　　　六十年研究報告。
〔註7〕並參見前文所引。

模，其博採可知，故《宋書》卷十一〈律志序〉亦稱之曰：

> 朱贛博采風謠，尤爲詳洽。

　　按，朱贛始末未詳，《漢地理志》云：「成帝時，劉向略言其域分，丞相張禹使屬潁川朱贛條其風俗。」其事蹟可知者如此，所撰之地理風俗，當爲官府所錄藏者，故班氏之修史，因能就其所撰及劉向所略言之域分，〔註8〕輯而論著之。且其《漢書・地理志》篇末所述之分野風俗，當多得之於朱贛之所撰者矣。《漢志》有《國朝》七卷，次於形法家之中，考形法者，大舉九州之勢，以立城郭者也，則此七卷之書，蓋即言西京郡國之形勢。王先謙《漢書補注》引沈欽韓曰：

> 《隋志》，劉向略言地域，丞相張禹使屬朱貢條記風俗，班固因之作
> 〈地理志〉，《國朝》者，疑此是也。

按，《國朝》七卷，史無明文，不知何人所作。

## 三、應劭《地理風俗記》及《十三州記》

　　應劭承朱贛之後，亦有《地理風俗記》及《十三州記》之作，蓋亦總地志之屬。故姚振宗云：

> 應仲遠此兩書雖不傳其體制，略可想見《十三州記》如班書〈地理志〉，
> 《風俗記》如班氏志郡國。〔註9〕

按，應劭撰有《漢書集解》，並其事蹟，已見前述。所撰《地理風俗記》及《十三州記》早經佚失，《隋志》已不著錄，今除《水經注》及《御覽》屢引之外，《後漢書・郡國志》注、《太平寰宇記・河北道十一》及《路史・羅苹疏乞紀》注亦引之。

## 四、南陽《風俗》

　　《隋書・經籍志・雜傳類敘》曰：

> 後漢光武始詔南陽撰作《風俗》，故沛三輔有耆舊、節士之序，魯廬
> 江亦有名德、先賢之讚，郡國之書，由是而作。

是州郡之書，當自南陽始，南陽之作《風俗》，乃承光武之詔撰也。其書今不詳。

## 五、圈稱《陳留風俗傳》

　　南陽《風俗》之後，漢代所撰之州郡、風俗、地理，別有圈稱《陳留風俗傳》及趙寧《蜀郡鄉俗記》。

---

〔註8〕按，劉向之略言其域分者，即劉向欲撰《地理志》之權輿也。劉向之事蹟及其續《史記》，已見第三章第一節。

〔註9〕見所撰《後漢藝文志》卷二。

圈稱《陳留風俗傳》，《隋志》著錄三卷，兩《唐志》卷同，唯《舊唐志》撰人誤作「闕稱」。

按，圈稱，始末未詳，應劭《風俗通‧姓氏篇》謂：漢有圈稱，纂《陳留風俗傳》。是爲漢人無疑，故《隋志‧雜傳類》有《陳留耆舊傳》二卷，注云：「漢議郎圈稱撰。」又《通志‧氏族略》指其望出陳留，《元和姓纂》稱後漢末，有圈稱，字幼舉，撰《陳留風俗傳》，《廣韻注》同，稱字幼舉。顏師古《匡謬正俗》書爲孟舉。又《水經注》卷八引《陳留風俗傳》曰：孝安帝以建光元年封元舅宋俊爲侯國，則稱安帝以後人也。姚振宗云：「案《廣韻》、《姓纂》並云後漢末有圈稱，則大抵桓、靈時人。」〔註10〕此其事蹟之可考者。

所撰《陳留風俗傳》，蓋追錄舊聞之作，劉知幾於《史通‧雜述篇》稱之爲郡書，顏師古於《匡謬正俗》中載有圈稱〈陳留風俗傳自序〉一篇，今《史記正義》、《水經注》、《漢書注》、《後漢書注》、《文選注》、《初學記》、《藝文類聚》、《太平御覽》等諸書中並引之。

## 六、趙寧《鄉俗記》

《華陽國志》卷三〈蜀志〉云：

> 陳留高朕亦播文教，太尉趙公初爲九卿，適子寧還蜀，朕命爲文學，
> 撰《鄉俗記》。

知蜀郡趙寧，有《鄉俗記》之作，其書已佚。

## 七、楊孚《異物志》

東漢以降，又有所謂之異物志，最早見於著錄者，爲楊孚之《異物志》。據《隋志》所載，稱有一卷，注云：「漢議郎楊孚撰。」《隋志》又別錄有「《交州異物志》一卷，楊孚撰。」據姚振宗《隋志考證》卷二十一引明區大任《百越先賢志》云：

> 楊孚，字孝元，南海人。章帝朝舉賢良對策，上第，拜議郎。南海屬
> 交趾部，刺史競事珍獻，孚乃枚舉物性靈悟，指爲異品以諷切之，著爲《南
> 裔異物志》。後爲臨海太守，復著《臨海水土記》，世服孚高識，不徒博雅。

是楊孚乃章帝時議郎，南海人，所著爲《南裔異物志》。攷南裔所包者廣，交州亦在其內，是《隋志》之又有《交州異物志》一卷者，蓋爲別出，諸書所引，有作《交趾異物志》者，則其異名歟？〔註11〕又區大任謂楊孚復著《臨海水土記》者，姚振

---

〔註10〕見《隋書經籍志考證》卷二十。

〔註11〕按，姚振宗《後漢藝文志》卷二則云：「交趾郡屬交州刺史部，《類聚》一引稱《交州》，亦即其書之總名，一引稱〈交趾〉，則篇目也。」

宗《後漢藝文志》卷二云：

> 按，《續漢‧郡國志》唯有勃海、東海、北海、南海郡，無臨海郡。《吳
> 志‧孫亮傳》太平二年春二月，以會稽東部爲臨海郡，臨海立郡始此，時
> 爲魏高貴鄉公甘露二年。區氏稱臨海太守，豈「南海」之譌歟？抑漢時嘗
> 立臨海郡，後復省并，史失其事歟？是書名目亦恐未碻，今姑過而錄之。

是區大任或有誤記，書佚既久，詳不能明。今《後漢書‧賈琮傳注、馬融傳注》、《北
堂書鈔‧酒部》並引楊孚《異物志》，又《水經‧葉渝河注、溫水注》並引楊氏《南
裔異物志》，《藝文類聚‧鳥部》引一條，稱楊孝元《交州異物志》，又一引稱楊孝先
《交趾異物志》。南海人曾釗乃以爲粵人著作之見於史志者，以議郎爲始，因刺取羣
書，得稱楊孚撰者若干條，編爲一袂，其不著撰名，惟稱《異物志》者，以灼知爲
議郎書，亦別爲一袂，附于後，而有序一篇，收於姚振宗所撰《隋書經籍志考證》
卷二十一中。

## 八、盧植《冀州風土記》

異物所記，蓋如玟瑁異品，所以廣見聞也，其所謂風土記者，殆亦如之，且兼
及山川、風俗、古跡，亦同爲地理雜記之書也。章宗源《隋書經籍志考證》卷六云：

> 《寰宇記‧河北道》盧植《冀州風土記》曰：黃帝以前，未可備聞，
> 唐、虞以來，冀州乃聖賢之泉藪，帝王之舊地。

知盧植有《冀州風土記》之作也。

　　按，盧植，涿郡涿人。嘗與蔡邕等補《續漢記》，並其事蹟，已見前述。《後漢
書》本傳稱：「曹操北討柳城，過涿郡，告守令曰：故北中郎將盧植，名著海內，學
爲儒宗，士之楷模，國之楨幹也。昔武王入殷，封商容之閭；鄭喪子產，仲尼隕涕。
孤到北州，嘉其餘風。《春秋》之義，賢者之後，宜有殊禮。亟遣丞掾除其墳墓，存
其子孫，並致薄醊，以張厥德。」是乃海內大儒，人之望也，故冀州牧袁紹已曾請
爲軍師，則其《風土記》之作，當有足觀者，惜乎《隋志》已不著錄，蓋佚已久。
今除見引於《寰宇記》外，《御覽》一百六十一亦引有「冀州，天地之泉藪，帝王之
舊邑」等句，似其書序之文。

# 第三節　域外行紀與域外地理

《後漢書‧西域傳》曰：

> 班固記諸國風土、人俗，皆已詳備前書。今撰建武以後其事異於先者，

以爲〈西域傳〉，皆安帝末班勇所記云。

又論曰：

> 西域風土之載，前古未聞也。漢世張騫懷致遠之略，班超奮封侯之志，終能立功西遐，羈服外域。自兵威之所肅服，財賂之所懷誘，莫不獻方奇，納愛質，露頂肘行，東向而朝天子。故設戊己之官，分任其事；建都護之帥，總領其權。先馴則賞襚金而賜龜綬，後服則繫頭顙而釁北闕。立屯田於膏腴之野，列郵置於要害之路。馳命走驛，不絕於時月，商胡販客，日款於塞下。其後甘英乃抵條支而歷安息，臨西海以望大秦，拒玉門、陽關者四萬餘里，靡不周盡焉。若其境俗性智之優薄，產載物類之區品，川河領障之基源，氣節涼暑之通隔，梯山棧谷繩行沙度之道，身熱首痛風災鬼難之域，莫不備寫情形，審求根實。

知漢代以能立功西遐，羈服外域，遂有域外行紀與域外地理之作。《後漢書》列傳第七十六有哀牢夷者，《史通》卷十一〈史官篇〉曰：

> 楊子山爲郡上計吏，獻所作〈哀牢傳〉，爲帝所異，徵詣蘭臺。

是楊子山之〈哀牢傳〉，與范書之傳〈哀牢夷〉，當亦有可資稽考者。又陸賈有《南越行紀》，見於嵇含《南方草木狀》。嵇含，字君道，晉鞏縣亳丘人，謂其撰有《南方草木狀》者，首見於《宋史·藝文志》之著錄，然論者或疑其出於僞託，〔註12〕則所引之陸賈《南越行紀》，未悉亦果出於陸賈所撰者否耶？〔註13〕按，陸賈撰有《楚漢春秋》，並其事蹟，已見前章第四節。據《南方草木狀》引《南越行紀》之有「南越之境，五穀無味，百花不香，此二花特芳香者，緣自別國移至，不隨水土而變，與夫橘化爲枳異矣。彼中女子，以綵絲穿花心以爲首飾。」云云，知其所記，蓋兼及物產、風俗。餘則以書亡無徵矣。

## 一、張騫《出關志》

張騫《出關志》，見於《隋志》著錄，作一卷，又《冊府元龜·國史·地理部》稱，張騫爲郎，使月氏，撰《出關志》一卷。《通志·藝文略·地理·行役類》所載，題名、卷數並同。

按，張騫，漢中成固人，建元中爲郎。時匈奴降者言，匈奴破月氏王，以其頭爲飲器，月氏遁而怨匈奴，無與共擊之。漢方欲事滅胡，聞此言，欲通使，道必更

---

〔註12〕參見拙著《兩晉史部遺籍考》第五章第三節。
〔註13〕姚振宗《漢書藝文志拾補》卷二則云：「陸大夫兩使南越，宜有此作，嵇含生於魏末，距漢未遠，所見當得其眞。」

匈奴中，乃募能使者。騫以郎應募，使月氏，與堂邑氏奴甘父，俱出隴西。徑匈奴，匈奴得之，傳詣單于。單于曰：「月氏在吾北，漢何以得往使？吾欲使越，漢肯聽我乎？」留騫十餘歲，予妻，有子，然騫持漢節不失。居匈奴西，騫因與其屬亡鄉月氏，至大宛，爲發譯道。抵康居，康居傳致大月氏。大月氏王已爲胡所殺，立其夫人爲王。地肥饒，少寇，志安樂，又自以遠漢，殊無報胡之心。騫從月氏至大夏，留歲餘，還。欲從羌中歸，復爲匈奴所得。留歲餘，單于死，國內亂，騫與胡妻及堂邑父俱亡歸漢。拜騫太中大夫。騫身所至者，大宛、大月氏、大夏、康居，而傳聞其旁大國五、六，具爲天子言其地形、所有。天子既聞大宛及大夏、安息之屬皆大國，多奇物，土著，頗與中國同俗，而兵弱，貴漢財物，其北則大月氏、康居之屬，兵彊，可以賂遺設利朝也，誠得而以義屬之，則廣地萬里，重九譯，致殊俗，威德徧四海。天子欣欣以騫言爲然，乃令因蜀犍爲發間使，四道並出：出駹，出莋，出徙、邛，出僰，皆各行一、二千里。其北方閉氐、莋，南方閉巂、昆明。昆明之屬無君長，善寇盜，輒殺略漢使，終莫得通。然聞其西可千餘里，有乘象國，名滇越，於是漢以求大夏道始通滇國。初，漢欲通西南夷，費多，罷之，及騫言可以通大夏，乃復事西南夷。騫以校尉從大將軍擊匈奴，知水草處，軍得以不乏，乃封騫爲博望侯，是歲武帝元朔六年（123）。後二年，騫爲衞尉，與李廣俱出右北平擊匈奴，匈奴圍李將軍，軍失亡多，而騫後期當斬，贖爲庶人。天子數問騫大夏之屬，而以爲然，乃拜騫爲中郎將，道可便遣之旁國。騫既至烏孫，即分遣副使使大宛、康居、月氏、大夏。騫還，拜爲大行。歲餘，騫卒。後歲餘，其所遣副使通大夏之屬者皆頗與其國人俱來，於是西北國始通於漢矣。〔註14〕

　　騫以彊力有謀，寬大能信人，而獻身外域，以廣漢之邊地，則其所記西通諸國之事，誠前古所未聞，故《漢書》卷六十一贊曰：「〈禹本記〉言河出昆侖，昆侖高二千五百里餘，日月所相避隱爲光明也。自張騫使大夏之後，窮河原，惡睹所謂昆侖者乎？故言九州山川，《尙書》近之矣。至〈禹本紀〉、〈山經〉所有，放哉！」是其事蓋亦如今人之能登陸月球而卒破月宮嫦娥之迷信，我國對於西域之有較爲正確之地理知識，當以張騫之所志爲首功。是以班固之撰史，必因以採入其〈西域傳〉中，《漢書・張騫傳》之敘其具爲天子言西域之地形及所有，乃曰：「語皆在〈西域傳〉。」攷《後漢書》之傳西域亦嘗云：「班固記諸國風土、人俗，皆已詳備前書。今撰建武以後其事異於先者，以爲〈西域傳〉，皆安帝末班勇所記云。」是張騫所見，今雖無其書，然猶可就《漢書》中窺其一斑矣。

---

〔註14〕事詳《漢書》卷六十一，又見《華陽國志》卷十（下）〈先賢士女總讚〉。

## 二、班勇《西域諸國記》

張騫之傳西域，蓋已至中亞一帶矣，東漢班超、班勇父子之所見，則當遠及西亞海濱。

按，班超，字仲升，扶風平陵人。爲人有志，不修細節，然內孝謹，居家常執勤苦，不恥勞辱。有口辯，而涉獵書傳。明帝永平五年（62），兄固被召詣校書郎，超與母隨至洛陽，家貧，常爲官傭書以供養。久勞苦，嘗輟業投筆歎曰：「大丈夫無它志略，猶當效傅介子、張騫立功異域以取封侯，安能久事筆研間乎？」左右皆笑之，超曰：「小子安知壯士志哉！」後除蘭臺令史，坐事免官。奉車都尉竇固出擊匈奴，以超爲假司馬，將兵別擊伊吾，戰於蒲類海，多斬首虜而還，固以爲能，遣與從事郭恂俱使西域。超到鄯善，鄯善王廣奉超禮敬甚備，後忽更疏懈，超謂其官屬曰：「寧覺廣禮意薄乎？此必有北虜使來，狐疑未知所從故也。明者覩未萌，況已著邪！」乃召侍胡詐之曰：「匈奴使來數日，今安在乎？」侍胡惶恐，具服其狀。超乃閉侍胡，悉會其吏士三十六人，與共飲，酒酣，因激怒之曰：「卿曹與我俱在絕域，欲立大功，以求富貴，今虜使到裁數日，而王廣禮敬即廢，如令鄯善收吾屬送匈奴，骸骨長爲豺狼食矣！爲之奈何？」官屬皆曰：「今在危亡之地，死生從司馬。」超曰：「不入虎穴，不得虎子，當今之計，獨有因夜以火攻虜，使彼不知我多少，必大震怖，可殄盡也。滅此虜，則鄯善破膽，功成事立矣！」眾曰：「當與從事議之。」超怒曰：「吉凶決於今日，從事文俗吏，聞此必恐而謀泄，死無所名，非壯士也。」眾曰：「善。」初夜，遂將吏士往奔虜營，會天大風，超令十人持鼓藏虜舍後，約曰，見火然，皆當鳴鼓大呼。餘人悉持弓弩夾門而伏。超乃順風縱火，前後鼓噪，虜眾驚亂，超手格殺三人，吏兵斬其使及從士三十餘級，餘眾百餘人悉燒死。明日乃還告郭恂，恂大驚，既而色動，超知其意，舉手曰：「掾雖不行，班超何心獨擅之乎？」恂乃悅。超於是召鄯善王廣，以虜使首示之，一國震怖，超曉告撫慰，遂納子爲質，還奏於竇固，固大喜，具上超功，並求更選使使西域。帝壯超節，詔固曰：「吏如班超，何故不遣而更選乎？今以超爲軍司馬，令遂前功。」超復受使。固欲益其兵，超曰：「願將本所從三十餘人足矣。如有不虞，多益爲累。」超既西，先至于寘，王廣德素聞超在鄯善誅滅虜使，大惶恐，即攻殺匈奴使者而降超。章帝即位，超自西域還，疏勒舉國憂恐。建初三年（78），超率疏勒、康居、于寘、拘彌兵一萬人攻姑墨石城破之，斬首七百級，超欲因此平諸國，乃上疏請兵曰：「臣竊見先帝欲開西域，故北擊匈奴，西使外國，鄯善、于寘即時向化，今拘彌、莎車、疏勒、月氏、烏孫、康居復願歸附，欲共並力破滅龜茲，平通漢道，若得龜茲，則西域未服者百分之一耳。」又曰：「昔魏絳列國大夫，尚能和輯諸戎，況臣奉大漢之威，而無鉛刀一割之

用乎！前世議者皆曰取三十六國，號爲斷匈奴右臂，今西域諸國，自日之所入，莫不化向，大小欣欣，貢奉不絕，唯焉耆、龜茲獨未服從，臣前與官屬三十六人，奉使絕域，備遭艱厄，自孤守疏勒，於今五載，胡夷情數，臣頗識之，問其城郭大小，皆言倚漢與依天等，以是效之，則蔥領可通，蔥領通則龜茲可伐，今宜拜龜茲侍子白霸爲其國王，以步騎數百送之，與諸國連兵，歲月之間，龜茲可禽。以夷狄攻夷狄，計之善者也。臣見莎車、疏勒田地肥廣，草木饒衍，不比敦煌、鄯善間也，兵可不費中國而糧食自足。且姑墨、溫宿二王，特爲龜茲所置，既非其種，更相厭苦，其勢必有降反，若二國來降，則龜茲自破。願下臣章，參考行事，誠有萬分，死復何恨。臣超區區，特蒙神靈，竊冀未便僵仆，目見西域平定，陛下舉萬年之觴，薦勳祖廟，布大喜於天下。」帝從之。西域五十餘國悉皆納質內屬焉。超安集于窴以西，遂踰蔥領，至縣度，出入二十二年，不動中國而得遠夷之和，因封爲定遠侯，邑千戶。後超自以久在絕域，年老思土，而蠻夷之俗，畏壯侮老，因上疏請還，有「臣不敢望到酒泉郡，但願生入玉門關」之言，乃謹遣子勇隨獻物入塞，欲其生在，令能見中土。其妹昭亦上書請超曰：「妾同產兄西域都護定遠侯超，幸得以微功，特蒙重賞，爵列通侯，位二千石，天恩殊絕，誠非小臣所當被蒙。」又曰：「超一身轉側絕域，曉譬諸國，因其兵眾，每有攻戰，輒爲先登，身被金夷，不避死亡。賴蒙陛下神靈，且得延命沙漠，至今積三十年，骨肉生離，不復相識，所與相隨時人士眾，皆已物故，超年最長，今且七十，衰老被病，頭髮無黑，兩手不仁，耳目不聰明，扶杖乃能行，雖欲竭盡其力，以報塞天恩，迫於歲暮，犬馬齒索，蠻夷之性，悖逆侮老，而超旦暮入地，久不見代，恐開姦宄之源，生逆亂之心，而卿大夫咸懷一切，莫肯遠慮，如有卒暴，超之氣力，不能從心，便爲上損國家累世之功，下棄忠臣竭力之用，誠可痛也。故超萬里歸誠，自陳苦急，延頸踰望，三年於今，未蒙省錄。妾竊聞古者十五受兵，六十還之，亦有休息不任職也，緣陛下以至孝理天下，得萬國之歡心，不遺小國之臣，況超得備侯伯之位。故敢觸死爲超求哀，匄超餘年，一得生還，復見闕庭，使國永無勞遠之慮，西域無倉卒之憂，超得長蒙文王葬骨之恩，子方哀老年之惠。《詩》云：『民亦勞止，汔可小康，惠此中國，以綏四方。』超有書與妾生訣，恐不復相見，妾誠傷超以壯年竭忠孝於沙漠，疲老則便捐死於曠野，誠可哀憐，如不蒙救護，超後有一旦之變，冀幸超家得蒙趙母、衞姬先請之貸。」帝感其言，乃徵還，超在西域三十一年。和帝永元十四年（102）八月至洛陽，拜爲射聲校尉，九月卒，年七十一。朝廷愍惜焉，贈賵甚厚。

　　子勇，字宜僚，少有父風，安帝永初元年（107），西域反叛，以勇爲軍司馬，與兄雄俱出敦煌，迎都護及西域甲卒而還，因罷都護，後西域絕無漢吏十年餘。元

初六年（119），公卿多以爲宜閉玉門關，遂棄西域，勇上議以爲宜置校尉以扦撫西域，設長史以招懷諸國，若棄而不立，則西域望絕，望絕之後，屈就北虜，緣邊之郡，將受困害，恐河西城門，必復有晝閉之儆矣。又以爲西域之人，無它求索，不過稟食而已，今若拒絕，勢歸北屬，夷虜並力以寇並涼，則中國之費不止千億。於是從勇議。延光二年（123）夏，以勇爲西域長史，復通前部。順帝永建元年（126），悉平車師六國，又發諸國兵擊匈奴。二年，以討焉耆後期，徵下獄，免。後卒於家，其事蹟俱詳《後漢書》列傳第三十七。

又范書〈西域傳序〉曰：

> （和帝永元）三年，班超遂定西域，因以超爲都護，居龜茲。復置戊己校尉，領兵五百人，居車師前部高昌壁，又置戊部候，居車師後部候城，相去五百里。六年，班超復擊破焉耆，於是五十餘國悉納質內屬，其條支、安息諸國至于海瀕四萬里外，皆重譯貢獻。九年，班超遣掾甘英窮臨西海而還，皆前世所不至，《山經》所未詳，莫不備其風土，傳其珍怪焉。於是遠國蒙奇、兜勒皆來歸服，遣使貢獻。

是繼張騫之後，奮志立功於西域，而著有成績，備有記載者，超、勇父子二人也。班超之遣甘英所臨之西海，據夏德（Hirth）考證，即今之波斯灣，〔註15〕則其所備具之風土，所傳述之珍怪，如其境俗性智之優薄，產載物類之區品，川河領障之基源，氣節涼暑之通隔，梯山棧谷繩行沙度之道，身熱首痛風災鬼難之域，誠皆前世所不聞，《山經》所未詳者也。至於佛道神化之興自身毒，班勇則知其奉浮圖而不殺伐，勇以長於西域，其所聞見，宜乎范曄後史之能據以爲書，嚴可均之編《全後漢文》，於其卷二十六中，乃謂班勇有《西域諸國記》若干卷，今全卷在范書。是超、勇父子之所傳述，今雖不見其書，然范史具在，可覆按也。

## 三、楊終《哀牢傳》

哀牢者，《後漢書‧南蠻西南夷傳》所謂之哀牢夷者也。范書卷二〈明帝紀〉永平十二年春正月云：「益州徼外夷哀牢王相率內屬，於是置永昌郡，罷益州西部都尉。」其地在今雲南保山縣西十里，其處有九隆山，一名牢山。是楊終以蜀郡成都人而傳哀牢夷之事，宜有足稱，是以能爲明帝所異而徵在蘭臺，王充因嘗論其事曰：

> 楊子山爲郡上計吏，見三府爲《哀牢傳》，不能成，歸郡作上，孝明奇之，徵在蘭臺。（《論衡》卷二十〈佚文篇〉）

---

〔註15〕見王庸《中國地理學史》第三章第一節。

劉知幾於《史通》卷十〈史官篇〉中亦因以爲言。

　　按，楊終嘗受詔刪《太史公書》爲十餘萬言，並其事蹟，已見第二章第一節，所撰《哀牢傳》，據《後漢書》所載推之，當亦敘及其物產、風俗等，惜書佚已久，不能詳知。今考范書注中引有《哀牢傳》曰：「九隆代代相傳，名號不可得而數，至於禁高，乃可記知。禁高死，子吸代；吸死，子建非代；建非死，子哀牢代；哀牢死，子桑藕代；桑藕死，子柳承代；柳承死，子柳貌代；柳貌死，子扈栗代。」云云，以其不著撰人名氏，亦未悉即楊終書否耶？

## 第四節　區域史之撰作

　　《華陽國志》卷十二〈序志〉曰：

　　　　司馬相如、嚴君平、揚子雲、陽成子玄、鄭伯邑、尹彭城、譙常侍、任給事等，各集傳記，以作本紀，略舉其隅，其次聖賢仁人志士，言爲世範，行爲表則者，名挂史錄。

又《史通》卷五〈因習篇〉云：

　　　　國之有偏，其來尚矣，如杜宇作帝，勾踐稱王，孫權建鼎峙之業，蕭詧爲附庸之主，而揚雄撰《蜀紀》，子貢著《越絕》，虞裁《江表傳》，蔡述《後梁史》，考斯眾作，咸是偏書，自可類聚相從，合成一部。

是漢代之司馬相如、嚴遵、揚雄、陽成子玄、鄭廑、尹貢等皆當有《蜀紀》之作，又有常寬者，則撰有《蜀後志》，見《華陽國志・後賢志》，至如劉知幾所謂之子貢著《越絕》，實乃漢袁康、吳平所作之《越絕書》，又據《隋志》所著錄之撰吳越史者，則別有趙曄之《吳越春秋》。凡此，或即所謂僭偏之書，亦稱霸史，東觀之作載記者，乃皆記地方之事，而爲區域史之撰作也。

### 一、司馬相如等諸家書

　　司馬相如，字長卿，蜀郡成都人。好讀書，學擊劍，本名犬子，以慕藺相如之爲人，因更名相如。事孝景帝，爲武騎常侍，非其好也，會景帝不好辭賦，是時梁孝王來朝，從游說之士齊人鄒陽、淮陰枚乘、吳嚴忌夫子之徒，相如見而說之，因病免，客游梁，數歲，乃著〈子虛〉之賦。會梁孝王卒，相如歸，而家貧無以自業，以素與臨邛令王吉相善，乃往舍都亭。臨邛多富人，卓王孫僮客八百人，乃爲長卿具酒食。卓王孫有女文君新寡，好音，相如遂以琴聲挑之，又令侍人重賜文君侍者，通殷勤。文君夜亡奔相如，相如與馳歸成都，家徒四壁立。卓王孫怒，不與財，相

如乃令文君當爐。卓王孫不得已，分與文君僮百人，錢百萬，及其嫁時衣被財物。文君乃與相如歸成都，買田宅，爲富人。居久之，蜀人楊得意爲狗監，侍上，上讀〈子虛〉賦而善之，曰：「朕獨不得與此人同時哉！」得意曰：「臣邑人司馬相如自言爲此賦。」上驚，乃召問相如，相如曰：「有是。然此乃諸侯之事，未足觀，請爲天子游獵之賦。」上令尚書給筆札，相如以「子虛」，虛言也；「烏有先生」者，烏有此事也；「亡是公」者，亡是人也。欲明天子之義。故虛藉此三人爲辭，以推天子諸侯之苑囿。其卒章歸之於節儉，因之風諫。奏之天子，天子大說，以爲郎。爲郎數歲，上遣往諭告巴蜀民。又拜相如爲中郎將，建節往使。至蜀，太守以下郊迎，縣令負弩先驅，蜀人以爲寵。於是卓王孫、臨邛諸公皆因門下獻牛酒以交驩，卓王孫喟然而歎，自以得使女尚司馬長卿晚，乃厚分與其女財。相如使略定西南夷，邛、莋、冉、駹、斯榆之君皆請爲臣妾，除邊關，邊關益斥，天子大說。相如口吃而善著書，常有消渴病。與卓氏婚，饒於財，故其仕宦，未嘗肯與公卿國家之事，常稱疾閒居，不慕官爵。嘗從上至長楊獵，是時天子方好自擊熊、豕，馳逐野獸，相如因上疏諫。相如見上好仙，因曰：「上林之事未足美也，尚有靡者。臣嘗爲〈大人賦〉，未就，請具而奏之。」相如以爲列仙之儒居山澤間，形容甚臞，此非帝王之仙意也，遂奏〈大人賦〉，天子大說，飄飄有陵雲氣游天地之閒意。後病免，家居茂陵。卒。〔註16〕

嚴遵，字君平，成都人。雅性澹泊，學業加妙，專精《大易》，耽於《老》、《莊》。著有《指歸》，爲道書之宗。〔註17〕

揚雄字子雲，蜀郡成都人，嘗續《史記》，並其事蹟，已見第三章第一節。

陽成子玄，始末未詳，姚振宗《漢書藝文志拾補》卷五云：「觀常氏〈序志〉，次揚子雲之後，則與陽成子長同時。」按，陽成子長者，名衡，嘗與揚雄、劉歆、褚少孫、史孝山諸人續《太史公書》，綴集太初以後時事，已見第三章第一節。

鄭廑，字伯邑，博學洽聞。《華陽國志‧三‧州士女目錄》謂：「漢中太守鄭廑，字伯邑，臨邛人也，作《耆傳》。」《後賢志‧陳壽傳》稱：「益部自建武後，蜀郡鄭伯邑、太尉趙彥信及漢中陳申伯、祝元靈、廣漢王文表，皆以博學洽聞，作《巴蜀耆舊傳》。」知鄭氏別有《耆舊》之作。又《後漢書‧西羌傳》安帝永初四年春曰：

〔註16〕事詳《史記》卷一百一十七、《漢書》卷五十七（下）。
〔註17〕詳見《華陽國志》卷第十（上）〈先賢士女總讚〉。

「滇零遺人寇褒中，燔燒郵亭，大掠百姓，於是漢中太守鄭勤移屯褒中，軍營久出無功，有廢農桑，乃詔任尚將吏兵還屯長安，罷遣南陽、潁川、汝南吏士，置京兆虎牙都尉於長安，扶風都尉於雍，如西京三輔都尉故事。時羌復攻褒中，鄭勤欲擊之，主簿段崇諫，以爲虜乘勝，鋒不可當，宜堅守待之，勤不從，出戰，大敗，死者三千餘人，段崇及門下史王宗、原展以身扞刃，與勤俱死。」姚振宗以爲此鄭勤者，蓋即鄭廑。〔註18〕

尹貢，桓靈時人，常璩《南中志》謂：夜郎尹貢，亦有名德，歷尙書郎、長安令、巴郡太守、彭城相，與尹珍等號南州人士。姚振宗《後漢藝文志》卷二云：「按，尹珍爲許愼、應奉弟子，見范書〈西南夷傳〉，貢與之同時，則桓、靈時人也。」其始末可知者如此。

綜上數人，或以文辭見長，或以博學著稱，且率爲蜀中人士，則其所撰者，亦必旁徵博聞，而有足以考見蜀地人事之足掛史錄者，晉·常璩撰《華陽國志》，或曾藉以探錄亦未可知，惜今皆不傳，見於《隋志》所著錄者，已僅揚雄《蜀王本紀》一卷耳。

## 二、揚雄《蜀王本紀》

揚雄之書，見於隋唐志，其後則無聞焉，檢《宋秘書省續編》到《四庫闕書目》，雖載有《蜀王霸業記》一卷，然既不著撰人，且已云闕，是雄書必佚於宋前矣。今《問經堂叢書·經典集林》中有洪頤煊輯本一卷，王仁俊《玉函山房輯佚書補編》，中亦得一卷，嚴可均據洪氏所輯，亦引有二十六條，見於《全漢文》卷五十三，〔註19〕又姚振宗《隋志考證》卷二十一曰：「近刻《古逸叢書·琱玉集》亦引揚雄《蜀王本紀》，此嚴氏所未及見也。」茲從《史記索隱》、《史記正義》、《三國志注》、《後漢書志》、《續漢志注》、《文選注》、《太平御覽》、《寰宇記》、《藝文類聚》、《北堂書鈔》、《開元占經》、《初學記》、《白帖》、《法苑珠林》等諸書所引，見其述「蜀之先稱王者有某某」、「蜀王據有巴蜀等地」、「秦惠王遣張儀司馬錯定

---

〔註18〕見《後漢書藝文志》卷二。按，姚振宗又云：「〈三州士女目錄〉稱臨邛人，〈漢中人士贊〉又云太守河間鄭廑，則以爲河間人。」

〔註19〕按，余嘉錫《目錄要籍提要》「劉向《別錄》一卷、劉歆《七略》一卷」條云：「《鐵橋漫稿》卷八有〈經典集林跋〉，知嚴氏曾見洪氏之書，故《汲冢瑣語》、《蜀王本紀》及此書均錄自《集林》。嚴氏所輯《全上古三代秦漢三國六朝文》中多古佚書，凡嚴氏所自輯者，皆有序一篇，末題年月，其無序者，大抵轉錄他人輯本。凡例中雖未明言，然案驗全書，可以知之。」

蜀」、「秦惠王時蜀王不降」、「〈秦惠王本紀〉曰：秦惠王欲伐蜀」、「張儀伐蜀，蜀王開明戰不勝，爲儀所滅」、「秦王誅蜀侯」、「秦欲攻楚」、「秦襄王時，宕渠郡獻長人」、「江水爲害，蜀守李冰作石犀」、「李冰以秦時爲蜀守」諸事，則知其所撰，蓋記蜀地諸王之治蜀而後爲秦所滅者也。〔註20〕舉凡蜀王之稱名年數，禮樂教化，城池山川，水利攻戰等，無不兼及。然如言「杜宇從天墮止，利從江源井中出爲杜宇妻，乃自立爲蜀王，號曰望帝。積百餘歲，有名鼈靈者，尸隨江水，遂活，與望帝相見，帝以爲相，使治水，民得安處，委國授之而去。望帝去時子鵑鳴，故蜀人悲子鵑而思望帝。」及「天爲蜀王生五丁力士，能徙蜀山」、「長人長二十五丈六尺」諸怪異，則屢爲後人所譏議，如《史通》卷十八〈雜說篇〉下之謂：揚雄晒子長愛奇多雜，觀其《蜀王本紀》，其言如是，何其鄙哉等是。然其書或屬有他人之言，〔註21〕或處西漢之時，而追其鄉里先王之事，則亦不免其有怪力亂神者也。

## 三、常寬《蜀後志》

常寬《蜀後志》，亦見於《隋志》著錄。按，寬，字泰恭，蜀郡江原人。治《毛詩》、《三禮》、《春秋》、《尚書》，尤耽意《大易》，博涉《史》、《漢》，彊識多聞。舉秀才，爲侍御史。以湘州叛亂，南入交州，鳩合經籍，研精著述，撰有《蜀後志》及《後賢傳》等，事蹟見《華陽國志·後賢志》。所撰《蜀後志》，《隋志》作「《蜀志》一卷」，稱「東京武平太守常寬撰」，其書已佚，今據〈後賢志序〉所述，知乃因喪亂軋搆，華夏顚墜，典籍多缺，遂爲之操簡援翰，而拾其遺闕也，以其書之務在舉善，不必珍異，則所撰或有異於揚雄者矣。

## 四、趙曄《吳越春秋》

趙曄，字長君，會稽山陰人。少嘗爲縣吏，奉檄迎督郵，以恥於斯役，遂棄車馬去。詣杜撫，受《韓詩》，究竟其術，積二十年，不還，家爲發喪制服。卒業乃歸。州召補從事，不就。舉有道。卒於家。著有《吳越春秋》、《詩細》。蔡邕至會稽，讀《詩細》而歎息，以爲長於《論衡》，邕還京師，傳之，學者咸誦習焉。《後漢書·儒林》第六十九有傳。

〔註20〕按，姚振宗《漢書藝文志拾補》卷五云：「蜀在周時稱王稱帝，故記其事者稱本紀。」
〔註21〕如姚振宗於《漢書藝文志拾補》卷五即云：「諸書言揚子雲《蜀王本紀》載杜鵑荊鼈諸怪異事，多以爲識，今觀常道將所考，則自司馬長卿以下八家，皆無是說，蓋出於祝元靈之書，集矢於子雲，非其實也。」又云：「按，常道將〈序志〉所言，知揚雄書中屬有祝元靈、燕骨之語，後人無以別之。」

　　所撰《吳越春秋》，見於《隋志》著錄，作十二卷，兩《唐志》、《郡齋讀書志》、《文獻通考‧經籍考》等並同，《宋志》及《崇文總目》則皆止十卷。是其書宋時已有少二卷者，余嘉錫《四庫提要辨證》卷七云：

　　　　案《隋書‧經籍志》有《吳越春秋》十二卷，趙曄撰。又有《吳越春秋削繁》五卷，楊方撰；《吳越春秋》十卷，皇甫遵撰。天祐序謂此二書，今人罕見，獨曄書行於世，蓋因《隋志》楊及皇甫二書均題撰字，遂疑二人別有所撰，與趙書不同也。今考皇甫遵之《吳越春秋》十卷，《唐志》作《吳越春秋傳》，《通考‧經籍考》同，並引《崇文總目》云：「唐皇甫遵注，（「唐」字誤）初趙曄爲《吳越春秋》十二卷，其後有楊方者，以曄爲煩，又刊削之爲五卷，遵乃合二家之書考定而注之。」云云，愚案：楊方，《晉書》附〈賀循傳〉，後云「字方回，會稽人，官至高梁太守，更撰《吳越春秋》行於世。」《崇文總目》第云：「其後有楊方者。」而不言方爲何時人，殆未檢《晉書》歟？傳所言更撰云者，即指削繁而言，非別撰一書也。皇甫遵之書名之爲傳，即是書之注，第既合曄與皇甫之書，其意必以爲曄書太繁，遵書太簡，故合二書斟酌乎繁簡之間以求適乎其中，故較原書少二卷，二人之書即曄書，而云獨曄書行於世，誤之甚矣。此書十二卷之本，至宋時尚存，《新唐志》、《讀書志》、《通考》並著於錄，《宋史‧藝文志‧別史類》有此書，已作十卷，考蔣光煦《斠補偶錄》有所校影宋本，亦止十卷，則此二卷當亡於宋末，皇甫遵之書正是十卷，宋本疑即用皇甫之本而去其注，然則當云獨皇甫遵書行於世，不當如序所云獨曄書行於世也。

知今行十卷之書，乃皇甫所考定者。以其記吳越之事，故《四庫全書》收於〈史部‧載記類〉。今《龍谿精舍叢書》及《隨盦徐氏叢書》中並有《吳越春秋》十卷、〈札記〉一卷、〈逸文〉一卷，爲徐天祐音注，徐乃昌札記並輯逸文；又《四部叢刊》、《四部備要》等亦有《吳越春秋》十卷；《古今逸史》、《廣漢魏叢書》、《秘書》二十一種、《摛藻堂四庫全書薈要》、《增訂漢魏叢書》、《叢書集成初編》、《景印元明善本叢書十種》中並有六卷；《增訂漢魏六朝別解》有一卷；張宗祥校明鈔本《說郛》亦載有《吳越春秋》；任兆麟《述記續》及王仁俊《經籍佚文》中皆並得輯本一卷。

　　其書所載，乃記春秋之末，吳、越二國之興亡，內吳而外越，本末咸備，茲就景明弘治覆元大德本，知其十卷之目爲：

　　　　上卷第一，〈吳太伯傳〉。注云：「元本〈太伯傳〉作〈吳王太伯傳〉，太伯三以天下讓，宜王而不王者也，吳之後君又未嘗追王之，尊之曰王，名不與實稱也，今去『王』字，以從其實。」

卷第二，〈吳王壽夢傳〉。

卷第三，〈王僚使公子光傳〉。注云：「元本不曰〈吳王僚傳〉，而曰〈王僚使公子光傳〉，蓋謂使之伐楚耳，光即闔閭，既自有傳，此云使公子光，贅也，今姑從其舊。」

卷第四，〈闔閭內傳〉。

卷第五，〈夫差內傳〉。注云：「元本〈闔閭〉、〈夫差傳〉皆曰內傳，下卷〈無余〉、〈勾踐傳〉皆曰外傳，內吳而外越，何也？況曄又越人乎！若以吳爲內，則〈太伯〉、〈壽夢〉、〈王僚〉三傳不曰內，而〈闔閭〉、〈夫差〉二傳獨曰內，又何也？今不敢輒去內外二字，姑存之。」

下卷第六，〈越王無余外傳〉。

卷第七，〈勾踐入臣外傳〉，注云：「元本〈越王勾踐入臣〉獨無『外傳』字，今補其闕，姑從越諸傳亦作外傳云。」

卷第八，〈勾踐歸國外傳〉。

卷第九，〈勾踐陰謀外傳〉。注云：「元本〈勾踐入臣〉、〈歸國〉、〈伐吳〉諸傳皆書名，獨〈陰謀傳〉書『越王』不名，不知何義？今於〈陰謀傳〉去『越王』二字而書『勾踐』，從諸例也。」

卷第十，〈勾踐伐吳外傳〉。

是其所記吳事，乃始於「上卷第一〈吳太伯傳〉」，而終於「卷第五〈夫差內傳〉」；越事則起「下卷第六〈越王無余外傳〉」，止於「卷第十〈勾踐伐吳外傳〉」。其屬辭託事，雖皆與《春秋》、《史記》、《漢書》之史法異，而稍傷於漫衍。至於有近於小說家言者，如卷第九「勾踐陰謀外傳」十三年之述處女試劍、老人化猿之類，則當是其時稗官雜記之體，固不能繩以史例。以曄去古未遠，又爲越人，所綜述者，自亦有據。今考其事，乃有與《越絕書》相出入者，是所誇示越人之多賢，與所及之吳、越土俗民情等，有足見越地史學淵源之古者，亦皆有助於考異。讀其書者，豈惟取其相爭之故實而已哉！錢福重刊《吳越春秋‧序》云：

　　《吳越春秋》乃作於東漢趙曄，後世補亡之書耳。大抵本《國語》、《史記》，而附以所傳聞者爲之。

又云：

　　是書所載，若胥之忠，蠡之智，種之謀，包胥之論戰，孫武之論兵，越女之論劍，陳音之論弩，勾踐之畏天自苦，臣吳之別辭，伐吳之戒語，五大夫之自效，世亦胡可少哉！

誠哉斯言，今觀其記盛衰成敗之跡，已鑿鑿然足爲萬世戒。惟以趙氏之操筆，有非

史策之正者，故李慈銘既曰：

> 此書則記述疎舛，辭意蕪穢，頗覺遠遜《論衡》。其云越王無疆傳子王尊，孫壬親始爲楚所并，與《史記》言無疆以爭伯爲楚所滅者大異。長君越產，習於故老傳說，東漢時，周末記載多有存者，必非無因之言，況其時《史記》已盛行，長君博學，豈未之見，而故爲此異說？則必實有援據，較《史記》自爲可信耳。〔註22〕

乃又云：

> 趙長君，東海陋儒，其撰《吳越春秋》，皆以鄉曲猥俗之言，影撰故事，增成穢說。蓋誤會宦士於吳之言，而以爲身自入宦，誤會男女晐姓之言，而以爲夫婦入事，誤會范蠡爲質之言，而以爲蠡與勾踐夫婦同囚石室。獨不思當日越提封千里，謀臣良將，任備內外，雖敗栖會稽，而觀諸稽郢行成之辭，大夫種五千人觸戰之說，其氣猶壯，故伍胥謂越非攝畏吾甲兵之強，夫差亦欲藉以春秋曜軍，則其負固不服，尚可想見，且王號未改，依然敵國，惟卑禮厚幣，以侈吳心而伺其間耳。長君乃又造爲吳更封越百里之說，且言越入胥門，子胥頭如車輪，目若二電，髮射十里，其鄙淺怪妄，齊東所不道，而古今信之，何哉？〔註23〕

觀李氏前後所論，一稱博學，一譏爲陋儒，如出二口，有取於是書者，可不愼乎！

## 五、袁康、吳平《越絕書》

至於《越絕書》，今之考定，知乃出於袁康、吳平二人之手。

按《史記》卷六十五〈孫吳列傳〉「孫武既死」句《正義》引《七錄》云：「《越絕書》十六卷。」又《隋志・雜史類》著錄有「《越絕記》十六卷」，注云：

> 子貢撰

其序曰：

> 又有《越絕》，相承以爲子貢所作。

兩《唐志》所載，撰人卷數等並同《隋志》，唯題名作「越絕書」，《宋志》入〈霸史類〉，作十五卷，改曰：

> 或云：子貢所作。

《崇文總目》卷二〈雜史類〉有《越絕書》十五卷，云：

> 子貢撰，或曰子胥。舊有〈內記〉八，〈外傳〉十七，今文題闕舛，

---

纔二十篇，又載春申君，疑後人竄定，世或傳二十篇者，非是。

《直齋書錄解題》卷五〈雜史類〉載有《越絕書》十六卷，乃云：

> 無撰人名氏，相傳以爲子貢者非也。其書雜記吳、越事，下及秦漢，
> 直至建武二十八年，蓋戰國後人所爲，而漢人又附益之耳。

《四庫全書》著錄，作十五卷，列於〈載記〉，亦云不著撰人名氏。是《越絕書》之著錄，歷代不同者如此，蓋唐人之謂《越絕》爲子貢作者，宋人則起而懷疑，其由動搖終至否定之歷程，可由唐、宋人所撰諸史志之著錄中，窺出一斑。

今檢是書，每卷但題《越絕》第幾，而在其「越絕外傳本事第一」中，則首即提出一連串之問答，包括：「何謂《越絕》？」「《越絕》誰所作？」等。然於此一問一答之中，並未作明確之解釋，蓋爲廋詞隱語也。如：

> 問曰：「《越絕》誰作？」
>
> 曰：「吳、越賢者所作也。當此之時，見夫子刪《書》，作《春秋》，定王制，賢者嗟歎，決意覽史記，成就其事。」
>
> 又問曰：「作事欲以自著，今但言賢者，不言姓字何？」
>
> 曰：「是人有大雅之才，直道一國之事，不見姓名，小之辭也。或以爲子貢所作，當挾四方，不當獨在吳、越。其在吳、越，亦有因矣。此時子貢爲魯使，或至齊，或至吳，其後道事，以吳、越爲喻，國人承述，故直在吳、越也。當是之時，有聖人教授六藝，刪定五經，七十二子養徒三千，講習學問魯之闕門，《越絕》小藝之文，固不能布於四方焉，有誦述先聖賢者，所作未足自稱，載列姓名，直斥以身者也。一說蓋是子胥所作也。夫人情泰而不作，窮則怨恨，怨恨則作，猶詩人失職怨恨憂嗟作詩也。子胥懷忠，不忍君沈惑於讒，社稷之傾，絕命危邦，不願長生，切切爭諫，終不見聽，憂至患致，怨恨作文，不侵不差，抽引本末，明己無過，終不遺力，誠能極智，不足以身當之，嫌於求譽，是以不著姓名，直斥以身者也，後人述而說之，乃稍成中外篇焉。」
>
> 又問曰：「或經，或傳，或內，或外，何謂？」
>
> 曰：「經者，論其事，傳者，道其意，外者，非一人所作，頗相覆載，或非其事，引類以託意，說之者見夫子刪《詩》、《書》，就經《易》，亦知小藝之復重，又各辯士所述，不可斷絕，小道不通，偏有所期，明說者不專，故刪定復重，以爲中外篇。」

然則《越絕》誰所作？作者又爲何時人？楊慎跋是書因云：

> 或曰：「《越絕》不著作者姓名，何也？」

余曰：「姓名且在書中，覽者第不深考耳。子不觀其絕篇之言乎？曰：
以去爲姓，緝衣乃成，厥名有米，覆之以庚，禹來東征，死葬其鄉，不直
自斥，託類自明，文屬辭定，自於邦賢，以口爲姓，丞之以天，楚相屈原，
與之同名。此以隱語見其姓名也。去得衣，乃『袁』字也；米覆以庚，乃
『康』字也；禹葬之鄉，則『會稽也。』是乃會稽人袁康也。其曰『不直
自斥，託類自明』，厥旨昭然，欲後人知也。文屬辭定，自於邦賢，蓋所
共者非康一人也，口丞天，『吳』字也，屈原同名，『平』字也。與康共著
此書者，乃『吳平』也。不然，此言何爲而設乎。」〔註24〕

是「越絕」爲袁康所作，吳平所定者也。蓋以東漢末，文人好作隱語，如黃絹碑，
又如孔文舉用「漁父屈節」等十六字離合「魯國孔融」，魏伯陽之「委時去害，與鬼
爲鄰」，隱其姓名於《參同契》等是，袁康等因亦隱其姓名於《越絕》之中矣。

至於《越絕書》之卷數，或作十六卷，或爲十五卷，亦有作十四卷者，宋趙希
弁《讀書附志》則云：

> 希弁考其所以，第一卷〈荊平王內傳〉，第二卷〈外傳記吳地〉，第三
> 卷〈吳內傳〉，第四卷〈計倪內經〉，第五卷〈請糴內傳〉，第六卷〈外傳
> 策考〉，第七卷〈外傳記范伯〉、〈內傳陳成恒〉，第八卷〈外傳記地傳〉，
> 第九卷〈外傳計倪〉，第十卷〈外傳記吳王占夢〉，第十一卷〈外傳記寶劍〉，
> 第十二卷〈內經九術〉、〈外傳記軍氣〉，第十三卷〈外傳枕中〉，第十四卷
> 〈外傳春申君〉、〈德序外傳〉，第十五卷〈篇敘外傳〉，此十五卷也。然第
> 一卷有所謂〈越絕外傳本事〉一篇，此其爲十六卷歟？

考今所見之《越絕書》十五卷，並其次序，正如趙氏所記，然則隋、唐諸志所著錄
之卷數，實未嘗亡，其〈外傳本事〉一篇，當即此書之引言，〈篇敘外傳記〉一篇，
則爲此書之敘傳，各本或以〈越絕本事〉一篇列入目中第一卷第一篇，故多一卷，
考其原書，則〈本事〉一篇，自爲起迄，自〈荊平王內傳〉起，始標卷一，知此引
言，例不在分卷之列，其作十五卷者，當如今本，其十九篇之數，未曾有缺，〔註25〕
至於或作十四卷者，蓋又去〈篇敘外傳記〉一篇，使不在分卷之列也。其書今有《古
今逸史》本、《廣漢魏叢書》本、《四庫全書》本、《增訂漢魏叢書》本、《四部叢刊》
本、《四部備要》本、《景印元明善本叢書十種》本及《十萬卷樓叢書》本、《龍谿精

---

〔註24〕 見《景越絕書校注》稿本。又《四庫提要》卷六十六云：「胡侍《珍珠船》，田藝蘅
　　　　《留青日札》皆有是說。」
〔註25〕 按，至於《崇文總目》之稱，舊有內記八，外傳十七，今繞二十者，以視今十九篇
　　　　之目，是較北宋時又闕其一篇，比二十五篇之數，則少六篇矣。

舍叢書》本、《叢書集成初編》本（後三種附有錢培名《札記》一卷）等，又世界書局輯印有《景越絕書校注》本（漢袁康吳平撰、鐵如意館主校注）、《越絕書札記》一卷（清・錢培名札記）及《越絕書佚文》一卷等，並合趙曄之《吳越春秋》共裝訂爲一冊，頗便取讀。

　　袁康、吳平，始末未詳。《四庫簡明目錄》曰：「《越絕書》十五卷，漢袁康撰，其友吳平同定。」又《論衡》卷二十九〈案書篇〉云：「會稽吳君高、周長生之輩，位雖不至公卿，誠能知之，囊橐文雅之英雄也。觀……君高之《越紐錄》，長生之《洞歷》，劉子政、揚子雲不能過也。」《四庫提要》卷六十六因以爲，吳君高殆即平字，所謂《越紐錄》，殆即《越絕書》歟？

　　今據《景越絕書校注》稿本，其書目次爲：

第一卷（吳琯刻《古今逸史》本作「越絕書」三字。）
　　〈越絕外傳本事〉第一
　　〈越絕荊平王內傳〉第二（吳本此篇前有「卷一」二字，蓋一、二兩篇分
　　　列。）
第二卷（吳本作卷二，下同。）
　　〈越絕外傳記吳地傳〉第三
第三卷
　　〈越絕吳內傳〉第四
第四卷
　　〈越絕計倪內經〉第五
第五卷
　　〈越絕請糴內傳〉第六
第六卷
　　〈越絕外傳紀策考〉第七
第七卷
　　〈越絕外傳記范伯〉第八
　　〈越絕內傳陳成恒〉第九
第八卷
　　〈越絕外傳記地傳〉第十
第九卷
　　〈越絕外傳計倪〉第十一
第十卷

〈越絕外傳記吳王占夢〉第十二

第十一卷

〈越絕外傳記寶劍〉第十三

第十二卷

〈越絕內經九術〉第十四

〈越絕外傳記軍氣〉第十五

第十三卷

〈越絕外傳枕中〉第十六

第十四卷

〈越絕外傳春申君〉第十七

〈越絕德序外傳記〉第十八

第十五卷

〈越絕篇敘外傳記〉第十九

其中，有〈計倪內經〉及〈內經九術〉二篇稱「經」，其他各篇皆曰「傳」；〈荊平王內傳〉、〈吳內傳〉、〈計倪內經〉、〈請糴內傳〉、〈內傳陳成恒〉、〈內經九術〉六篇稱「內」，其他皆曰「外」。

至其所以命之曰「越絕」者，卷一〈越絕外傳本事〉第一嘗設問答之辭以解之，其言曰：

> 何謂越絕？
>
> 越者，國之民也。
>
> 何以言之？
>
> 按《春秋・序》，齊魯皆以國爲氏姓，是以明之。絕者，絕也，謂勾踐時也。當是之時，齊將伐魯，孔子恥之，故子貢說齊以安魯，子貢一出，亂齊，破吳，興晉，彊越，其後賢者辯士，見夫子作《春秋》而略吳、越，又見子貢與聖人相去不遠，脣之與齒，表之與裏，蓋要其意，覽《史記》而述其事也。

此則欲解「越絕」之意，而並述及《越絕》一書之所由作也。

> 又問曰：「何不稱《越經書記》而言絕乎？」
>
> 曰：「不也！絕者，絕也，勾踐之時，天子微弱，諸侯皆叛，於是勾踐抑彊扶弱，絕惡反之於善……以其誠在於內，感發於外，越專其功，故曰越絕。故作此者，貴其內能自約，外能絕人也。賢者所述，不可斷絕，故不爲記明矣。」

是以爲作《越絕》者，以勾踐能抑彊扶弱，絕惡反之於善也，然繼又問曰：

> 桓公九合諸侯，一匡天下，任用賢者，誅服彊楚，何不言齊絕乎？
>
> 曰：「桓公中國，兵彊霸世之後，威陵諸侯，服彊楚，此正宜耳。夫越王勾踐，東垂海濱，夷狄文身，躬而自苦，任用賢臣，轉死爲生，以敗爲成，越伐彊吳，尊事周室，行霸琅邪，躬自省約，率道諸侯，貴其始微，終能以霸，故與越專其攻而有之也。」

則「絕」字之意，又轉晦矣，豈以齊則強矣，故不言絕，越則轉死爲生，亦即絕處逢生，終能以霸，貴其始微，故言絕乎？

> 又問曰：「然越專其攻而有之，何不第一，而卒本吳太伯爲？」
>
> 曰：「小越而大吳。」
>
> 「小越大吳奈何？」
>
> 曰：「吳有子胥之教，霸世甚久，北陵齊楚，諸侯莫敢叛者，乘薛許邿妻莒，旁轂趨走，越王勾踐屬芻莝養馬，諸侯從之，若果中之李，反叛七年，焦思苦身，克己自責，任用賢人，越伐彊吳，行霸諸侯，故不使越第一者，欲以貶大吳，顯弱越之功也。」

如此立說，乃又有難解者矣，豈以越得絕處逢生，行霸諸侯，因欲顯其能由小而大之功，故云然歟？又卷十五〈越絕篇敘外傳記〉第十九曰：

> 聖人沒而微言絕，賜見《春秋》改文尚賢，譏二名，興素王，亦發憤記吳、越，章句其篇，以喻後賢。賜之説也，魯安，吳吳敗（按當衍一吳字），晉彊，越霸，世春秋二百餘年，垂象後王……聖人發一隅，辯士宣其辭，聖人絕於彼，辯士絕於此，故題其文，謂之越絕。

此所謂之「越絕」，義亦未能明瞭，是「越絕」云者，由今觀之，理既隱晦，詞亦不倫，宜乎胡應麟曰：「第書稱《越絕》，昔人以終不可解。余案：前代書名往往有鄙拙可笑者，如常璩記漢事而名《漢之書》，杜預彙集古文而名《善文》，謝靈運采輯眾詩而直云《詩集》，又釋典《維摩詰所說經》，雖書並不刊，其名總之不可法也。」（《四部正譌》卷下「越絕書」條）又或謂：

> 《越絕》，復仇之書也，子胥、夫差以父之仇，勾踐以身之仇，而皆非其道焉。（見錢培名《越絕書札記》）

又謂：

> 越自勾踐歸國，行計倪、范蠡之術，覆吳報仇，霸于中國，其道在富民貴穀，古所謂民爲邦本，食爲民天，耕三餘一，耕九餘三之道，越盡行之，此其精神詳于〈計倪內經〉、〈外傳枕中〉兩篇之中，最此書之要旨也。

（見《景越絕書校注》稿本）

然則「越絕」者，旨在綴述戰國舊聞，以記吳、越復仇之事者也。今觀其卷五〈越絕請糴內傳〉所述吳王夫差之覆敗，有國者，誠可以鑒覽焉。至於其文辭之縱橫奧衍，亦大異乎〈外傳本事〉及〈篇敘〉之釋越絕，以視《吳越春秋》，趙曄或亦弗如。又如〈計倪內經〉、〈軍氣〉之類，乃多雜術數家言，蓋皆漢人專門之學也。今其書以與《吳越春秋》相依傍，故有以爲《越絕書》乃祖襲《吳越春秋》者，亦有謂係趙曄《吳越春秋》因是書而爲之者，故錢培名之撰《越絕書札記》，即嘗取趙曄《吳越春秋》之文以爲佐證。

# 第五章　兩漢之傳記及專史

《隋書·經籍志·雜傳類序》曰：

> 古之史官，必廣其所記，非獨人君之舉，《周官》外史掌四方之志，則諸侯史記兼而有之。《春秋傳》曰：虢仲、虢叔，王季之穆，勳在王室，藏於盟府。臧紇之叛，季孫命太史召掌惡臣而盟之。《周官》司寇凡大盟約，泏其盟書、登于天府。太史、內史、司會、六官，皆受其貳而藏之。是則王者誅賞，具錄其事，昭告神明，百官史臣，皆藏其書。故自公卿諸侯至于羣士，善惡之迹，畢集史職。而又閭胥之政，凡聚眾庶，書其敬敏任卹者，族師，每月書其孝悌睦婣有學者，黨正，歲書其德行藝道者而入之於鄉大夫。鄉大夫，三年大比，考其德行道藝，舉其賢者能者而獻其書，王再拜受之，登于天府，內史貳之。是以窮居側陋之士，言行必達，皆有史傳。

又曰：

> 自史官曠絕，其道廢壞，漢初，始有丹書之約，白馬之盟。武帝從董仲舒之言，始舉賢良文學，天下計書先上太史，善惡之事，靡不畢集，司馬遷、班固撰而成之。股肱輔弼之臣，扶義俶黨之士，皆有記錄，而操行高潔，不涉於世者，《史記》獨傳夷、齊，《漢書》但述楊王孫之儔，其餘皆略而不記。又漢時，阮倉作《列仙圖》，劉向典校經籍，始作《列仙》、《列士》、《列女》之傳，皆因其志向，率爾而作，不在正史。後漢光武，始詔南陽撰作風俗，故沛、三輔有耆舊、節士之序，魯、廬江有名德、先賢之讚，郡國之書，由是而作。

是昔者史官有法，大事乃書之策，小則簡牘而已。其於風俗之舊，蓍老所傳，遺言逸行，史不及書者，則傳記興焉。如列女、高士、先賢、耆舊之作，乃率代有其書，

而列仙、怪妄之說，亦往往不廢也。是其或詳一時所得，或發史官所諱，參求考質，可以備多聞焉。又藝文之志，有故事一類，先人之創法，奕葉慎守，後鑒前師，可與時損益也。其國政朝章，六官所職，或儀注條格，均爲成憲者，亦皆垂諸典冊，俾知一代政治之興化焉。又有譜系之書，則所由來遠矣，《周官》小史定繫世，辨昭穆，則亦史之職也。至於史官之司典籍，蓋有簿錄，以爲綱紀，向、歆之剖析條流，遂各有其部，而爲後世之準的焉。凡斯之作，皆爲史之一端，今總爲一章，名之曰傳記及專史。

# 第一節　別傳及郡書之序次

《史通》卷十〈雜述篇〉曰：

> 賢士貞女，類聚區分，雖百行殊途，而同歸於善，則有取其所好，各爲之錄，若劉向《列女》、梁鴻《逸民》、趙采《忠臣》、徐廣《孝子》，此之謂別傳者也。

又曰：

> 汝潁奇士，江漢英靈，人物所生，載光郡國，故鄉人學者，編而記之，若圈稱《陳留耆舊》、周裴《汝南先賢》、陳壽《益都耆舊》、虞預《會稽典錄》，此之謂郡書者也。

是別傳者，乃博採前史，各爲之錄，今之所謂類傳者也，如劉向之傳列女，梁鴻之頌逸民等是。郡書者，則鄉人學者，美其邦族，體其鄉賢，編而記之者也，如沛國、三輔、陳留、巴蜀皆有耆舊之作，魯國、廬江並讚先賢，又趙岐有《三輔決錄》等是。至於家傳等書，則繁乎著述矣。

## 一、劉向《列女傳》

漢代所撰之傳記，以劉向之《列女傳》爲最著，今行於世。

按，劉向有《續史記》，並其事蹟，已見第三章第一節。其《列女傳》，見於《漢志·諸子略·儒家》著錄，稱：「劉向所序六十七篇。」注云：「《新序》、《說苑》、《世說》、《列女傳頌圖》也。」又《漢書·劉向傳》謂，向序次《列女傳》凡八篇。《隋志·史部·雜傳類》作十五卷，注云：「劉向撰，曹大家注。」《舊唐志·雜傳類》改云二卷。《新唐志》及《崇文總目》卷並同《隋志》。《宋志》、《直齋書錄解題》稱古《列女傳》九卷。《郡齋讀書志》作《古列女傳》八卷、《續列女傳》一卷。又《四庫全書·傳記類》著錄，題《古列女傳》七卷、《續列女傳》

一卷，漢·劉向撰。是其書歷代所著錄者，有作八篇、十五卷、二卷、九卷、八卷、七卷等之不同也。據《初學記》二十五及《太平御覽》七百一之俱引劉向《別錄》云：「臣向與黃門侍郎所校《列女傳》，種類相從爲七篇，以著禍福榮辱之效，是非得失之分，畫之屏風四堵。」則《列女傳》當有七篇，篇即卷也，是以《四庫全書》著錄爲七卷，而附後人所撰之《續列女傳》一卷，且別劉向之書爲《古列女傳》。又今所見《列女傳》每傳之後率有〈頌〉一編，會而聚之，是亦一卷，則本傳之作八篇者，加〈頌〉一卷也。至《隋志》等之作十五卷，蓋以曹大家班昭之注，離其七篇分爲上下，並〈頌〉，凡十五篇，而益以陳嬰母及東漢以來凡十六事，非向本書然也。宋仁宗嘉祐中，集賢院校理蘇頌復定其書爲八篇，與十五篇並藏於館閣。至其作九卷者，蓋合〈續傳〉數之也。《舊唐志》之作「《列女傳》二卷」，考《隋志·雜傳類序》既云：「劉向典校經籍，始作《列仙》、《列士》、《列女》之傳。」又著錄「《列士傳》二卷，劉向撰。」《新唐志》亦有「劉向《列士傳》二卷」，則知其「女」字當爲「士」之誤，而闕載劉向之《列女傳》矣。其書以屢經傳寫，而或析或合，不免有後人之附益，自北齊顏之推作《家訓》時，已有羼入，唐、宋人所見，非劉氏之舊矣。今有《文選樓叢書》本、《四庫全書》本、《古書叢刊》本、《四部叢刊》本、《叢書集成初編》本、《漢唐三傳》本、《崇文書局彙刻書》本等，又有《振綺堂遺書》本及《四部備要》本，中有梁端校注，又《郝氏遺書》、《龍谿精舍叢書》、及商務印書館《人人文庫》本中有王照圓補注（附臧庸校正），《舊小說》亦錄有《列女傳》四則，王仁俊《經籍佚文》有輯本一卷，任兆麟《述記中》亦選輯一卷，《雪堂叢刻》中有《列女傳補注正譌》一卷，《石遺室叢書》中有蕭道管《列女傳集注》八卷、《補遺》一卷，瑞安孫氏刊本有孫詒讓〈札記〉，考訂六事，顧氏《小讀書堆》本有顧廣圻〈列女傳考證〉。知其流傳之廣。

　　據劉向《別錄》所載，向之《列女傳》，乃欲著其禍福榮辱之效，是非得失之分，以勸戒人者也。亦即本傳所謂：向睹俗彌奢淫，踰禮制，以爲王教由內及外，自近者始，故取《詩》、《書》所載賢妃、貞婦、興國、顯家可法則及孽嬖亂萌者，序次爲《列女傳》八篇，以戒天子者是也。故爲之畫於屏風四堵，蓋取便鑒覽。其七卷之目，據《四部備要》本所列，爲：〈母儀〉、〈賢明〉、〈仁智〉、〈貞順〉、〈節義〉、〈辯通〉、〈孽嬖〉。亦當有〈總序〉列於〈目錄〉之前，今未見。每卷除〈母儀〉爲十四傳外，餘皆十五篇。其卷首則各有〈贊〉，除〈孽嬖傳〉脫爲六句外，餘皆十句，每句四字。結筆率有「君子謂」之斷語，繼引《詩經》以爲美刺，傳後有〈頌〉，若詩之四言，率八句。又有〈圖〉以圖其狀，即畫於屏風四堵者，今

之傳本則或有（如《四部叢刊》本），或無（如《四部備要》本）。茲略明其卷目
及贊語如下：

第一卷

〈母儀傳〉

惟若母儀，賢聖有智。行爲儀表，言則中義。胎養子孫，以漸教化。
既成以德，致其功業。姑母察此，不可不法。

有虞二妃　棄母姜嫄
契母簡狄　啓母塗山
湯妃有莘　周室三母
衞姑定姜　齊女傅母
魯季敬姜　楚子發母
鄒孟軻母　魯之母師
魏芒慈母　齊田稷母

第二卷

〈賢明傳〉

惟若賢明，廉正以方。動作有節，言成文章。咸曉事理，知世紀綱。
循法興居，終日無殃。妃后賢（王念孫謂，賢當是覽字之誤。）焉，名號
必揚。

周宣姜后　齊桓衞姬
晉文齊姜　秦穆公姬
楚莊樊姬　周南之妻
宋鮑女宗　晉趙衰妻
陶荅子妻　柳下惠妻
魯黔婁妻　齊相御妻
楚接輿妻　楚老萊妻
楚於陵妻

第三卷

〈仁智傳〉

惟若仁智，豫識難易。原度天道，禍福所移。歸義從安，危險必避。
專專小心，永懼匪懈。夫人省茲，榮名必利。

密康公母　楚武鄧曼
許穆夫人　曹僖氏妻

　　孫叔敖母　　晉伯宗妻

　　衛靈夫人　　齊靈仲子

　　魯臧孫母　　晉羊叔姬

　　晉范氏母　　魯公乘姒

　　魯漆室女　　魏曲沃負

　　趙將括母

第四卷

　〈貞順傳〉

　　惟若貞順，脩道正進。避嫌遠別，爲必可信。終不更二，天下之俊。
動正潔行，精專謹慎。諸姬觀之，以爲法訓。

　　召南申女　　宋恭伯姬

　　衛寡夫人　　蔡人之妻

　　黎莊夫人　　齊孝孟姬

　　息君夫人　　齊杞梁妻

　　楚平伯嬴　　楚昭貞姜

　　楚白貞姬　　衛宗二順

　　魯寡陶嬰　　梁寡高行

　　陳寡孝婦

第五卷

　〈節義傳〉

　　惟若節義，必死無避。好善慕節，終不背義。誠信勇敢，何有險詖。
義之所在，赴之不疑。姜姒法斯，以爲世基。

　　魯孝義保　　楚成鄭瞀

　　晉圉懷嬴　　趙昭越姬

　　蓋將之妻　　魯義姑姊

　　代趙夫人　　齊義繼母

　　魯秋潔婦　　周主忠妾

　　魏節乳母　　梁節姑姊

　　珠崖二義　　郃陽友娣

　　京師節女

第六卷

　〈辯通傳〉

惟若辯通，文辭可從。連類引譬，以投禍凶。推摧一切，後不復重。
終能一心，開意甚公。妻妾則焉，爲世所誦。

齊管妾婧　　楚江乙母

晉弓工妻　　齊傷槐女

楚野辨女　　阿谷處女

趙津女娟　　趙佛肸母

齊威虞姬　　齊鍾離春

齊宿瘤女　　齊孤逐女

楚處莊姪　　齊女徐吾

齊太倉女

第七卷

〈孼嬖傳〉

惟若孼嬖，亦甚嫚易。淫妒熒惑，背節棄義。指是爲非，終被禍敗。

夏桀末喜　　殷紂妲己

周幽褒姒　　衞宣公姜

魯桓文姜　　魯莊哀姜

晉獻驪姬　　魯宣繆姜

陳女夏姬　　齊靈聲姬

齊東郭姬　　衞二亂女

趙靈吳女　　楚考孝后

趙悼倡后

　　劉向《列女傳》，《漢志》次於〈諸子略・儒家〉中，梁啓超以爲係當時未有史
部之目，無可歸類，不得已而入之於子，實宜入史部傳記（〈漢書藝文志諸子略考
釋〉），今考歷代史志之著錄，已率歸史部。然以其所序列，旨在美刺，[註1] 則又
有非盡屬史實者，劉知幾曰：

　　劉向《列女傳》云：「夏姬再爲夫人，三爲王后。」夫爲夫人則難以
驗也，爲王后則斷可知矣。案其時諸國稱王，唯楚而已，如巫臣諫莊將納
姬氏，不言曾入楚宮，則其爲后，當在周室。蓋周德雖衰，猶稱秉禮，豈
可族稱姬氏，而妻厥同姓者乎？且魯娶於吳，謂之孟子，聚麀之誚，起自
昭公，未聞其先已有斯事，禮之所載，何其闕如。又以女子一身，而作嬪

---

〔註1〕按，《列女傳》中所以兼有嘉言善行及嬌媚不遜之婦女者，皆取以戒時勢而勸天子也，
　　　參見拙著《劉向》，民國67年，台灣商務印書館，《中國歷代思想家》第十一冊。

三代，求諸人事，理必不然。尋夫春秋之後，國稱王者有七，蓋由向誤以夏姬之生，當夫戰國之世，稱三為王后者，謂歷嬪七國諸王，校以年代，殊為乖刺。至於他篇，茲例甚眾，故論楚也，則昭王與秦穆同時，言齊也，則晏嬰居宋景之後，今粗舉一二，其流可知。

又曰：

> 觀劉向對成帝稱武、宣行事，世傳失實，事具《風俗通》，其言可謂明鑑者也。及自造《洪範》、《五行》，及《新序》、《說苑》、《列女》、《神仙》諸傳，而皆廣陳虛事，多構偽辭，非其識不周而才不足，蓋以世人多可欺故也。鳴呼！後生可畏，何代無人？而輒輕忽若斯者哉！夫傳聞失眞，書事失實，蓋事有不獲已，人所不能免也。至於故為異說，以惑後來，則過之尤甚者矣。案蘇秦答燕易王稱，有婦人將殺夫，會妾進其藥酒，妾佯僵而覆之。又甘茂謂蘇代云：「貧人女與富人女會績，曰：『無以買燭，而子之光有餘，子可分我餘光，無損子明。』」此並戰國之時，遊說之士，寓言設理，以相比興。及向之著書也，乃用蘇氏之說，為二婦人立傳，定其邦國，加其姓氏，以彼烏有，持為指實，何其妄哉！又有甚於此者，至如伯奇化鳥，對吉甫以哀鳴，宿瘤隱形，干齊王而作后，此則不附於物理者矣。復有懷嬴失節，目為貞女，劉安覆族，定以登仙，立言如是，豈顧丘明之有傳，孟堅之有史哉！〔註2〕

劉氏遍論諸史，循名責實，故有此論。臧庸序《列女傳補注》曰：

> 竊以三代治亂之原，多本女德，士大夫興衰之兆，亦由婦人，考之於古，驗之於今，昭昭然若黑白之分矣，中壘斯傳，為垂世立教之大經。

知幾以為故作異說，欲惑將來者，臧庸則以為係垂世立教之大經，世之評論有不同者如是。蓋語乎史，則《列女傳》實乃劉向欲藉以美刺，非欲傳其人，傳其事者，以或舊有此傳，且有異聞如是，向因兼取以寄其意耳。語乎一家言，則向所序列，又有據於《詩》、《書》所傳者，故劉知幾等各執所見為言，蓋非公論，曾鞏〈古列女傳目錄序〉云：

> 漢承秦之敝，風俗已大壞矣，而成帝後宮，趙、衛之屬尤自放，向以謂王政必自內始，故列古女善惡所以致興亡者，以戒天子。此向述作之大意也。

旨哉斯言。曾鞏又云：

---

〔註2〕以上所引並見《史通》卷十八〈雜說下〉。

其言大任之娠文王也，目不視惡色，耳不聽淫聲，口不出教言，又以謂古之人胎教者皆如此。夫能正其視聽言動者，此大人之事，而有道之所畏也。顧令天下之女子能之，何其盛也。以臣所聞，蓋爲之師傅保姆之助，《詩》、《書》圖史之戒，珩璜琚瑀之節，威儀動作之度，其教之者有此具，然古之君子未嘗不以身化也。故家人之義，歸於反身，〈二南〉之業，本於文王，豈自外至哉！世皆知文王之所以興，能得內助，而不知其所以然者，蓋本於文王之躬化。故內則后妃有〈關雎〉之行，外則群臣有〈二南〉之美與之相成。其推而及遠，則商辛之昏俗，江漢之小國，兔罝之野人，莫不好善而不自知。此所謂身修故家國天下治者也。

曾氏之言，誠爲的論。曾鞏又云：

後世自學問之士，多徇於外物，而不安其守，其室家既不見可法，故競於邪侈，豈獨無相成之道哉！士之苟於自恕，顧利冒恥而不知反己者，往往以家自累故也。故曰：身不行道，不行於妻子。信哉！如此人者，非素處顯也，然去〈二南〉之風亦已遠矣，況於南鄉天下之主哉。向之所述，勸戒之意，可謂篤矣。

此蓋深得劉向之意旨者也，曾氏又云：

然向號博群書，而此傳稱《詩·芣苢、柏舟、大車》之類，與今序《詩》、《書》者之說尤乖異，蓋不可考。至於〈式微〉之一篇，又以謂二人之作，豈其所取者博，故不能無失歟？其言象計謀殺舜及舜所以可脫者，頗合於《孟子》，然此傳或有之，而《孟子》所不道者，蓋亦不足道也。凡後世諸儒之言經傳者，固多如此，覽者采其有補，而擇其是非可也。

劉向《列女傳》固有如此之失，亦宜乎曾鞏之以爲言。要之，讀者貴能采其補益，擇其是非可也，此蓋亦子政之意乎！

## 二、班昭注《列女傳》

向之《列女》，漢有曹大家及馬融之《注》，今皆不傳。曹大家《注》見於《隋志》著錄，作十五卷，《顏氏家訓》卷六及《初學記》卷十三並嘗引之。按，曹大家即班昭，東漢扶風曹世叔妻，班彪之女也，曾續成班固所撰《漢書》，並其事蹟，已見第三章第一節。本傳載所著有賦、頌、誄、論等。

## 三、馬融注《列女傳》

馬融之注《列女傳》，見於范書本傳，《後漢書》列傳第五十（上）謂其注《孝

經》、《論語》、《詩》、《易》、《三禮》、《尚書》、《列女傳》者是也。按，馬融，字季
長，扶風茂陵人。嘗從摯恂游學，博通經籍。安帝永初間，爲大將軍鄧騭舍人，拜
爲校書郎中，詣東觀典校祕書。是時鄧太后臨朝，騭兄弟輔政，而俗儒、世士以爲
文德可興，武功宜廢，遂寢蒐狩之禮，息戰陳之法，故猾賊從橫，乘此無備，融乃
謂文王之道，聖賢不墜，五才之用，無或可廢，於元初二年（115），上〈廣成頌〉
以諷諫。頌奏，忤鄧氏，滯於東觀，十年不得調，因兄子喪自劾歸，太后聞之怒，
遂令禁錮之。安帝親政，召還郎署，復在講部，出爲河間王廄長史。時車駕東巡岱
宗，融上〈東巡頌〉，帝奇其文，召拜郎中。及北鄉侯即位，融爲郡功曹。順帝陽嘉
二年（133），拜議郎，爲從事中郎，轉武都太守。桓帝時，爲南郡太守。融才高博
洽，爲世通儒，施養諸生，常有千數，涿郡盧植、北海鄭玄，皆其徒也。常坐高堂，
施絳紗帳，前授生徒，後列女樂，弟子以次相傳，鮮有入其室者。嘗欲訓《左氏春
秋》，及見賈逵、鄭眾《注》，乃曰：「賈君精而不博，鄭君博而不精，既精既博，吾
何加焉。」但著《三傳異同說》，又注《孝經》、《列女傳》等，及《老子》、《淮南子》、
〈離騷〉諸書，所著賦、頌、碑、誄、書、記、表、奏等凡二十一篇。桓帝延熹九
年（166）卒於家，年八十八。

## 三、劉熙《列女傳》

《唐藝文志》著錄有劉熙《列女傳》八卷，劉熙，字成國，北海人，久在交州，
人謂之徵士，撰有《釋名》八卷、《謚法注》三卷，見嚴可均《全後漢》文卷八十六。
其撰《列女傳》，以《新唐志》是書列於趙母《列女傳》之前，又爲八卷，姚振宗於
《後漢藝文志》卷二乃疑爲係注劉向之書者。今佚。

## 四、劉向《列士傳》、《列仙傳》、《孝子傳》

據《隋志》，則劉向又有《列士傳》，稱有二卷，《唐藝文志》同。《隋志·雜傳
類序》謂其乃率爾而作，不在正史。〔註3〕

又有《列仙傳》者，《隋志》云：「《列仙傳贊》三卷，劉向撰、鬷續、孫綽贊。」
其書首見於晉葛洪《抱朴子·論仙篇》，其言曰：「向本不解道術，至於撰《列仙傳》，
自刪秦大夫阮倉書中出之，或所親見，然後記之，非妄言也。」又云：「劉向博學，
則究微極妙，經深涉遠，思理則清澄眞僞，研覈有無，其所撰《列仙傳》，仙人七十
有餘。誠無其事，妄造何爲乎？邃古之事，何可親見？皆賴記籍，傳聞於往耳。《列

---

〔註3〕姚振宗《隋志考證》卷二十云：「劉光祿既爲《列女傳頌圖》，又取列士之見於圖畫
　　　者以爲之傳，而《七略·藝文》及本傳皆不載，惟見於此，然眞僞不可知矣。唐卷
　　　子本《彫玉集》亦引《列士傳》，載伯夷、叔齊事。」

仙傳》炳然其必有矣！然書不出周公之門，事不經仲尼之手，世人終於不信，多謂劉向非聖人，其所撰錄，不可孤據，尤所以使人歎息者也。向爲漢世名儒，其所記述，庸可棄哉，」是晉、宋以來，皆有其記載。〔註4〕然如陳振孫等，則或以爲此不類向文，或以爲當是六朝人因向傳《列女》，又好神仙家言，遂僞撰託之也。〔註5〕今以其

〔註4〕如梁陶弘景《眞誥》卷十七〈握眞輔篇〉有劉向傳《列仙》云云，隋杜臺卿《玉燭寶典》卷四有劉向刪《列仙傳》云云，北齊《顏氏家訓·書證篇》有《列仙傳》劉向所造云云，《舊唐志》亦著錄「《列仙傳》贊二卷，劉向撰」，《新唐志》著錄「劉向《列仙傳》二卷」，《崇文總目》著錄「《列仙傳》二卷，劉向撰」，《中興館閣書目》著錄「《列仙傳》三卷，劉向撰」，《宋志》著錄「劉向《列仙傳》三卷」，及《四庫全書·子部·道家類》收有「《列仙傳》二卷」，《提要》卷一百四十六云：「舊本題漢劉向撰」等是。故洪頤煊〈列仙傳校正本序〉云：「劉向《列仙傳》，不見於《漢書·藝文志》及向本傳，應劭《漢書音義》始引此書，《抱朴子·論仙篇》云……，《隋書·經籍志》云……，晉、唐人所論如是，不可謂向無此書也。……今本爲漢時原帙，僅傳寫有闕佚，非後人之僞造明矣。」沈濤《十經齋文集》卷二〈列仙傳斠注序〉云：「劉向《列仙傳》二卷……蓋向懲前事，此傳獨未經奏御，則中秘本無其書，班〈藝〉例所不載，不得疑後人僞託也。」沈氏又歷舉應劭《漢書注》、《抱朴子·極言篇》、《水經注》、《初學記》、《文選注》、《史記集解》、《事類賦注》、《太平廣記》、《路史》所列，以證今本之謠脫。是皆以爲向誠有《列仙傳》矣。

〔註5〕如黃伯思跋《列仙傳》曰：「《漢書》向所序六十七篇，但有《新序》、《說苑》、《列女傳》等，而無此書。又敍書並贊，不類向文，恐非其筆。然事詳語約，辭旨明潤，疑東京文也。」（《東觀餘論》）陳振孫《書錄解題》卷十二曰：「傳凡七十二人，每傳有贊，似非向本書，西漢人文章不爾也。」胡應麟《四部正譌》卷下曰：「《七略》，劉歆所定，果有此書，班氏決弗遺，蓋僞撰也。當是六朝間人因向傳《列女》，又好神仙家言，遂僞撰託之。其書既不得爲眞，則所傳之人恐未必皆實，考此傳，孫綽及郭元祖各爲贊，非六朝則三國無疑也。」姚際恒《古今僞書考·子類》曰：「殆因『列女』而有此『列仙』歟？其云：『歷觀百家之中，以相檢驗，得仙者百四十六人。其七十四人，已在佛經，故檢得七十二人，可以爲多聞博識者遐觀焉！』兩漢之時安有佛經！其爲六朝人所作，自可無疑也。」《四庫提要》卷一百四十六曰：「考是書《隋志》著錄，則出於梁前，又葛洪〈神仙傳序〉亦稱此書爲向作，則晉時已有其本，然《漢志》……無《列仙傳》之名，又《漢志》所錄，皆因《七略》，其〈總贊〉引《孝經援神契》，爲《漢志》所不載，《涓子傳》稱其〈琴心〉三篇有條理，與《漢志》《蜎子》十三篇不合，〈老子傳〉稱作《道德經》上、下二篇，與《漢志》但稱《老子》亦不合，均不應自相違異。或魏晉間方士爲之，託名於向耶！……篇末之贊，今槪以爲向作，《隋志》載《列仙傳》贊三卷，劉向撰，酈繢，孫綽贊（「酈繢」上似脫一字，蓋有《續傳》一卷，故爲三卷也。）又《列仙傳讚》二卷，劉向撰，晉郭元祖讚，此本二卷，較孫綽所讚少一卷。又劉義慶《世說新語》載孫綽作《商丘子胥讚》曰：『所收何物，殆非眞豬，儻遇風雨，爲我龍攄。』此本《商丘子胥讚》亦無此語，然則此本之讚，其郭元祖所撰歟？」王昭圓〈列仙傳校正本敍〉曰：「此傳雖非子政所爲，而世舉以歸之者，蓋因其喜神仙事有以致之耳，士豈不貴通識哉？明藏本中，每傳有贊，蓋放《列女傳》而爲神者，益復是淺人所爲，不足可存。」姚振宗《漢書藝文志拾補》卷六曰：「今本載及東方朔、鈎弋夫人，劉中壘必不若是之妄。且既云據阮倉之圖取以爲傳，而傳中有成帝時事，必無識道流所爲。」

書語約事詳，詞旨明潤，魏晉以下，文人或據爲典要，流傳之廣且久，〔註6〕誠有不可廢者。

又有劉向《孝子傳》者，漢、隋諸志，雖不著錄，然亦見引於《法苑珠林》等書，今亦有茆泮林諸人之輯本行世。〔註7〕

## 五、梁鴻《逸民傳》

梁鴻之傳《逸民》，見於《史通·雜述篇》。《文苑英華》許南容、李令琛對策之

---

楊守敬《日本訪書志》卷六曰：「又〈文賓傳〉，太邱鄉人也。前漢無太邱縣，後漢屬沛國。〈木羽傳〉，鉅鹿南和平鄉人也，前漢南和屬廣平國，後漢改屬鉅鹿。又〈瑕邱傳〉，寧人也，兩漢上谷郡有寧縣，魏晉以下省廢。據此三證，似爲東漢人所作。然又稱安期先生爲琅琊阜鄉人，琅琊無阜鄉縣，據下文兩稱阜鄉亭，則知非縣名。又〈騎龍鳴傳〉，渾亭人也，則並不著郡縣名。又〈谿父傳〉，南郡鄘人也，南郡無鄘縣，有郢部邵三縣，未知是何縣之訛？其爲方士所託無疑。然自魏、晉以下詞人，據爲典要，何可廢也！」余嘉錫《四庫提要辨證》卷十九曰：「明寫本《說郛》卷四十三所錄《列仙傳》，有〈序〉一篇，爲今本所無。……余以爲此序即出於作僞者之手，蓋影附本傳向有鑄黃金事，又司典籍，多見異書，因依仿《列女傳》體，僞作此書，以取信於世，又自作一序以實之。……大抵僞書之作，必有所因，猶之東方朔詼諧，逢占射覆，其事浮淺，行於眾庶，而後世好事者，因取奇言怪語附著之朔也。郭憲有漢酒滅火一事，而後人因僞作《洞冥記》，亦此類矣。此書之依託，固不待言。」又曰：「班固引劉向言，少時數問長老賢人通於事及朔時者，皆曰朔口諧倡辨，不能持論，喜爲庸人誦說，故令後世多傳聞者。而此書〈東方朔傳〉乃謂朔至宣帝初棄郎以避亂世，後見於會稽。宣帝初既非亂世，且向生於昭帝元鳳中，若宣帝時，朔尚在會稽，則向年已長，正先後同時之人，安得謂之後世聞？班固方據劉向之語，辨後世之奇言怪語，附著於朔之非實，而此傳言朔置幀官舍，風飄之而去，又言智者疑其歲星也，是眞所謂奇言怪語，尚得謂爲向之手筆乎？又〈鉤翼夫人傳〉……安得謂因死後絲履，始號鉤弋，且謂後因避諱改爲弋，不知漢人之諱翼者何人也？此宜里巷傳聞之詞，有識所不道，其爲杜撰誣罔，雖有善辨者，不能爲之詞矣。」又曰：「王昭圓注已摘其〈商邱子胥傳〉，高邑人也，《後漢·郡國志》常山高邑，故鄗，光武更名高邑之名，非前漢所有，可與楊氏（守敬）說互證。」余氏既綜引諸家之說，遂以爲：「此書蓋明帝以後，順帝以前人之所作也。」

〔註6〕按，《景印元明善本叢書十種》、《四庫全書》、《秘書廿一種》、《指海》、及《道藏》等並有《列仙傳》二卷。《郝氏遺書》、《龍谿精舍叢書》並有《王昭圓列仙傳校正本》二卷、〈讚〉一卷。《道藏精華錄》有《列仙傳校正本》二卷。《琳琅秘室叢書》（光緒本）、《叢書集成初編》有胡珽校讎、董金鑑續校《列仙傳》二卷，附《校讎》一卷、《補校》一卷。《景印元明善本叢書十種·夷門廣牘》、宛委山堂本《說郛》、《五朝小說大觀》、《古今說部叢書二集》等並有《列仙傳》一卷。張宗祥校明鈔本《說郛》有《列仙傳》。《舊小說》有《列仙傳》十八則。《漢唐三傳》有黃省曾《讚列仙傳》。

〔註7〕按，茆泮林輯本見於《十種古逸書》、《龍谿精舍叢書》及《叢書集成初編》中，又黃奭有輯本一卷，存於《黃氏逸書考（漢學堂叢書）·子史鈎沈》，王仁俊有輯本一卷，在《玉函山房輯佚書續編·史編·總類》。

並言梁鴻作《逸人傳》者，當是避唐諱改。按，梁鴻，字伯鸞，扶風平陵人。受業太學，家貧而尚節介，博覽無不通，而不爲章句。以耕織爲業，詠詩書、彈琴以自娛，仰慕前世高士，而爲四皓以來二十四人作頌，卒於吳，事具《後漢書》列傳第七十三。其所作頌今不傳，據《文選》第十九卷〈補亡詩〉注引梁鴻〈安邱嚴平頌〉「無營無欲，澹爾淵清」云云，則爲四字一句，蓋美其能淡泊無欲。又據劉知幾之稱其爲別傳，則所頌逸民當各系有其傳也。〔註8〕

## 六、圈稱《陳留耆舊傳》

《隋志·雜傳類序》既謂後漢光武，始詔南陽撰作《風俗》，故沛、三輔有耆舊，節士之序，魯、廬江有名德、先賢之讚，郡國之書，由是而作。知先賢、耆舊之書，當起於東漢，〔註9〕惟其沛、三輔、魯、廬江諸序讚，《隋志》已云亡矣。

今考《隋志》所載，則〈雜傳類〉中又有圈稱之《陳留耆舊傳》二卷。圈稱爲東漢議郎，《隋志·地理類》別有所撰《陳留風俗傳》三卷，並其事蹟，已見前述，其《耆舊傳》蓋亡於唐時，故兩《唐志》已不著錄。

## 七、仲長統《山陽先賢傳》

見於《唐藝文志》所載者，又有仲長統《山陽先賢傳》一卷，〔註10〕《舊唐志》作《兗州山陽先賢贊》。按，仲長統，字公理，山陽高平人。卒於獻帝遜位之歲。《後漢書》列傳第三十九稱其：

> 少好學，博涉書記，贍於文辭。

又謂：

> 統性俶儻，敢直言，不矜小節，默語無常，時人或謂之狂生。每州郡命召，輒稱疾不就。常以爲凡遊帝王者，欲以立身揚名耳，而名不常存，人生易滅，優游偃仰，可以自娛。

按，統以尚書令荀彧聞其名奇之，因舉爲尚書郎，後參丞相曹操軍事，每論說古

---

〔註8〕侯康《補後漢書藝文志》卷三云：「本傳但稱鴻仰慕前世高士，爲四皓以來二十四人作頌，而劉知幾謂之別傳，則當日必有成書，每人各系以傳也。」

〔註9〕又姚振宗《後漢藝文志》卷二「京兆耆舊傳」條引云：「《文苑英華》：策問：京兆耆舊之篇起于何代？許南容對：京兆耆舊光武創其篇。李令琛對：京兆耆舊之篇，創于光武。」

〔註10〕按，姚振宗《後漢藝文志》卷二引章宗源《隋志考證》曰：「據《元和姓纂》稱晉太宰參軍長仲穀著《山陽先賢傳》，則《唐志》仲長統誤。」姚氏按云：「郡國傳記之書，大抵多後人以次注續，不止一家，兩《唐志》既明載其書，未有碻證，不當直斷其誤。」

今及時俗行事，恒發憤歎息，因著論名曰《昌言》，凡三十四篇，十餘萬言。年四十一卒，其友人東海繆襲常稱其才章足繼西京董仲舒、賈誼、劉向與揚雄。所撰《山陽先賢傳》，今佚，《隋志·雜傳類》載有《兗州先賢傳》一卷，不著撰人，蓋即統書。

## 八、袁湯《陳留耆舊傳》

據袁宏《後漢紀》所載，別有袁湯《陳留耆舊傳》。按，湯，字仲河，少傳家學，諸儒稱其節，多歷顯位。《後漢書》列傳第三十五謂：

> 桓帝初為司空，以豫議定策封安國亭侯，食邑五百戶，累遷司徒、太尉，以災異策免，卒謚曰康侯。

王先謙《集解》引惠棟曰：

> 袁《紀》：湯初為陳留太守，褒善敍舊，以勸風俗。

又曰：

> 使戶曹吏追錄舊聞，以為《耆舊傳》。

是其《耆舊》之作，知為褒善以勸風俗者也。今佚。

## 九、鄭廑等諸家《巴蜀耆舊傳》

常璩《華陽國志》卷十一〈後賢志·陳壽傳〉云：

> 益部自建武後，蜀郡鄭伯邑、太尉趙彥信及漢中陳申伯、祝元靈、廣漢王文表，皆以博學洽聞，作《巴蜀耆舊傳》。

是除三國人陳術姑不論外，又有鄭廑、趙謙、祝龜及王商諸人之撰《巴蜀耆舊傳》。按，鄭廑有《蜀紀》，並其事蹟，已見第四章第四節。

趙謙，字彥信，蜀成都人，獻帝初平元年（190），代黃琬為太尉，卒，謚忠侯，《後漢書》列傳第十七曰：

> 獻帝遷都長安，以謙行車騎將軍，為前置。明年病罷。復為司隸校尉。車師王侍子為董卓所愛，數犯法，謙收殺之，卓大怒，殺都官從事，而素敬憚謙，故不加罪。轉為前將軍，遣擊白波賊，有功，封郫侯。李傕殺司徒王允，復代允為司徒，數月病免，拜尚書令，是年卒。

祝龜，字元靈，南鄭人，《華陽國志》卷十〈漢中人士贊〉稱其：

> 通博蕩達，能屬文，……州牧劉焉辟之，不得已行授葭萌長，撰《漢中耆舊傳》，以著述終。

則祝龜所撰者，又稱《漢中耆舊傳》。漢中，郡名，戰國楚地，秦置漢中郡，漢初爲漢國，後仍爲漢中郡，治南鄭，在今陝西南鄭縣東二里，項羽立沛公爲漢王，王巴蜀漢中，都南鄭，即此也。

王商，字文表，廣漢郪人，博學多聞，《後漢書》列傳第二十一〈王堂傳〉曰：

> 曾孫商，益州牧劉焉以爲蜀郡太守，有治聲。

《華陽國志》卷十〈廣漢人士贊〉云：

> 王商，字文表，廣漢人也。博學多聞，州牧劉璋辟爲治中，試守蜀郡太守。荊州牧劉表、大儒南陽宋仲子，遠慕其名，皆與交好，許文休稱商中夏王景興輩也。……在官一十年而卒。

今觀以上諸人，乃率以通博多聞著稱，則所撰之巴蜀耆舊，固有足爲後世取資者，惜皆已不傳矣。

## 十、陳寬《後賢傳》

見於《華陽國志·後賢志》者，又有陳寬撰《後賢傳》。按，陳寬，字泰恭，蜀郡江原人，撰有《蜀後志》，並其事蹟，已見第四章第四節。

## 十一、趙岐《三輔決錄》

見於《隋志》中之趙岐《三輔決錄》，爲漢代所撰先賢傳記中今有輯本行世者。

按，趙岐，字邠卿，京兆長陵人。明經有才藝，娶扶風馬融兄女。融外戚豪家，岐嘗鄙之，不與融相見。仕州郡，以廉直疾惡見憚。桓帝永興二年（154），辟司空掾，後辟於大將軍梁冀，京兆尹延篤以爲功曹。延熹元年（158），玹爲京兆尹，收岐家屬宗親陷以重法，盡殺之，岐遂逃難四方，江、淮、海、岱，靡所不歷。自匿姓名，賣餅北海市中。後因赦乃出。三府聞之，同時並辟。九年（166），乃應司徒胡廣之命。會南匈奴烏桓、鮮卑反叛，公卿舉岐幷州刺史，岐欲奏守邊之策，未及上，會坐黨事免，因撰次爲《禦寇論》。靈帝初，復遭黨錮十餘歲。中平元年（184），四方兵起，詔選故刺史二千石有文武才用者，徵岐拜議郎，大將軍何進舉爲敦煌太守，行至襄武，爲賊邊章等人所執，欲脅以爲帥，岐詭辭得免，展轉還長安。獻帝西都，復拜議郎，稍遷太僕。及李傕專政，使太傅馬日磾撫慰天下，以岐爲副。是時袁紹、曹操與公孫瓚爭冀州，紹及操聞岐至，皆自將兵數百里奉迎。岐深陳天子恩德，宜罷兵安人之道，又移書公孫瓚爲言利害，紹等各引兵去。岐以老病，遂留荊州。曹操時爲司空，孔融上書薦之，於是拜岐爲太常，獻帝建安六年（201）卒，

年九十餘。多所述作，有《孟子章句》、《三輔決錄》等傳於時。〔註11〕

所撰《三輔決錄》，《隋志》著錄七卷，注云：「漢太僕趙岐撰，摯虞注。」《唐日本國見在書目》、《舊唐志》並同，《新唐志》作《趙岐三輔決錄》十卷摯虞注，今佚，有張澍輯本二卷，在《二酉堂叢書》、《知服齋叢書》第二集及《關中叢書》第一集中，又有黃奭輯本一卷，見於《黃氏逸書考（漢學堂叢書）‧子史鈎沈》，茆泮林輯本一卷、〈補遺〉一卷，存《十種古逸書》中，王仁俊輯本一卷，在《玉函山房輯佚書續編‧史編‧總類》，又宛委山堂本《說郛》、張宗祥校明鈔本《說郛》、《五朝小說大觀》及《古今說部叢書》，亦並有一卷，《龍谿精舍叢書‧史部》，亦重刻有張氏輯本一卷，顧櫰三《補後漢藝文志》卷五中，亦采擇各書，依次條列，存其佚文頗多。

岐書今據其〈序〉之稱：三輔者，本雍州之地，五方之俗雜會，非一國之風，不但繫於《詩‧秦、豳》也。其爲士好高尙義，貴於名行。其俗失則趨勢進權，唯利是視。余以不才，生於西土，耳能聽而聞故老之言，目能視而見衣冠之疇，心能識而觀其賢愚。建武以來暨於斯，今其人既亡，行乃可書，玉石朱紫，由此定矣，故謂之「決錄」云云。〔註12〕知乃述建武以來三輔之人士，以其臧否不同，故就耳所聞，目所視，心所識，蓋棺論定，欲其朱紫有別。然恐時人不盡其意，故隱其書，唯以云其同郡嚴象。〔註13〕今觀其佚文，則似有韻語作贊，如范書〈隗囂傳〉注引一條云：「平陵之王，惠孟鏘鏘，激昂囂述，困于東平。」等是，蓋即所謂文言美辭者也。〔註14〕以岐《三輔決錄》之有晉京兆長安摯虞爲之注而今並亡失，〔註15〕諸書所引佚文，遂《錄》與《注》不盡分晰，澍所纂輯者，乃特分別鈔撮，蓋最爲用心云。

## 十二、司馬相如等諸家《自敘》

先賢、耆舊之作，既起於光武，而自敘、家傳之興，亦見於漢世。故《史通》

---

〔註11〕詳見《後漢書》列傳第五十四。
〔註12〕詳見《後漢書》列傳第五十四〈趙岐傳〉注引。又姚振宗《後漢藝文志》卷二云：「《蜀志‧先主傳》引《孝經鈎命決錄》，似決錄之名，本之緯書。」
〔註13〕按，姚振宗《隋志考證》卷二十曰：「《魏志‧荀彧傳》注《三輔決錄》曰：嚴象，字文則，京兆人，少聰博，有膽智，以督軍御史中丞詣揚州討袁術，會術病卒，因以爲揚州刺史。建安五年（200），爲孫策廬江太守李術所殺，時年三十八（163-200）。象同郡趙岐作《三輔決錄》，恐時人不盡其意，故隱其書，唯以云象。」注云：「案此似《三輔決錄‧序》注摯仲洽之辭也。」
〔註14〕其書劉知幾《史通‧書志篇》以爲係譜牒之作，然張澍據趙岐〈自序〉並昔人之徵引逸篇，則以爲不然。詳見〈二酉堂輯本序〉。
〔註15〕摯虞注《三輔決錄》參見拙著《兩晉史部遺籍考》第五章第一節。

卷九〈序傳篇〉曰：

> 蓋作者自敘，其流出於中古乎。案屈原《離騷經》，其首章上陳氏族，
> 下列祖考，先述厥生，次顯名字，自敘發跡，實基於此。降及司馬相如，
> 始以自敘爲傳，然其所敘者，但記自少及長立身行事而已，逮於祖先所出，
> 則蔑爾無聞。至馬遷又徵三閭之故事，放文園之近作，模楷二家，勒成一
> 卷。於是揚雄遵其舊轍，班固酌其餘波，自敘之篇，實煩於代。

今考司馬相如、司馬遷、揚雄、班固之所作，皆已一一入於《史記》、《漢書》之列
傳中，故《史通》卷十六〈雜說上〉謂：

> 司馬遷之〈敘傳〉也，……而班固仍其本傳，了無損益。

又以爲：

> 馬卿爲〈自敘傳〉，具在其集中，子長因錄斯篇，即爲列傳，班氏仍
> 舊，曾無改奪，尋固於馬、揚傳末，皆云遷、雄之自敘如此，至於〈相如〉
> 篇下，獨無此言。

至於《漢書》之〈東方朔傳〉，劉知幾《史通·雜說上》亦云：

> 《漢書·東方朔傳》，委瑣煩碎，不類諸篇，且不述其它歿歲時及子
> 孫繼嗣，正與司馬相如、司馬遷、揚雄傳相類，尋其傳體，必曼倩之自敘
> 也，但班氏脫略，（脫略者，謂脫去「其自敘如此」一句。）故世莫之知。

是《史》、《漢》列傳之所據，有取於漢代之自敘傳，惟以其或云或否，世遂有莫之
知，今觀《隋書》卷七十五〈劉炫傳〉載炫之自爲贊亦有：

> 通人司馬相如、楊子雲、馬季長、鄭康成等，皆自敘風徽，傳芳來葉，
> 余豈敢仰均先達，貽笑後昆！徒以日迫桑榆，大命將近，故友飄零，門徒
> 雨散，溘死朝露，埋魂朔野，親故莫照其心，後人不見其迹，殆及餘喘，
> 薄言胸臆，貽及行邁，傳示州里，使夫將來俊哲知余鄙志耳！

云云，是又知通人馬融、鄭玄等，亦皆嘗自敘其風徽，以傳芳來葉，固不止司馬相
如、司馬遷、揚雄、班固、東方朔數人而已，又王充《論衡》卷末亦有〈自紀〉之
篇，斯皆漢代所撰之自敘傳者也。

按司馬相如撰有《蜀紀》，司馬遷有《太史公書》，揚雄嘗續《史記》，班固撰有
《漢書》，馬融有《列女傳注》等，並其事蹟，皆已見前述。

東方朔，字曼倩，平原厭次人。武帝時，令待詔公車，未得省見，以朔多端，
乃使待詔金馬門，稍得親近，又因其變詐鋒出，莫能窮者，因以爲常侍郎，遂得愛

幸。《漢書》卷六十五本傳述其事云：

> 朔雖詼笑，然時觀察顏色，直言切諫，上常用之。自公卿在位，朔皆敖弄，無所爲屈。

又云：

> 武帝旣招英俊，程其器能，用之如不及。時方外事胡、越，內興制度，國家多事，自公孫弘以下至司馬遷皆奉使方外，或爲郡國守相至公卿，而朔嘗至太中大夫，後常爲郎，與枚皋、郭舍人俱在左右，詼啁而已。久之，朔上書陳農戰彊國之計，因自訟獨不得大官，欲求試用。其言專商鞅、韓非之語也，指意放蕩，頗復詼諧，辭數萬言，終不見用。朔因著論，設客難己。

朔之所作，又有〈非有先生論〉、〈封泰山〉、〈責和氏璧〉等。

鄭玄，字康成，北海高密人。少常詣學官，不樂爲吏，父數怒之，不能禁。遂造太學受業，師事京兆第五元先，始通《京氏易》、《公羊春秋》、《三統歷》、《九章算術》。又從東郡張恭祖受《周官》、《禮記》、《左氏春秋》、《韓詩》、《古文尚書》。以山東無足問者，乃西入關，因涿郡盧植事扶風馬融。融門徒四百餘人，升堂進者五十餘生。融素驕貴，玄在門下，三年不得見，乃使高業弟子傳授於玄。玄日夜尋誦，未嘗怠倦。會融集諸生考論圖緯，聞玄善算，乃召見於樓上，玄因從質諸疑義，問畢辭歸。融喟然謂門人曰：「鄭生今去，吾道東矣。」《後漢書》列傳二十五玄本傳云：

> 玄自游學，十餘年乃歸鄉里。家貧，客耕東萊，學徒相隨已數百千人。及黨起事，乃與同郡孫嵩等四十餘人俱被禁錮，遂隱修經業，杜門不出。時任城何休好公羊學，遂著《公羊墨守》、《左氏膏肓》、《穀梁廢疾》，玄乃發墨守，鍼膏肓，起廢疾，休見而歎曰：「康成入吾室，操吾矛，以伐我乎！」初，中興之後，范升、陳元、李育、賈逵之徒，爭論古今學，後馬融答北地太守劉瓌及玄答何休，義據通深，由是古學遂明。

靈帝末，黨禁解，大將軍何進聞而辟之，一宿逃去，時年六十。大將軍袁紹總兵冀州，遣使要玄，時汝南應劭亦歸於紹，因自贊曰：「故太山太守應中遠，北面稱弟子如何？」玄笑曰：「仲尼之門，考以四科，回、賜之徒，不稱官閥。」劭有慙色。紹乃舉玄茂才，表爲左中郎將，皆不就。公車徵爲大司農，給安車一乘，所過長吏送迎。玄乃以病自乞還家。獻帝建安五年（200）卒，年七十四。《後漢書》本傳云：

> 自郡守以下嘗受業者，縗絰赴會千餘人。門人相與撰玄答諸弟子問五經，依《論語》作《鄭志》八篇。凡玄所注《周易》、《尚書》、《毛詩》、《儀禮》、《禮記》、《論語》、《孝經》、《尚書大傳》、《中候》、《乾象歷》，又著

《天文七政論》、《魯禮禘祫義》、《六藝論》、《毛詩譜》、《駁許慎五經異議》、
《答臨孝存周禮難》，凡百餘萬言。

王充事蹟，亦見於范書，《後漢書》列傳第三十九謂：
> 充少孤，鄉里稱孝。後到京師，受業太學，師事扶風班彪，好博覽而
> 不守章句。家貧無書，常游洛陽市肆，閱所賣書，一見輒能誦憶，遂博通
> 眾流百家之言。

本傳又稱其好論說，始若詭異，終有理實。著《論衡》八十五篇，二十餘萬言。年
漸七十，志力衰耗，乃造《性書》十六篇。和帝永元中，病卒于家。

今諸敘傳，除見於《史記》、《漢書》、《論衡》等書之卷末，或已被採入《史》、
《漢》諸列傳中者外，亦見引於諸類書，如揚雄之〈自序〉，既見於《藝文類聚・人
部》外，亦引於《文選・遵命論注》。劉知幾曾徧讀群書，於諸人之〈敘傳〉遂以爲：
> 尋馬遷《史記》，上自軒轅，下窮漢武，疆宇修潤，道路縣長，故其
> 〈自敘〉，始於氏出重黎，終於身爲太史，雖上下馳騁，然不越《史記》
> 之年。班固《漢書》，止敘西京二百年事耳，其〈自敘〉也，則遠徵令尹，
> 起楚文王之世，近錄〈賓戲〉，當漢明帝之朝，包括所及，踰於本書遠矣。
> 而後來敘傳，非止一家，競學孟堅，從風而靡。施於家諜，猶或可通，列
> 於國史，多見其失者矣。然自敘之爲義也，茍能隱己之短，稱其所長，斯
> 言不謬，即爲實錄。而相如《自序》，乃記其客遊臨邛，竊妻卓氏，以《春
> 秋》所譏，持爲美談，雖事或非虛，而理無可取，載之於傳，不其愧乎！
> 又王充《論衡》之〈自紀〉也，述其父祖不肖，爲州閭所鄙而已，答以瞽
> 頑舜神，鯀惡禹聖。夫自敘而言家世，固當以揚名顯親爲主，茍無其人，
> 闕之可也，至若盛矜於己而厚辱其先，此何異證父攘羊，學子名母，必責
> 以名教，實三千之罪人也。（《史通・序傳》）

又以爲：
> 歷觀揚雄已降，其自敘也，始以誇尚爲宗，至魏文帝、傅玄、陶梅、
> 葛洪之徒，則又踰於此者矣。（同前）

又《史通・雜說上》謂：
> 司馬遷之〈敘傳〉也，始自初生，及乎行歷，事無巨細，莫不備陳，
> 可謂審矣，而竟不書其字者，豈墨生所謂大忘者乎！

又謂〈東方朔傳〉委瑣煩碎，不類諸篇，且不述其亡歿歲時及子孫繼嗣，正與〈司

馬相如〉、〈司馬遷〉、〈揚雄傳〉相類。是諸敘傳固有其短長，後人或即取以入史，
載之於傳，而了無改奪，宜其有鄙細煩瑣者矣。

## 十三、揚雄等諸家之家傳

　　漢代於敘傳之外，又有家傳之作，《史通》卷十〈雜述篇〉曰：

　　　　高門華胄，奕世載德，才子承家，思顯父母，由是紀其先烈，貽厥後
　　　來，若揚雄《家諜》、殷敬《世傳》、孫氏《譜記》、陸宗《系歷》，此之謂
　　　家史者也。

考《藝文類聚・冢墓門》引揚雄《家牒》有：子雲以天鳳五年卒，葬安陵阪上，諸
公遣世子朝臣郎吏行事者會送，桓君山為歛賻，起祠塋，侯芭負土作墳，號曰玄冢
云云，固知家傳之作，乃在其身後，而出於他人之手也。姚振宗云：「別傳多是家傳，
何顒《使君家傳》其一也。」又引《侯氏志》曰：「凡別傳多無撰人，大約皆同時人
作。」〔註16〕觀乎《隋志》之有梁任昉《雜傳》一百四十七卷、賀蹤《雜傳》七十
卷、陸澄《雜傳》十九卷、無名氏《雜傳》十一卷，皆纂集先代別傳彙為一帙者，
知漢代所作之家傳，繁乎多矣，惜今惟見引於群書者耳。

　　今檢揚雄《家牒》，除《藝文類聚》引存者外，《文選・王文憲集序》注及《太
平御覽》五百五十八中亦並引之；又《御覽》所引，別有《李陵別傳》，見四百八十
九；據《漢書・東方朔傳》注，則又有《東方朔別傳》；斯蓋皆西漢人之所作也。至
於何顒《使君家傳》者，則見於《隋志》，著錄一卷，兩《唐志》同；見於《隋志》
者，又有《王喬傳》一卷；又兩《唐志》有《李固別傳》七卷，按《後漢書》列傳
第五十三〈李固傳〉之謂固死後，弟子趙承等悲嘆不已，乃共論固言迹以為〈德行〉
一篇，則趙承等之所撰，當已編入此七卷之中，又《御覽》四百二十八引有《李固
外傳》，蓋即一書；見於《唐志》著，又有《梁冀傳》二卷，《通典・職官門》、《續
漢・五行志、百官志》注，俱引《梁冀別傳》，《御覽》亦屢引之；又楊孚有《董卓
別傳》，見《續漢志》注、《後漢書》注及《御覽》；除此之外，又別有《桓譚別傳》、
《張純別傳》、《賈逵別傳》、《張衡別傳》、《李燮別傳》、《趙岐別傳》等，並見於《御
覽》；又有《鍾離意別傳》，見於《續漢志》注、《後漢書》注及《御覽》；《樊英別傳》，
見於《世說新語》注、《藝文類聚》、《御覽》等；《李郃別傳》，見於《藝文類聚》及
《御覽》；《郭泰別傳》，見《後漢書》注、《三國志》、《藝文類聚》、《世說新語》注
等；《馬融別傳》，見《藝文類聚》；陳寔別傳，見《文選注》、《御覽》；《盧植別傳》
及《王允別傳》，並見《北堂書鈔》、《御覽》；《蔡邕別傳》，見《北堂書鈔》、《後漢

書》本傳注、《廣博物志》；《鄭玄別傳》，見《後漢書》注、《三國志》注、《世說新語》注、《御覽》；《禰衡別傳》，見《三國志》注、《藝文類聚》、《御覽》；《孔融別傳》，見《後漢書》本傳注、《藝文類聚》、《御覽》；《司馬徽別傳》，見《世說新語》注；《劉根別傳》、《蔡琰別傳》等，並見於《藝文類聚》及《御覽》；《崔瑗家傳》，見《北堂書鈔》、《御覽》；《李膺家錄》，見《御覽》、《天中記》、《廣博物志》。又《通志・藝文略・道家》有《蘇耽傳》一卷，耽，漢末郴縣人，見《水經・耒水注》引《桂陽列仙傳》，唐、宋藝文志道家類並有周季通《蘇君記》一卷，豈即此書歟！季通，即周義山，東漢人，居紫陽山，《通志・藝文略・道家》有《周義山內傳》一卷。凡此，則蓋皆爲後漢諸賢之所作者也。

## 十三、張興等諸家弟子籍

家傳之外，漢代又有弟子籍之序錄。蓋自光武中興，干戈稍戢，學者因得以專事經學而游於庠序，故其服儒衣，稱先王者，不可勝計，且皆相祖傳，而率有著錄，桓、靈之時，乃嘗按籍以爲黨人而禁錮之，可知其序錄之盛矣。今檢《後漢書・儒林傳》所載者，有〈張興傳〉之謂張興：

> 習《梁丘易》以教授，建武中，舉孝廉，爲郎，謝病去，復歸，聚徒。後辟司徒馮勤府，勤舉爲孝廉，稍遷博士。永平初，遷侍中祭酒。十年，拜太子少傅。顯宗數訪問經術，既而聲稱著聞，弟子自遠至者，著錄且萬人，爲梁丘家宗。

又〈牟長傳〉云：

> 長少習歐陽《尚書》，不仕王莽世。建武二年，大司空弘特辟，拜博士，稍遷河內太守，坐墾田不實免。長自爲博士及在河內，諸生講學者常有千餘人，著錄前後萬人。著《尚書章句》，皆本之歐陽氏，俗號爲《牟氏章句》。

〈魏應傳〉曰：

> 應經明行修，弟子自遠方至，著錄數千人。

又〈丁恭傳〉之謂恭：

> 學義精明，教授常數百人，州郡請召不應。建武初，爲諫議大夫、博士，封關內侯。十一年，遷少府。諸生自遠方至者，著錄數千人，當世稱爲大儒。太常樓望、侍中承宮，長水校尉樊儵等皆受業於恭。

〈樓望傳〉稱樓：

> 少習嚴氏《春秋》，操節清白，有稱鄉閭。建武中，趙節王栩聞其高

名，遣使齎玉帛請以爲師，望不受。後仕郡功曹。永平初，爲侍中、越騎校尉，入講省內。十六年，遷大司農。十八年，代周澤爲太常。建初五年，坐事左轉太中大夫，後爲左中郎將。教授不倦，世稱儒宗，諸生著錄九千餘人。年八十，永元十二年，卒於官，門生會葬者數千人，儒家以爲榮。

〈張玄傳〉亦謂玄：

> 少習顏氏《春秋》，兼通數家法。建武初，舉明經，補弘農文學，遷陳倉縣丞。清淨無欲，專心經書，方其講問，乃不食終日，及有難者，輒爲張數家之說，令擇從所安，諸儒皆伏其多通，著錄千餘人。

〈蔡玄傳〉稱其：

> 學通五經，門徒常千人，其著錄者萬六千人。

又《東觀漢記》卷十七亦謂薛漢：

> 才高名遠，兼通書傳，無不照覽，道術尤精，教授常數百，弟子自遠方至者，著爲錄。

是蓋皆開門授徒，編牒以誌之者，此固爲當時人之所作，而有以知其授受之源流者，惜今皆無存矣。

## 第二節　歷官分職之撰錄

古之仕者，名書於所臣之策，各有分職，以相統治，是以堯、舜三代之建官，名數不同，而周之六官備矣。《漢書・百官》亦列眾職之事，記在位之次，蓋皆古之制也。是後搢紳之士，或取官曹名品之書，撰而錄之，別行於世，其書益繁，而篇卷零疊，至有瑣細不可紀者。今取兩漢所作之有可睹者，考之如後。

### 一、陳平等諸家之漢功臣列侯位次錄

《漢書》卷十六〈高惠高后文功臣表〉序曰：

> 漢興，自秦二世元年之秋，楚陳之歲。初以沛公總帥雄俊，三年，然後西滅秦，立漢王之號，五年，東克項羽，即皇帝位，八載，而天下乃平，始論功而定封。訖十二年，侯者百四十有三人。時大城名都民人散亡，戶口可得而數裁什二三，是以大侯不過萬家，小者五、六百戶。封爵之誓曰：「使黃河如帶，泰山若厲，國以永存，爰及苗裔。」於是申以丹書之信，重以白馬之盟，又作十八侯之位次。高后二年，復詔丞相陳平盡差列侯之功，錄弟下竟，臧諸宗廟，副在有司。

知高帝時有元功蕭、曹等十八侯之位次。十八侯者，師古曰：

> 謂蕭何、曹參、張敖、周勃、樊噲、酈商、溪涓、夏侯嬰、灌嬰、傅寬、靳歙、王陵、陳武、王吸、周昌、丁復、蟲達、從第一至十八也。

高后乃復詔陳平差次列侯之功，藏諸宗廟，副在有司。據《漢書》卷三〈高后紀〉二年春：

> 詔曰：「高皇帝匡飭天下，諸有功者皆受分地爲列侯，萬民大安，莫不受休德。朕思念至於久遠而功名不著，亡以尊大誼，施後世。今欲差次列侯功以定朝位，藏于高廟，世世勿絕，嗣子各襲其功位。其與列侯議定奏之。」丞相臣平言：「謹與絳侯臣勃、曲周侯臣商、潁陰侯臣嬰、安國侯臣陵等議，列侯幸得賜餐錢奉邑，陛下加惠，以功次定朝位，臣請藏高廟。」奏可。

知與於差次列侯功以定朝位之議者，丞相陳平之外，別有絳侯周勃、曲周侯酈商、潁陰侯灌嬰、安國侯王陵諸人也。

按，陳平、周勃、王陵，事蹟並見《漢書》卷四十，酈商、灌嬰，《漢書》卷四十一亦皆有傳。所錄之漢功臣列侯位次，以時既藏諸宗廟，又有副本在於有司，故宣帝之時，愍其子孫之或隕命亡國，乃嘗開其廟藏，而得以覽其舊籍，並加卹問焉。今則固皆亡失矣。

## 二、揚雄《十二州箴》、《二十五官箴》

《漢志·諸子·儒家》著錄有揚雄所序三十八篇，注云：「《太玄》十九、《法言》十三、《樂》四、《箴》二。」王先謙《補注》曰：「《後漢書·胡廣傳》：初，揚雄依《虞箴》作十二州、二十五官箴。」又曰：「陶憲曾曰：《州箴》、《官箴》合爲箴二。」據此，則揚雄有州箴、官箴之作矣。

其書據《後漢書》列傳第三十四〈胡廣傳〉所載，知東漢時已有殘闕，又據《宋中興館閣書目》所著錄，則其時已止存《二十四箴》一卷，計〈州箴〉十二、〈衛尉〉等十二耳，是佚已多矣。今其《十二州箴》並見於王謨輯《重訂漢唐地理書鈔》、嚴可均《全漢文》卷五十四及曾國藩《經史百家雜鈔》卷六中。又《文選注》引有揚雄〈衛尉箴〉、〈城門校尉箴〉、〈國三老箴〉及〈侍中箴〉，《太平御覽》引有〈太官令箴〉、〈太史令箴〉，〈班固傳〉注有〈司空箴〉等，並見《玉海》卷五十九。

按，揚雄曾與劉向、劉歆等，皆嘗續《史記》，並其事蹟，己見第三章第一節。所撰《官箴十二》，據《玉海》卷五十九所載，爲光祿勳、衛尉、太僕、廷尉、大鴻臚、宗正、大司農、少府、執金吾、將作大匠、城門校尉、上林苑令等。所撰之《州

箴》十二者，則荊、揚、兗、豫、徐、青、幽、冀、并、雍、益、交諸箴是也。雄蓋以見王莽之更易百官，變置郡縣，大亂制度，而士皆忘義取利，去節從諛，乃思有以規正匡救，又以讀《春秋傳‧虞箴》而善之，遂仿以勸人臣，且勵君德，蓋亦體國之宗，足爲萬世戒者也。

## 三、官　簿

《續漢‧百官志序》曰：

> 昔周公作《周官》，分職著明，法度相持，王室雖微，猶能久存。今其遺書，所以觀周室牧民之德既至，又其有益來事之範，殆未有所窮也。故新汲令王隆作《小學漢官篇》，諸文倜說，較略不究。唯班固著〈百官公卿表〉，記漢承秦置官本末，訖于王莽，差有條貫，然皆孝武奢廣之事，又職分未悉。世祖節約之制，宜爲常憲，故依其官簿，粗注職分，以爲〈百官志〉。

知其時當著有官簿，司馬彪之志百官，〔註17〕乃得取以爲據，惟今則無聞焉。至於班固之〈百官公卿表〉，則在《漢書》中，已見第三章第一節。王莽之更易百官名秩，見《漢書》卷十二〈平帝紀〉元始四年，又見卷九十九始建國元年，惟其官簿如何，則史無明文。其王隆之《漢官篇》，則有胡廣爲之解詁。

## 四、王隆《漢官篇》胡廣解詁

王隆，字文山，馮翊雲陽人。王莽時，以父任爲郎，後避難河西，爲竇融左護軍，建武中爲新汲令。隆能文章，所著詩、賦、銘、書凡二十六篇。〔註18〕

又胡廣，字伯始，南郡華容人。少孤貧，歲終應舉，太守以爲孝廉，既至京師，試以章奏，安帝以廣爲天下第一，遂拜尚書郎，五遷尚書僕射。廣性溫柔謹素，常遜言恭色，又練達事體，明解朝章。自在公台三十餘年，歷事六帝，禮任甚優，每遜位辭疾。及免退田里，未嘗滿歲，輒復升進。凡一履司空，再作司徒，三登太尉，又爲太傅。其所辟命，皆天下名士。與故史陳蕃、李咸並爲三司，蕃等每朝會，輒稱疾避廣，時人榮之。靈帝熹平元年（172）卒，年八十二。有《百官箴》四十八篇，其餘所著詩、賦、銘、頌、箴、弔及諸解詁凡二十二篇。〔註19〕

隆、廣所撰注之《漢官》及《解詁》，《隋志》著錄，作「《漢官解詁》三篇」，注云：「漢新汲令王隆撰，胡廣注。」《新唐志》作王隆《漢官解詁》三卷，胡廣注，《舊唐志》有《漢官解故事》三卷，不載名氏，《史略》卷六「漢官」條稱：「王隆

---

〔註17〕司馬彪之《續漢書》參見拙著《兩晉史部遺籍考》第二章第一節。
〔註18〕見《後漢書‧文苑列傳》。
〔註19〕見《後漢書》列傳第三十四。

有《漢官解詁》三卷，胡廣所注，正訓舊漢官也。」是諸史志之著錄如此，今考《續漢·百官志序》「新汲令王隆作《小學漢官篇》」句下，梁劉昭《注補》引胡廣注隆此篇之論曰：

> 前安帝時，越騎劉千秋校書東觀，好事者樊長孫與書曰：『漢家禮儀，叔孫通等所草創，皆隨律令在理官，藏於几閣，無記錄者，久令二代之業，闇而不彰，誠宜撰次，依擬《周禮》，定位分職，各有條序，令人無愚智，入朝不惑，君以公族元老，正丁其任，焉可以已。』劉君甚然其言，與邑子通人郎中張平子參議，未定，而劉君遷爲宗正衞尉，平子爲尚書郎太史令，各務其職，未暇恤也。至順帝時，平子爲侍中，典校書，方作《周官解說》，乃欲以漢次述漢事，會復遷河間相，遂莫能立也。述作之功，獨不易矣。既感斯言，顧見故新汲令王文山小學爲《漢官篇》，略道公卿內外之職，旁及四夷，博物條暢，多所發明，足以知舊制儀品。蓋法有成易，而道有因革，是以聊集所宜，爲作解詁，各隨其下，綴續後事，令世施行，庶明厥旨，廣前後憤盈之念，增助來哲多聞之覽焉。

則王隆所撰者，《漢官篇》；胡廣所解詁者，王隆之書。《隋志》云胡廣注者，當謂其解詁，易「注」爲「解詁」，則明顯矣，《新唐志》所載，豈謂王隆所作爲「解詁」，而《舊唐志》乃竟失其撰名矣。〔註20〕

王隆所撰，據胡廣云云，乃略道公卿內外之職，旁及四夷，博物條暢，多所發明，是足以知舊制儀品者矣。又以張官置吏，所以爲人，定位分職，乃古今所重，而法有成易，道有因革，胡廣是以又聊集所宜，爲作解詁，各隨其下，綴續後事，令世施行，庶明厥旨也。今其書雖佚，然有孫星衍輯本一卷，見於《平津館叢書》、《後知不足齋叢書》第七函、《知服齋叢書》第一集、《叢書集成初編·社會科學類》及《四部備要·史部·政書·漢官六種》中，又黃奭《黃氏逸書考（漢學堂叢書）·子史鉤沈》亦輯得一卷。觀王隆所作，蓋仿《凡將》、《急就》，故率四字一句，而胡廣解詁，則誠可以增助多聞者矣。

## 五、應劭《漢官》注

《史略》卷六「漢官」條云：

---

〔註20〕按，姚振宗《隋書經籍志考證》卷十七云：「本志題《漢官解詁》王隆撰、胡廣注，篇序亦云漢末王隆作《漢官解詁》，諸書引文多以謂廣注《漢官解詁》，《御覽》稱王隆《漢官解詁》，又稱胡廣注《漢官解詁》，汪氏師韓《文選注引書目》云：『《漢官解故》，王隆撰；《漢官解詁注》，胡廣撰。』豈王隆本自有解詁，胡廣又從而詁解歟？竊疑其不然。」

《漢官》，不知何人作，應劭所注。

注云：

　　舊五卷，今存其一。

是應劭又嘗如胡廣之取注《漢官》矣。惟所注之書，高似孫時，已不知出於何人。考《隋志》有應劭注《漢官》五卷，次於胡廣注《漢官解詁》之後，則劭所注者，豈亦即王隆之《漢官篇》歟！其書宋時所見，已五存其一，則佚久矣。今《初學記》十二、《御覽》二百廿九、白居易《六帖》十一、《通典》三十六並引之，又《御覽》一百六十四引稱應劭《漢官解詁》。孫星衍有失撰人《漢官輯本》一卷，見於《平津館叢書》、《後知不足齋叢書》第七函，《知服齋叢書》第一集、《叢書集成初編・社會科學類》及《四部備要・史部・政書・漢官六種》中，又黃奭《黃氏逸書考（漢學堂叢書）・子史鈎沈》亦輯存一卷。按，應劭有《漢書集解》，並其事蹟，已見第三章第一節。

## 六、失撰人《漢官目錄》

《史略》卷六又云：

　　《後漢書・百官志》注引《漢官目錄》，亦爲奇書。

按，高似孫此所謂之《後漢書・百官志》者，應是司馬彪之《續漢・百官志》，蓋范書闕志，〔註21〕見於《後漢書》中者，乃劉昭取彪之《續漢八志》注以補之者也。今考《漢官目錄》見於劉昭之所引者，有建武十二年事，備載百司掾屬若干人，秩若干石，又載郡國刺史治去洛陽若干里，當是東漢通行之本。〔註22〕孫星衍既輯《漢官》矣，於《續漢・志》劉昭補注所引《漢官》不標名應劭者，乃以爲悉是《目錄》，因別爲一卷云。

## 七、胡廣《百官箴》

胡廣除有《漢官解詁》，並其事蹟，已見本節前述者外，又別有《百官箴》四十八篇，乃繼崔駰、崔瑗、劉騊駼增補揚雄所作之十二州、二十五官箴，復加四篇，再經撰次首目，爲之解釋而成者。故《後漢書》本傳云：

　　初，揚雄依《虞箴》作十二州、二十五官箴，其九箴亡闕，後涿郡崔
　　駰，及子瑗，又臨邑劉騊駼，增補十六篇，廣復繼作四篇，文甚典美，乃
　　悉撰次首目，爲之解釋，名《百官箴》，凡四十八篇。

〔註21〕范曄之《後漢書》參見拙文〈范曄及其後漢書〉。台灣師大《國文學報》第三期。
〔註22〕按，姚振宗則疑是應劭所作，見所撰《後漢藝文志》卷二。

按，崔駰，字亭伯，涿郡安平人，撰有《婚禮結言》，蓋因鄭眾之《婚禮謁文》而作，爲納徵、問名之辭也。子瑗，字子玉，能傳其父業，高於文辭，嘗從賈逵質正大義，諸儒宗之，又與馬融、張衡等相友好，著有《南陽文學官志》，稱於後世。〔註23〕又劉騊騞曾著述東觀，其事蹟已見第三章第三節。揚雄《州箴》等，已見前述。

據《玉海》卷五十九所載，除揚雄之州、官箴尚可見其名目者外，崔駰所作者，亦有太常、太尉、河南尹、司空、司徒、大理、尚書等；崔瑗所作者，則有尚書、博士、東觀、闕都尉、河隄謁者、郡太守、北軍中候、侍中、司隸校尉等。又別有崔寔之諫大夫。按寔，瑗子，亦嘗與邊詔等著作東觀，並其事蹟，已見第三章第三節。至於見於《文選》注所引者，又有劉騊騞之《郡太守箴》。又〈光武紀〉注引有崔瑗《中壘校尉箴》。《太平御覽》引有胡廣《邊都尉箴》等。凡此所作，蓋皆仿《虞箴》爲之。《御覽》五百八十八引胡廣〈百官箴敍〉曰：

> 箴諫之興，所由尚矣，聖君求之於下，忠臣納之於上，故〈虞書〉曰：
> 予違汝弼，汝無面從，退有後言，墨子著書稱《夏箴》之辭。

是所載雖僅存此數語，然諫箴之義，可窺一斑。《文心雕龍》卷三〈銘箴篇〉曰：

> 揚雄稽古，始範《虞箴》，作〈卿尹〉、〈州牧〉二十五篇。及崔、胡補綴，總稱《百官》。指事配位，鑒鑑可徵，信所謂追清風於前古，攀辛甲於後代者也。

知百官之箴，不僅文甚典美，且可以追清風於先古。今載於《古文苑》之四十一篇，蓋從諸書采輯而來，不免脫漏，是以何者爲廣作，何者爲瑗書，已有不可辨者矣。

夫箴者，所以攻疾防患，故漢代所作，據《初學記》、《藝文類聚》及諸傳注所引，猶有《尚書箴》、《外戚箴》、《督軍御史箴》及《酒箴》等，並見於王應麟《玉海》卷五十九所著錄，蓋皆所以戒成敗者也。

## 第三節　儀典之制定

夫六親九族，各有上下遠近之節，弔恤賀慶，皆有進止威儀之數，是以《周官》宗伯掌其吉、凶、賓、軍、嘉諸禮，知儀典之興，由來久矣。及周之衰，諸侯削除其籍，秦又焚而去之。漢興，叔孫通乃定朝儀，武帝時始祀汾陰后土，成帝又定南北之郊，節文漸具矣。至於後漢，遂有曹襃之定《漢儀》。是後相承，率有制作。然以其或傷淺近，或失未達，遺文餘事，遂多散亡。今取漢代所作之足

---

〔註23〕見《後漢書》列傳第四十二。

可紀者，考之如下。

## 一、叔孫通《漢儀》

《後漢書》列傳第二十五〈曹褒傳〉曰：

> 章和元年正月，乃召褒詣嘉德門，令小黃門持班固所上叔孫通《漢儀》
> 十二篇，勅褒曰：「此制散略，多不合經，今宜依禮修正，使可施行。於
> 南宮、東觀盡心集作。」

知叔孫通之《漢儀》，曹褒時所見爲十二篇。

按，叔孫通，薛人。秦時以文學徵，待詔博士。後從項梁，再從懷王，留事項王。漢王入彭城，因竟從漢。叔孫通儒服，漢王憎之，乃短衣、楚製。漢王拜爲博士。叔孫通嘗以爲：「儒者，難與進取，可與守成。」又謂：「五帝異樂，三王不同禮，禮者，因時世、人情爲之節文者也，故夏、殷、周之禮，所損益可知者，謂不相復也。」故於漢五年（西元前202）已并天下，諸侯共尊漢王爲皇帝於定陶之際，乃乘群臣飲酒爭功，拔劍擊柱之時，進言高帝，因能兼採古禮，雜就秦法，而成其儀號也。先是，從叔孫通降漢之儒生弟子百餘人，以漢王方蒙矢石，正欲斬將搴旗之士時，叔孫通皆無所言進，至此，遂與所徵三十人，及上左右爲學者，與其弟子百餘人，度高帝之所能行者，習禮樂於野外月餘。漢七年（200），乃行於初成之長樂宮。諸侯群臣皆朝，謁者治禮，引以次入殿門；廷中陳車騎、步卒、衞官，設兵，張旗幟，傳聲教入者疾行致敬；殿中郎中挾陛，每陛數百人，功臣、列侯、諸將軍、軍吏以次陳西方東向，文官丞相以下陳東方西向，設九儀，依次傳令；於是皇帝輦出房，百官執戟傳警，引諸侯王以下至吏六百名以次奉賀，莫不震恐肅敬。禮畢，復置法酒，諸侍坐殿上，皆伏首，以尊卑次起上壽。觴九行，謁者言「罷酒」。御史執法，舉不如儀者輒引去。竟朝置酒，無敢讙譁失禮者。於是高帝曰：「吾乃今日知爲皇帝之貴也。」遂拜叔孫通爲太常，賜金五百斤。叔孫通因爲諸生請官，高帝悉以爲郎。漢九年（西元前198），徙叔孫通爲太子太傅。十二年（西元前195），高帝欲以趙王如意易太子，叔孫通舉晉獻公立奚齊及秦之不早定扶蘇爲例，又謂太子仁孝、呂后與陛下攻苦而諫止之。孝惠帝即位，乃謂叔孫生曰：「先帝園陵寢廟，群臣莫能習。」因徙爲太常，而定宗廟儀法，及稍定漢諸儀法。又諫孝惠廣多宗廟，獻櫻桃。諸果獻由此興也。〔註24〕

所撰《漢儀》，既受詔而作，乃取秦舊有者而損益之，故《史記》卷二十三〈禮書〉云：

---

〔註24〕叔孫通事蹟並詳《史記》卷九十九及《漢書》卷四十三本傳。

> 秦有天下，悉內六國禮儀，采擇其善，雖不合聖制，其尊君抑臣，朝
> 廷濟濟，依古以來，至于高祖，光有四海，叔孫通頗有所增益減損，大抵
> 皆襲故。自天子稱號，下至左僚及宮室、官名，少所變改。

是其所作，乃自天子稱號，至於佐僚、宮室、官名，皆少所變改也。以藏於理官，其後又復不傳，是以漢時已寢而不著，故《漢書》卷二十二〈禮樂志〉謂：

> 今叔孫通所撰《禮儀》，與律令同錄，藏於理官，法家又復不傳，漢
> 典寢而不著，民臣莫有言者。

又通之既定儀法，以正君臣之位，則知其於禮器制度，固亦多所注意，王應麟《漢藝文志考證》卷二「漢儀」條曰：

> 《三禮注疏》所引《漢禮器制度》，通所作也。

叔孫通之度時制禮如此，其《禮器制度》乃多爲後人所引據。《周禮》卷五〈凌人〉賈公彥《疏》云：

> 《漢禮器制度》云云者，叔孫通前漢時作，《漢禮器制度》多得古之
> 周制，故鄭君依而用之也。

是其《漢禮器制度》亦多得周之禮制，蓋亦如所定《朝儀》之頗採古禮者也。又鄭玄《周禮注》云：「《漢禮器制度》：『大槃廣八尺，長丈二尺，深三尺，漆赤中。』」《周禮》卷二十〈典瑞〉賈公彥《疏》云：「云《漢禮》，瓚槃大五升，口徑八寸，下有槃，口徑一尺者，此據《禮器制度》文，叔孫通所作。」知叔孫通所定禮器之廣長大小制度有如此者。《南史》沈文阿雖嘗云：「叔孫通定禮，尤失前憲。奠贄不珪，致享無帛，公王同璧，鴻臚奏賀，若此數事、未聞於古。」〔註25〕王謨〈漢禮器制度輯本敘〉亦謂所陳冕服、車旗、彝器之類，與《朝儀》有間，然此或即叔孫通就其時世人情之不同而爲之節文者也，故太史公曰：「叔孫通希世度務，制禮進退，與時變化，卒爲漢家儒宗。」〔註26〕

今其制度雖亡，然亦散見於《三禮注疏》、《尚書疏》、《毛詩疏》、《三禮圖注》、《春秋左傳疏》及《太平御覽》諸書中，輯之成帙，亦能覘知一代典禮之一斑，是以孫星衍有輯本一卷，見於《平津館叢書》、《後知不足齋叢書》第七函、《知服齋叢書》第一集及《叢書集成初編・社會科學類》中，又王謨別有輯本一卷，見於《漢魏遺書鈔・經翼》第二冊，王仁俊亦輯有一卷，存於《玉函山房輯佚書續編・經編・通禮類》及《史編・總類》中。

---

〔註25〕見王應麟《漢書藝文志考證》卷二「漢儀」條引。
〔註26〕見《史記》卷九十九。

## 二、失撰人《封禪議對》

見於《漢志》著錄者，又有《封禪議對》十九篇，注云：「武帝時也。」知其十九篇之作，當出於武帝時之議對封禪。

考《漢書》卷五十八〈兒寬傳〉嘗曰：

> 及議欲放古巡狩封禪之事，諸儒對者五十餘人，未能有所定。

則古巡狩封禪之儀，武帝時已不能明，因召諸儒議，而對者乃有五十餘人。〈兒寬傳〉又曰：

> 先是，司馬相如病死，有遺書，頌功德，言符瑞足以封泰山，〔註27〕上奇其書，以問寬，寬對曰：「陛下躬發聖德，統輯群元，宗祀天地，薦禮百神，精神所鄉，徵兆必報，天地並應，符瑞昭明。其封泰山，禪梁父，昭姓考瑞，帝王之盛節也。然享薦之義，不著于經，以爲封禪告成，合袪於天地神祇，祗戒精專以接神明。總百官之職，各稱事宜而爲之節文，唯聖主所由，制定其當，非群臣之所能列。今將擧大事，優游數年，使群臣得人自盡，終莫能成。唯天子建中和之極，兼總條貫，金聲而玉振之，以順成天慶，垂萬世之基。」上然之，乃自制儀，采儒術以文焉。

是封禪之事，既未能定，寬因以「唯聖主所由，制定其當，非群臣所能列」者對之，武帝遂自制儀，而採儒術以文焉，是議對者雖有多人，然如兒寬，蓋其尤著者，故《漢書》特錄其言而著之於篇。

按，兒寬，千乘人，治《尚書》，事歐陽生。以郡國選詣博士，受業孔安國。爲人溫良，善屬文，然懦於武。時張湯爲廷尉，廷尉府盡用文史法律之吏，而寬以儒生在其間。會廷尉時有疑奏，掾史莫知所爲，寬爲言其意，掾史因使寬爲奏，奏成，讀之皆服，以白廷尉湯，湯大驚，召寬與語，乃奇其才，以爲掾。上寬所作奏，即時得可。異日，湯見上，問曰：「前奏非俗吏所及，誰爲之者？」湯言兒寬，上曰：「吾固聞之久矣。」湯由是以寬爲奏讞掾，以古法義決疑獄，甚重之。及湯爲御史大夫，以寬爲掾，擧侍御史。見上，語經學，上說之，從問《尚書》

〔註27〕按，《漢書》卷五十七（下）〈司馬相如傳〉曰：「相如既病免，家居茂陵。天子曰：『司馬相如病甚，可往從悉取其書，若後之矣。』使所忠往，而相如已死，家無遺書。問其妻，對曰：『長卿未嘗有書也。時時著書，人又取去。長卿未死時，爲一卷書，曰有使來求書，奏之。』其遺札書言封禪事，所忠奏焉，天子異之。」又曰：「於是天子沛然改容，曰：『俞乎，朕其試哉！』乃遷思回慮，總公卿之議，詢封禪之事，詩大澤之博，廣符瑞之富。」又曰：「相如既卒五歲，上始祭后土。八年而遂禮中岳，封于大山，至梁甫，禪肅然。」又宋章如《愚山堂考索前集》曰：「非有《漢群祀》三十六篇、《議對》十九篇，則孟堅〈郊祀志〉何所考證而作也！」

一篇，擢爲中大夫，遷左內史。寬既治民，勸農業，緩刑罰，理獄訟，卑體下士，務在於得人心；擇用仁厚士，推情與下，不求名聲，吏民大信愛之。寬表奏開六輔渠，定水令，收租稅，與民相假貨，上由此愈奇寬。及議封禪事成，拜爲御史大夫，從東封泰山，後與司馬遷等共定漢《太初曆》，以官卒，事詳《漢書·兒寬傳》。

由此可知寬乃善於文事者也。〈兒寬傳〉又曰：

> 初，梁相褚大通五經，爲博士，時寬爲弟子。及御史大夫缺，徵褚大，大自以爲得御史大夫，至洛陽，聞兒寬爲之，褚大笑。及至，與寬議封禪於上前，大不能及，退而服曰：「上誠知人。」

斯又知與於議封禪於上前者，又有褚大。按，褚大，蘭陵人，《漢書》卷八十八〈儒林胡毋生傳〉曰：

> 胡毋生，字子都，齊人也。治《公羊春秋》，爲景帝博士，與董仲舒同業，仲舒著書稱其德。年老，歸教於齊，齊之言《春秋》者宗事之，公孫弘亦頗受焉。而董生爲江都相，自有傳。弟子遂之者，蘭陵褚大、東平嬴公、廣川段仲、溫呂步舒。大至梁相。

是褚大雖通五經，爲博士，列名儒林，然與寬議封禪於帝前，亦不能及也。又《漢書》卷二十五（上）〈郊祀志〉云：

> 自得寶鼎，上與公卿諸生議封禪。封禪用希曠絕，莫知其儀體，而群儒采封禪尚書、周官、王制之望祀射牛事。齊人丁公年九十餘，曰：「封禪者，古不死之名也，秦皇帝不得上封，陛下必欲上，稍上即無風雨，遂上封矣。」上於是乃令諸儒習射牛，草封禪儀。數年，至且行。天子既聞公孫卿及方士之言，黃帝以上封禪皆致怪物與神通，欲放黃帝以接神人蓬萊，高世比德於九皇，而頗采儒術以文之，群儒既已不能辯明封禪事，又拘於《詩》、《書》、古文而不敢騁。上爲封祠器視群儒，群儒或曰：「不與古同。」徐偃又曰：「太常諸生行禮不如魯善。」周霸屬圖封事，於是上黜偃、霸，而盡罷諸儒弗用。

知武帝之議封禪事，更見於〈郊祀志〉。考武帝初即位，即敬鬼神之祀，又漢興已六十餘歲，天下艾安，縉紳之屬因皆望天子封禪，而上亦向儒術，招賢良，趙綰、王臧等皆以文學爲公卿，而竇太后不好儒術，使人微伺趙綰等姦利事。綰、臧自殺，諸所興遂皆廢也。及竇太后崩，又徵文學之士。有李少君者，見上，上尊之。於是天子向心於入海求蓬萊，而海上燕、齊怪迂之方士多更來言神事矣。及得鼎於汾陰，薦之，於是長安公卿大夫皆議尊寶鼎。有齊人公孫卿者曰：

漢之聖者，在高祖之孫且曾孫也。寶鼎出而與神通，封禪。封禪七十
二王，唯黃帝得上泰山封。

又曰：

漢帝亦當上封，上封則能僊登天矣。黃帝萬諸侯，而神靈之封君七千。
天下名山八，而三在蠻夷，五在中國。中國華山、首山、大室山、泰山、
東萊山，此五山黃帝之所常游，與神會。黃帝且戰且學僊，患百姓非其道，
乃斷斬非鬼神者。百餘歲然後得與神通。

於是天子曰：「嗟乎！誠得如黃帝，吾視去妻子如脫屣耳。」是武帝之議封禪，有由
來矣，而群儒議對者雖多，皆不能明封禪事，宜乎寬議之獨爲上所賞識矣。今其十
九篇之數，固不可得，然班史之〈郊祀志〉可覆按也。

## 三、失撰人《漢封禪群祀》

《漢志》次《封禪議對》之後，又著錄有《漢封禪群祀》三十六篇，蓋亦記武
帝封禪之事。

《漢書》卷二十五（上）〈郊祀志〉云：

上因東上泰山，泰山草木未生，乃令人上石立之泰山顛。上遂東巡
海上……。

又卷五十八〈兒寬傳〉曰：

拜寬爲御史大夫，從東封泰山。

卷二十五下〈郊祀志〉云：

泰山五年一修封，武帝凡五修封。昭帝即位，富於春秋，未嘗親巡祭云。

知東行封禪，乃武帝之大事，是以天子之始建漢家之封，而司馬談以病滯留周南，
不得從行，遂發憤且卒，因勉遷以著史矣。

今其三十六篇之數，亦不可得見，蓋亦散在《史》、《漢》之中，故章如愚《山堂
考索前集》曰：「非有《漢群祀》三十六篇、《議對》十九篇，則孟堅〈郊祀志〉何所
考證而作也！」又《文心雕龍》卷二〈祝盟篇〉曰：「漢之群祀，肅其旨禮，既總碩儒
之儀，亦參方士之術。」則其三十六篇所論，當以議出多方，而有同於越巫之祝者矣。

## 四、失撰人《甘泉鹵簿》

《續漢‧輿服志》（上）云：

乘輿大駕，公卿奉引，太僕御，大將軍參乘。屬車八十一乘，備千乘
萬騎。西都行祠天郊，甘泉備之。官有其注，名曰《甘泉鹵簿》。

是漢之甘泉，以自古爲祭天之處，車駕必幸，因有《甘泉鹵簿》也。宋章如愚《山堂考索前集》曰：

> 漢之甘泉，自古祭天圓丘之處也，本秦林光宮，自文帝時郊五時，武帝立泰時，三歲一郊，車駕必幸雍，幸甘泉，故有《甘泉鹵簿》。

《甘泉鹵簿》，蔡邕時已謂幽僻藏蔽，莫之得見，〔註28〕今固佚久矣。

夫祭天與地，固古帝王之大事，是以王莽〔註29〕頗議改其祭禮。莽曾奏言：

> 謹與太師光、大司徒宮、羲和歆等八十九人議，皆曰天子父事天，母事墬，今稱天神曰皇天上帝，泰一兆曰泰時，而稱地祇曰后土，與中央黃靈同，又兆北郊未有尊稱。宜令地祇稱皇墬后祇，兆曰廣時。《易》曰：「方以類聚，物以群分。」分群神以類相從爲五部……。

莽又言：

> 帝王建立社稷，百王不易。社者，土也；宗廟，王者所居；稷者，百穀之主，所以奉宗廟，共粢盛，人所食以生活也。王者莫不尊重親祭，自爲之主，禮如宗廟。

故高帝除秦社稷，立漢社稷，所謂太社也。時又立官社，配以夏禹，所謂王社也。〔註30〕凡莽諸議，皆與劉歆等所共論定，其事具見《漢書》卷二十五（下）〈郊祀志〉。又元始三年，莽又奏立明堂、辟癱，並見《漢書》卷十二〈平帝紀〉。凡所奏立，當皆嘗考經文，審定從違，是以中興之郊祭群祀，乃皆採以行事，今苟能輯之成書，亦可備一代之典禮也。

## 五、衞宏《漢舊儀》、《漢中興儀》

《後漢書·儒林列傳》曰：

> 宏作《漢舊儀》四篇，以載西京雜事。

《隋志》亦有《漢舊儀》四卷，注云：「衞敬仲撰。」

按，敬仲，宏字。衞宏，東海人，少與河南鄭興皆好古學。《後漢書》本傳稱其事云：「初，九江謝曼卿善《毛詩》，乃爲其訓。宏從曼卿受學，因作〈毛詩序〉，善得風雅之旨，于今傳於世。後從大司空杜林更受《古文尚書》，爲作訓旨。時濟南徐巡師事宏，後從林受學，亦以儒顯，由是古學大興。光武以爲議郎。」宏除撰《漢

---

〔註28〕見《續漢·輿服志》（上）劉昭《補注》引蔡邕《表志》。

〔註29〕按，王莽，字巨君，孝元皇后之弟子。元始元年，以莽有定國安漢之大功，賜號安漢公。曾奏起明堂、辟雍、靈台，爲學者築舍萬區，作市，常滿倉，制度甚盛。事見《漢書》卷九十九。

〔註30〕見《漢書》卷二十五（下）〈郊祀志〉注引。

舊儀》四篇外，別有賦、頌、誄等，時皆傳於世。

　　所撰《漢舊儀》，《舊唐志》作《漢書儀》四卷，「書」當作「舊」，故《新唐志》改作衞宏《漢舊儀》，卷同《隋志》。至《宋史・藝文志》則卷止有三，《崇文總目》及《史略》所載亦存三卷，知非宏全書矣。宋陳振孫《直齋書錄解題》卷六有「《漢官舊儀》三卷」，陳氏謂：「漢議郎東海衞宏敬仲撰。或云胡廣。」蓋後人以輾轉傳寫，或因應劭有《漢官儀》之作，或以其多載官制，遂妄增「官」字，又以書非宏之原目，遂啓振孫之疑也。存於《四庫全書》中者，乃從《永樂大典》錄出，雖亦增一「官」字，且不著撰人名氏，然《四庫》館臣以爲：「案《永樂大典》此卷，雖以『漢官』標題，而篇目自皇帝起居、皇后親蠶，以及璽綬之等、爵級之差，靡不條繫件舉，與宏傳所云西京雜事相合。又前、後《漢書》注中凡引用《漢舊儀》者，並與此卷所載相同，則其爲衞氏本書更無疑義。或後人以其多載官制，增題『官』字歟？」（《四庫提要》卷八十二）是宏書當從其本傳作《漢舊儀》。今有孫星衍輯本二卷、《補遺》二卷，見於《平津館叢書》、《後知不足齋叢書》第七函、《知服齋叢書》第一集、《叢書集成初編・社會科學類》及《四部備要・史部・政書・漢官六種》中。黃奭《黃氏逸書考（漢學堂叢書）・子史鈎沈》及王仁俊《玉函山房輯佚書續編・史編・總類》，亦各輯存一卷，王氏題曰：「《漢官儀》」。又《四庫全書・史部・政書類》存有一卷，《補遺》一卷；《武英殿聚珍版書・史部》、《反約篇》、《榕園叢書乙集》、《清芬堂叢書・史部》、《勵志齋叢書》及《叢書集成初編・社會科學類》皆存有二卷，《補遺》一卷，並作「《漢官舊儀》」。

　　其書之載西京雜事，乃多陳故事，而及於官制。蓋以原本之轉相鈔錄，致節目淆亂，字句舛譌，殆不可讀，《四庫》館臣因據兩漢正史，綜覈參訂，以獻其疑，其原有注者，則略仿劉昭注《百官志》之例，通爲大書以別之，又考前、後《漢書》紀、志，《注》中別有徵引《舊儀》數條，並屬郊天、祫祭、耕籍、飲酎諸大典，蓋流傳脫佚者，遂復蒐擇甄錄，別爲一篇，附諸卷尾，補未備云。又《四庫提要》卷八十三《政書類存目》有《別本漢舊儀》二卷，蓋後人從《漢書注》中摘錄而成，裒集之本，雖有足資稽證者，然錯雜乖體，《四庫》館臣乃置而不論矣。

　　據《隋志》則梁又有衞敬仲《漢中興儀》一卷，亡。按《續漢・禮儀志》引譙周《五經然否》曰，漢中興定禮儀，群臣欲令三老答拜云云，似即《中興儀》中一事，又按《後漢書・張純傳》（列傳二十五），純在朝歷世，明習故事，建武初，舊章多闕，自郊廟、婚冠、喪紀禮儀多所正定，此蓋衞宏是書之所本也。〔註31〕

## 六、馬第伯《封禪儀記》

據《續漢·祭祀志》（上）注引馬第伯《封禪儀記》云云，知馬第伯有是書矣。此書不見於隋、唐諸志，原書卷數不可知，亦未詳馬第伯始末。嚴可均嘗就《續漢志注》、《水經注》、舊寫本《書鈔》、《藝文類聚》、《初學記》、《白孔六帖》、《通典》、《御覽》、《錦繡萬花谷》所引共四十九條，合錄成篇，輯於《全後漢文》卷二十九中，宛委山堂本《說郛》弓五十一及顧櫰三《補後漢書藝文志》卷六亦各存錄一卷，又嚴可均曰：「前明孫月峯（鑛）有補訂本，采輯不全。」

今據嚴氏輯本所錄，知馬第伯乃於光武帝建武三十二年（56），東巡狩時，以郎官從事者。又曾樸《補後漢書藝文志》卷六引《冊府元龜》謂：「馬伯第建武末制《封禪儀》。」知此書所載，乃歷記光武帝於建武末車駕東巡狩之事，馬氏以親身參予，而為縷述其見聞，自正月二十八日發雒陽宮起，凡君臣上下之始齋，登魯泰山之經過及其艱難，與夫封禪之事，路上所見之奇石異木，所知之遺聞軼事，所記亦云詳明矣。

## 七、曹褒《漢禮》

曹褒之撰《漢禮》，共成一百五十篇，見於褒本傳。《後漢書》列傳第二十五載其撰作之始末甚詳，其言曰：

> 褒知帝旨欲有興作，乃上疏曰：「昔者聖人受命而王，莫不制禮作樂，以著功德。功成作樂，化定制禮，所以救世俗，致禎祥，為萬姓獲福於皇天者也。今皇天降祉，嘉瑞並臻，制作之符，甚於言語。宜定文制，著成《漢禮》，丕顯祖宗盛德之美。」章下太常，太常巢堪以為一世大典，非褒所定，不可許。帝知群僚拘攣，難與圖始，朝廷禮憲，宜時刊立。明年復下詔曰：「朕以不德，膺祖宗弘烈。乃者鸞鳳仍集，麟龍並臻，甘露宵降，嘉穀滋生，赤草之類，紀于史官。朕夙夜祗畏，上無以彰于先功，下無以克稱靈物。漢遭秦餘，禮壞樂崩，且因循故事，未可觀省，有知其說者，各盡所能。」褒省詔，乃歎息謂諸生曰：「昔奚斯頌魯，考甫詠殷。夫人臣依義顯君，竭忠彰主，行之美也。當仁不讓，吾何辭哉！」遂復上疏，具陳禮樂之本，制改之意。拜褒侍中。從駕南巡，既還，以事下三公，未及奏，詔召玄武司馬班固，問改定禮制之宜。固曰：「京師諸儒，多能說禮，宜廣招集，共議得失。」帝曰：「諺言：『作舍道邊，三年不成。』會禮之家，名為聚訟，互生疑異，筆不得下。昔堯作大章，一夔足矣。」章和元年正月，乃召褒詣嘉德門，令小黃門持班固所上叔孫通《漢儀》十二篇，勅褒曰：「此制散略，多不合經，今宜依禮條正，使可施行。於南

宮、東觀盡心集作。」褒既受命，乃次序禮事，依準舊典，雜以五經讖記
之文，撰次天子至於庶人冠、婚、吉、凶終始制度，以爲百五十篇，寫以
二尺四寸簡。其年十二月奏上。帝以眾論難一，故但納入，不復令有司平
奏。會帝崩，和帝即位，褒乃爲作章句，帝遂以《新禮》二篇冠。擢褒監
羽林左騎。永元四年，遷射聲校尉。後太尉張酺、尚書張敏等奏褒擅制《漢
禮》，破亂聖術，宜加刑誅。帝雖寢其奏，而《漢禮》遂不行。

是褒之序次禮事，乃奉詔而作，或稱《新禮》。既依準舊典，雜以五經讖記之文，蓋
亦取叔孫通之十二篇《漢儀》而條正之也。所撰自天子，至於庶人，凡冠、婚、吉、
凶終始制度，莫不在焉。起章帝章和元年（87）正月，迄十二月，蓋一年而一百五
十篇之書皆寫以二尺四寸之簡奏上矣。及和帝即位，遂以《新禮》二篇冠。然以眾
論難一，至有奏其擅制漢禮，破亂聖術，宜加刑誅者，故所撰終不行世。

按，曹褒，字叔通，魯國薛人。明帝永平中，舉孝廉，再遷圉令。章帝時，免
官，歸爲郡功曹，徵拜博士。元和中，拜侍中。和帝永元初，擢監羽林左騎，遷射
聲校尉，歷城門校尉、將作大匠，出爲河內太守，免，復爲侍中。卒官。〔註32〕《後
漢書》本傳稱：

> 父充，持慶氏禮，建武中爲博士，從巡狩岱宗，定封禪禮，還，受詔
> 議立七郊、三雍、大射、養老禮儀。顯宗即位，充上言：「漢再受命，仍
> 有封禪之事，而禮樂崩闕，不可爲後嗣法。五帝不相沿樂，三五不相襲禮，
> 大漢當自制禮，以示百世。」帝問：「制禮樂云何？」充對曰：「《河圖括
> 地象》曰：『有漢世禮樂文雅出。』《尚書琁機鈐》曰：『有帝漢出，德洽
> 作樂，名予。』」帝善之，下詔曰：「今且改太樂官曰太予樂，歌詩曲操，
> 以俟君子。」拜充侍中。

又謂：

> 褒少篤志，有大度，結髮傳充業，博雅疎通，尤好禮事。常感朝廷制
> 度未備，慕叔孫通爲《漢禮儀》，晝夜研精，沈吟專思，寢則懷抱筆札，
> 行則誦習文書，當其念至，忘所之適。

是如曹褒者，乃父子世業，而深於禮學者也。其父充既嘗定《封禪禮》，又受詔議立
大射、養老禮儀，褒又傳父業，且慕叔孫通之爲《漢禮儀》，而晝夜研精，沈吟專思，
至於寢則懷抱筆札，行則誦習文書，則其百五十篇之書，當是精意所寄。惟以其時
眾論之難一，竟不行於世，豈果以多案古式，而建用失宜致然歟？《宋書》卷十四

---

〔註32〕詳《後漢書》列傳第二十五。

〈禮志〉云:「漢順帝冠,又兼用曹褒《新禮》,褒《新禮》今不存。」是褒之所撰,世亦嘗稍用之,然至劉宋時則已亡失矣。

## 八、胡廣《漢舊儀》

《南齊書》卷九〈禮志序〉云:

> 漢初,叔孫通制《漢禮》,而班固之志不載。及東京,太尉胡廣撰《舊儀》,左中郎蔡邕造《獨斷》,應劭、蔡質咸綴識時事,而司馬彪之書不取。

是東京之時,言漢世之制度禮文者,又有胡廣之《舊儀》、蔡邕之《獨斷》以及應劭、蔡質諸人之所作。

按,胡廣有《漢官解詁》,並其事蹟,參見前節。所撰《舊儀》,則不見於《隋志》,蓋佚已久。今王謨有胡廣《漢制度》輯本一卷,見於《漢魏遺書鈔‧經翼》第二冊《漢禮器制度》附,孫星衍以《漢制度》之名不見於《隋志》,因據群書所引,亦得十條,附於胡廣《漢官解詁》之後,又顧櫰三《補後漢書藝文志》卷六亦載入數則。考汪文臺輯謝沈《後漢書‧禮儀志》云:「太傅胡廣,博綜舊儀,立漢制度,蔡邕因以為志,譙周後改定以為《禮儀志》。」又《南齊書》卷十六〈百官志序〉曰:「胡廣《舊儀》,事惟簡撮,應劭《官典》,殆無遺恨。」則廣所撰者,當徧及諸舊儀,而為之簡撮。

本傳之稱胡廣博物洽聞,明解朝章,知其有足多者,又以歷仕要職,而練達事體,則所綴識,當有可觀,故《續漢‧律曆志》(下)注引蔡邕〈戍邊上章〉嘗曰:「臣自在布衣,常以為《漢書》十志,下盡王莽,而世祖以來,惟有紀傳,無續志者。臣所師事故太傅胡廣,知臣頗識其門戶,略以所有舊事與臣,雖未備悉,初見首尾。」知胡廣《舊儀》,當亦為儀制之屬,是以蔡邕因以為志,而譙周又改定為《禮儀志》。今觀《後漢書‧光武紀、儒林傳》兩注及《續漢志》注所引,有但稱胡廣說者,《太平御覽‧服章部》引董巴《輿服志》中之每引胡廣說,皆應出此書,是裒之成帙,亦可嘗鼎一臠。

## 九、蔡邕《獨斷》

蔡邕曾在東觀與盧植、韓說等撰《補後漢記》,著有《靈記》及《十意》,又補有諸列傳四十二篇,並其事蹟,已見第三章第三節。其作《獨斷》,亦見於《後漢書》本傳,又《唐日本國見在書目‧雜家》載有一卷,注云:「今案蔡邕撰。」《崇文總目》史部及《通志‧藝文略‧儀注類》皆作二卷。《宋志》入〈故事類〉,晁氏《讀書志》在〈經部‧經解類〉,陳氏《書錄》歸〈史部‧禮注類〉,《四庫全書》收於〈子部‧雜家二〉,卷並同《崇文》所載。而其所以不見於隋、唐諸志者,嚴可均《鐵橋

漫稿・重編蔡中郎集敍》曰：「案本傳：所著詩、賦、碑、誄、《獨斷》、《勸學》等凡百四篇。是晉、宋古本，《獨斷》在集中。」是隋、唐相傳，《獨斷》猶在《蔡中郎集》也。其集外別行，見於著錄者，當自《日本書目》及《崇文總目》始，其云「今案」者，蓋以集外單行，故明著其撰人也。

　　所撰《獨斷》，乃言漢以來之制度、禮文、車服、品式、稱謂，並諸帝世系，而兼及前代禮樂，凡數百事，皆考論舊制，纂述遺文之作，蓋爲禮注掌故之屬也。其書唐人多引用之，至宋王應麟《玉海》已謂其間有顚錯。考今書中之序歷代帝系，末云：「從高祖乙未至今壬子歲三百十一年。」壬子，爲靈帝建寧五年，而靈帝世系末行小注乃有二十二年之事，又有獻帝之謚，知此乃非邕本文，蓋已爲後人所竄。〔註33〕是書於禮制多信《禮記》，不從《周官》，各條解義，亦多與鄭玄禮注合。又《續漢書・輿服志》謂：樊噲冠廣九寸，高七寸，前後出各四寸。是書則稱廣七寸，前出四寸，其詞小異。劉昭〈輿服志注〉引《獨斷》曰：「三公諸侯九旒，卿七旒。」今本則作三公九，諸候卿七；〈建華冠注〉引《獨斷》曰：「其狀若婦人縷鹿。」今本並無此文；又《初學記》引《獨斷》曰：「乘輿之車皆副轄者，施轄於外，乃復設轄者也。」與今本亦全異。是或諸家援引偶譌，或今本傳寫脫誤，均未可知也。〔註34〕

　　今其書除《四庫全書》本外，《百川學晦》、《漢魏叢書》及《叢書集成初編》中，亦並存二卷，見於《四部叢刊三編》者，附有張元濟《校堪記》一卷，見於《抱經堂叢書》及《龍谿精舍叢書》者，有盧文弨校蔡邕《獨斷》二卷，又《古今逸史》、《廣漢魏叢書》、《格致叢書》、《增定漢魏六朝別解》、《唐宋叢書》、宛委山堂本《說郛》、張宗祥校明鈔本《說郛》、《增訂漢魏叢書》、《子書百家》、《百子全書》、《子書四十八種》及《景印元明善本叢書十種》中，亦各有一卷，《經籍佚文》中有王仁俊輯《獨斷佚文》一卷。

## 十、應劭《漢官禮儀故事》

　　《後漢書》列傳第三十八〈應劭傳〉曰：

　　　　時始遷都於許，舊章堙沒，書記罕存，劭慨然歎息，乃綴集所聞，著
　　《漢官禮儀故事》。凡朝廷制度，百官典式，多劭所立。

知應劭於獻帝遷都於許時，即撰有《漢官禮儀故事》，其於朝廷制度，百官典式，既皆有所聞悉，則所撰當兼及儀典職官者，唯今見於《隋志》所載，乃止於職官類中之《漢官儀》十卷，《舊唐志》所著錄者同，《新唐志》則移其《漢官儀》於

〔註33〕見《四庫提要》卷一百十八。
〔註34〕同前。

儀注類，《唐日本國見在書目》稱作《漢官職》，皆作十卷，蓋皆非其原書。至《宋志・儀注類》則存一卷，《崇文總目》、《直齋書錄解題》並入〈職官類〉，亦各止一卷。知宋時其全書已亡。，今有孫星衍輯本二卷，存於《平津館叢書》、《後知不足齋叢書》第七函、《知服齋叢書》第一集、《叢書集成初編・社會科學類》，及《四部備要・史部・政書・漢官六種》中，黃奭《黃氏逸書考（漢學堂叢書）・子史鈎沈》亦有輯本一卷，王仁俊《經籍佚文》，有《佚文》一卷，又宛委山堂本《說郛》弓五十九及《古今說部叢書一集》亦各存一卷，嚴可均《全後漢文》卷三十四及卷三十五中共存二卷。

　　按，劭撰有《漢書集解》，並其事蹟，已見第三章第一節，所撰《漢官禮儀故事》，既記朝廷制度，百官典式，唯陳振孫所見一卷，則止載三公官名及名姓、州里而已，嚴可均所輯，乃多見其記官職、祿秩、行事、禮儀及諸人爵里、名姓也。觀劭以其時舊章漸見堙沒，且書記少存，遂慨然而有所綴識建立，是漢官典之所以不即亡於當時者，由劭記之也。〔註35〕《南齊書》卷十六〈百官志序〉曰：「胡廣《舊儀》，事惟簡撮，應劭《官典》，殆無遺恨。」知其所記，當有勝於王隆、胡廣者。《續漢・祭祀志注》、《通典・禮門注》、《水經・汶水注》等之引應劭《漢官》，並見其載有馬第伯《封禪儀記》云云，又諸書所引，亦有其《狀人紀》，知所撰蓋亦刪採眾作而成。又《宋書・禮志》、《續漢・輿服志注》、《通典・禮門注》引有應劭《漢官鹵簿圖》，《唐六典》注（卷十、四十、六十八）並引有《漢官儀鹵簿篇》，章宗源以為此係其《漢官儀》分篇之可見者（《隋志考證》卷十），《續漢書・百官志注》之引有應劭《漢官名秩》，侯康亦以為係書之子目，又《御覽》二百三十七引《漢官・宰尹・下》，其文與《北堂書鈔》引《漢官儀》略同，侯氏因謂：「則所引者，必應劭《漢官》，非王隆《漢官》，〈宰尹〉蓋亦其篇名而又分上下也。」（《補後漢藝文志》卷三）是應氏之書，當有子目，惜並李埴所補一卷（見《直齋書錄解題》卷六），今俱不傳，詳不可知。

## 十、蔡質《漢儀》

　　《南齊書》卷九〈禮志〉之敘蔡質所撰書，既次於叔孫通《漢禮》及胡廣《舊儀》、蔡邕《獨斷》之後，而與應劭並列，且以為「咸綴識時事，而司馬彪之書不取。」

---

〔註35〕姚振宗《後漢藝文志》卷二「應劭漢議」、「駁議」條下云：「按劭以陶謙殺曹操父嵩于泰山郡界，因畏操棄郡奔袁紹，未嘗身至許下，其作此二書及《漢官禮儀故事》皆在於鄴，此二書則由鄴奏進于朝，得拜軍謀校尉，其《漢官禮儀故事》未必奏上，史稱朝廷制度，百官典式，多劭所立云云者，謂其所立之紀載耳，非當時實有其事也。」

則蔡質所作，蓋亦博綜典儀，如應劭之所撰，而爲儀注之書，故《續漢・禮儀志》及〈百官志注〉所引，乃屢有蔡質《漢儀》。

按，蔡質，史不立傳，據《續漢書・律曆志》（下）注引蔡邕〈戍邊上草〉曰：「以叔父故衞尉質，時爲尙書，召拜郎中，受詔詣東觀著作，遂與群儒拜議郎，沐浴恩澤，承答聖問，前後六年。質奉機密，趨走陛下，遂由端右，出相外藩，還引輦轂，旬日之中，登躡上列，父子一門，兼受恩寵，不能輸寫心力，以效絲髮之功，一旦被章，陷沒辜戮，陛下天地之德，不忍刀鋸截臣首領，得就平罪，父子家屬，徙充邊方，完全軀命，喘息相隨。」又《後漢書・蔡邕傳・集解》引《蔡中郎集》邕與人書嘗謂：「邕薄祜，早喪二親，年踰三十，鬢髮二色，叔父親之，猶若幼童。」《蔡邕本傳》稱：「邕與叔父從弟（谷）同居，三世不分財，鄉黨高其義。」又於「叔父衞尉質」句，章懷太子《注》曰：「質，字子文，著《漢職儀》。」《晉書・蔡豹傳》謂：「豹，陳留圉城人，高祖質，漢衞尉，左中郎將邕之叔父也。」知蔡質者，字子文，陳留圉城人，乃邕之叔父，豹之高祖也。

所撰《漢儀》，據劉昭之注《續漢・禮儀志》以爲，漢立皇后，乃國禮之大，而志無其儀，良未可了，因取蔡質所記之靈帝立宋皇后儀，以備其闕。則其博採可知。今見於《隋志・職官類》著錄者，作蔡質《漢官典職儀式選用》二卷，《舊唐志》闕，《新唐志》入〈儀注類〉，作蔡質《漢官典儀》，止存一卷。《宋志》、《書錄解題》並同《新唐志》，唯陳振孫則改隸〈職官類〉，《崇文總目》卷同唐、宋志，亦入〈儀注〉，然題名作《漢官典則儀式選用》。是蔡氏所撰，隋時當唯其《漢官典職儀式選用》二卷行世，而唐、宋時又闕其一卷。高似孫曰：「其言儀者，多涉故事，」（《史略》卷六）《玉海・書目》曰：「《漢官典儀》一卷，蔡質撰，記漢官位序、職掌及上書、謁見儀式。」則質之綴識時事所成者，固不僅職官一類，《隋志》所載，蓋其本書之別出者，以其原爲儀注之作，而所析出者又率爲職官之屬，宜乎諸史志之或歸職官，或在儀注矣。〔註36〕

〔註36〕按，蔡質《漢儀》見引於群書者，稱名頗多，如《後漢書・蔡邕傳注》之稱其爲「漢職儀」，《漢書・百官公卿表注》之稱爲「漢官典職儀」，《水經・穀水注》、《文選・西京賦貴躬詩注》之作「漢官典職」，《後漢書・光武紀注、鍾離意、周景、朱儁傳注》之作「漢典職儀」，〈安帝紀注〉之作「漢官典儀」，《北堂書鈔》、《初學記》之或作蔡質「漢官儀」，或作「漢官」者是也。姚振宗《隋志考證》卷十七以爲：「此《漢官典職儀式選用》二卷，則後人從蔡氏《漢儀全書》中錄出。其曰選用，明是選錄之本，取其合於時宜者而用之也。」然則所謂《漢儀》、《漢職儀》、《漢官典職儀》、《漢官典職》、《漢典職儀》、《漢官典儀》、《漢官儀》、《漢官》、《漢官典職儀式選用》者，或取全書而言，或爲省稱，或就選錄本取用，蓋一書之異名也。至有作「漢書典儀」者，則當是「漢官典儀」之誤。

今其書皆佚已久，黃奭有輯本一卷，題「漢官典儀」，見於《黃氏逸書考（漢學堂叢書）‧子史鈎沈》中，又孫星衍亦有輯本一卷，作「漢官典職儀式選用」，在《平津館叢書》、《後知不足齋叢書》第七函、《知服齋叢書》第一集、《叢書集成初編‧社會科學類》及《四部備要‧史部‧政書‧漢官六種》中，至於宛委山堂本《說郛》弓五十一之別有蔡質撰《朝會儀記》一卷者，蓋亦蔡質所撰《漢儀》之殘文。

夫舊制儀品，有足資參證者矣，是以蔡質等皆嘗用心於此。至於光武帝子東平憲王劉蒼，於永平初，以時中興三十餘年，四方無虞，乃與公卿所共議定之南北郊冠冕車服制度，〔註37〕雖論議之言，或未成帙，然如王仁俊者，乃亦嘗為之輯佚，得有一卷，題曰「南北郊冕服議」，存《玉函山房輯佚書續編‧經編‧通禮類》中。又如兼詳制度地理而失撰名之《茂陵書》，〔註38〕今亦有洪頤煊之輯本一卷，見於《問經堂叢書‧經典集林》中。以此知，雖時移世異，古籍有不可廢者矣。

# 第四節　律令之孳生

刑章者，所以止暴明禮。是以《周官》有司寇、司刑，以齊不軌，以刑邦國，又有御史掌治朝之法，太史掌萬民之約契與質劑。蓋行刑賦事，必問諸遺訓而徵故實也。及於後世，因時制宜，緣民之情，亦有損益。漢自蕭何定律令，韓信申軍法，張蒼制章程，叔孫通定儀法，條流派別，一代之制，燦然浸多。故《晉書》卷三十〈刑法志〉曰：

---

〔註37〕見《後漢書‧光武十王列傳》第三十二。

〔註38〕按，顏師古《漢書‧高紀注》云：「臣瓚曰：《茂陵書》：『象郡治臨塵，去長安萬七千五百里。』」是瓚前當有其書，故《漢書敘例》補注引云：「瓚所采眾家音義，自服虔、孟康以外，並因晉亂湮滅，不傳江左，而〈高紀〉中瓚案《茂陵書》，〈文紀〉中案《漢秩祿令》，此二書亦復亡失，不得過江。明此瓚是晉中朝人，未喪亂之前，故得具其先輩《音義》及《茂陵書》、《漢令》等耳。」又《史記集解序‧索隱》曰：「（臣瓚）注《漢書》，有引《祿秩令》及《茂陵書》，然彼二書亡於西晉。」是其書佚已久。茂陵，在長安西北八十里，即今陝西興平縣東北二十七里處，漢初為茂鄉，屬槐里縣。建元二年，武帝初置茂陵邑，後元二年葬於此。《漢書‧荼傳》言，赤眉燒長安，宗廟園陵皆發掘，唯霸陵、杜陵完。是武帝陵寢當亦遭挖掘，茂陵中書豈出於斯時耶？此書所載，今見於《漢書》臣瓚所引者，凡〈高帝紀〉、〈文帝紀〉、〈武帝紀〉、〈百官公卿表〉、〈禮樂志〉、〈食貨志〉、〈衛青傳〉、〈公孫賀傳〉，綜十餘條，裴駰《史記集解》中引瓚說者，亦間有《茂陵書》數條，《唐六典》卷十九〈注〉又別出一條，吉光片羽，亦彌足珍貴。

　　漢承秦制，蕭何定律，除參夷連坐之罪，增部主見知之條，益事律與《興》、《廄》、《戶》三篇，合爲九篇，叔孫通益律所不及《傍章》十八篇、張湯《越宮律》二十七篇、趙禹《朝律》六篇，合六十篇。又漢時決事，集爲《令甲》以下三百餘篇。及司徒鮑公撰嫁娶辭訟決爲《法比都目》，凡九百六卷。世有增損，率皆集類爲篇，結事爲章，一章之中，或事過數十，事類雖同，輕重乖異，而通條連句，上下相蒙，雖大體異篇，實相採入。《盜律》有賊傷之例，《賊律》有盜章之文，《興律》有上獄之法，《廄律》有逮捕之事，若此之比，錯糅無常，後人生意，各爲章句。叔孫宣、郭令卿、馬融、鄭玄諸儒章句，十有餘家，家數十萬言，凡斷罪所當由用者，合二萬六千二百七十二條，七百七十三萬二千二百餘言。言數益繁，覽者益難。天子於是下詔，但用鄭玄章句，不得雜用餘家。

知漢時律法，自蕭何之作《九章律》起，至於鄭玄章句止，已繁乎雜矣。

## 一、蕭何等諸家所撰《漢律》

　　程樹德〈漢律考序〉云：

　　　　漢蕭何作《九章律》，益以叔孫通《傍章》十八篇及張湯《越宮律》二十七篇、趙禹《朝律》六篇，合六十篇，是爲《漢律》。《後書・安帝紀》注謂：《漢律》今亡；《隋志》亦云：《漢律》久亡。是唐時已佚。《史記・索隱》引崔浩〈漢律序〉，《陳書・沈洙傳》引《漢律》，則六朝末此本尚存也。

是世有所謂之《漢律》者，乃合蕭何、叔孫通、張湯及趙禹之所撰共六十篇者也。
〔註39〕

　　按，蕭何，沛人，《漢書》卷三十九曰：

　　　　及高祖起爲沛公，何嘗爲丞督事。沛公至咸陽，諸將皆爭走金帛、財物之府分之，何獨先入收秦丞相御史律令、圖書藏之。沛公具知天下阨塞，戶口多少，彊弱處，民所疾苦者，以何得秦圖書也。……漢五年，已殺項羽，即皇帝位，論功行封，群臣爭功，歲餘不決。上以何功最盛，先封爲酇侯，食邑八千戶。……孝惠二年，何薨，諡曰文終侯。

---

〔註39〕姚振宗《漢書藝文志拾補》卷二「漢律」條云：「〈宣帝紀注〉文穎曰：蕭何承秦法所作爲《律令》、《律經》。據此則《漢律》亦稱《律經》，又曰《律本》，應劭稱《律本章句》是也。」

叔孫通則撰有《漢儀》，並其事蹟，已見前節。

張湯，杜陵人，《漢書》卷五十九曰：

> 父爲長安丞，出，湯爲兒守舍。還，鼠盜肉，父怒，笞湯。湯掘熏得
> 鼠及餘肉，劾鼠掠治。……父見之，視文辭如老獄吏，大驚，遂使書獄。……
> 武安侯爲丞相，微湯爲史，薦補侍御史。治陳皇后巫蠱獄，深竟黨與，上
> 以爲能，遷太中大夫。與趙禹共定諸律令，務在深文，拘守職之吏。已而
> 禹至少府，湯爲廷尉，兩人交驩，兄事禹。禹志在奉公孤立，而湯舞知以
> 御人。……湯死，家產直不過五百金，皆所得奉賜，無它贏。昆弟諸子欲
> 厚葬湯，湯母曰：「湯爲天子大臣，被惡言而死，何厚葬爲！」載以牛車，
> 有棺而無槨。上聞之，曰：「非此母不生此子。」

趙禹，斄人，武帝時，以刀筆吏積勞，遷爲御史，上以爲能，至中大夫。與張
湯論定律令。《漢書》卷九十曰：

> 禹爲人廉裾，爲吏以來，舍無食客，公卿相造請，禹終不行報謝，務
> 在絕知友賓客之請，孤立行一意而已。……嘗中廢，已爲廷尉。吏務爲嚴
> 峻，而禹治加緩。……禹以老，徙爲燕相。數歲，誖亂有罪，免歸。後十
> 餘年，以壽卒于家。

此數人或爲漢之首功，或定儀法，或論律令，皆一代之臣也，然所撰之《九章
律》、《傍章》、《越宮律》及《朝律》等，蓋以藏於理官，竟爲《漢志》所不錄，而
班氏〈刑法志〉亦語焉不詳，司馬彪《續漢志》更不著刑法之目，一代典章，遂汩
沒無聞，觀乎《後漢書·安帝紀》注之稱漢律今亡，及《隋志·刑法序》之謂漢律
久亡，知唐前其書已不傳矣。

考律之與禮，初猶未嘗分。律之爲名，蓋自秦始。故李悝所集，稱爲《法經》；
商鞅傳之，乃謂爲《律》。先王之制禮布教，以至於立法設刑，皆所以崇其敬意而
明其威儀也。故《隋志》卷二〈刑法類序〉曰：「刑法者，先王所以懲罪惡，齊不
軌者也。《書》述唐虞之世，五刑有服，而夏后氏正刑有五，科條三千。《周官》：
司寇掌三典，以刑邦國；司刑掌五刑之法，麗萬民之罪；太史又以典法逆于邦國；
內史執國法以考政事。《春秋傳》曰：在九刑不忘。然則刑書之作久矣。蓋藏于官
府，懼人之知爭端而輕於犯。及其末也，肆情越法，刑罰僭濫。至秦，重之以苛
虐，先王之正刑滅矣。漢初，蕭何定律九章，其後漸更增益，令甲已下，盈溢架
藏。」又李林甫等《唐六典·刑部注》云：「律，法也，魏文侯師李悝造《法經》

六篇，商鞅傳之，改法爲律以相秦。至漢蕭河，加悝所造〈戶〉、〈興〉、〈廐〉三篇，謂之《九章律》。至武帝時，張湯、趙禹增律令科條，大辟四百九條。」是律法之作，由來久矣。蕭何之《九章律》，既出於李悝《法經》，《法經》又本於諸國刑典，其源最早。其後蓋以物煩欲多，徵發頻起，窮民姦作，酷吏專斷，遂踵事增文，刑律之多，武帝時，文書已盈於几閣，典者不能徧睹矣。今自高祖之約法三章，及蕭何之攗秦舊法取合時宜者作律九章起，〔註40〕以至於武帝時張湯、趙禹之所作，閩縣程樹德乃皆嘗爲之搜輯叢殘，或錄遺文，或存條目，俱見於所著《九朝律考》之〈漢律考〉中。

尋前人引證漢律之可知者，當以宋王應麟之《玉海》及〈漢制考〉爲始，王氏又撰《漢藝文志考證》，於法家乃增《漢律》及《漢令》二種，並雜引漢律令文以證之，用力亦云勤矣。後又有清・沈欽韓《漢書疏證》之引《漢律》見於《史》、《漢》注者，又同光間山陰汪琅著《松煙小錄》，亦就許氏《說文》雜引漢律令，吳縣孫傳鳳《洨民遺文》更得漢律四十七條。其輯漢律爲專著者，則除程樹德外，別有杜貴墀之《漢律輯證》六卷（存於《桐華閣叢書》及《郋園先生全書》附中）及沈家本之《漢律摭遺》二十二卷（見於《沈寄簃先生遺書・甲編・歷代刑法考》中）。初又有薛允升之《漢律輯存》，惜毀於庚子之亂。張鵬一亦有《漢律類纂》之作，因強以己意竄定律目、律文，程氏《漢律考》已爲之譏焉。故今所傳有關漢律之考定，乃以程氏之作爲最完善。程氏於蕭何之盜、賊、囚、捕、雜、具、戶、興、廐等《九章律》，不僅並據《唐律疏義》及《晉書・刑法志》存其說明，且於「盜」、「賊」二義，更詳釋其分別，如謂：

> 按《寄簃文存》云：賊、盜二字，義本不同，故《法經》分爲二篇。
> 《左氏・文十八年傳》：周公作〈誓命〉曰：毀則爲賊，竊賄爲盜。杜《注》：毀則，壞法也。〈昭四年傳〉：叔向曰：己惡而掠美爲昏，貪以敗官爲墨，殺人不忌爲賊。〈夏書〉曰：昏、墨、賊、殺，皋陶之刑也。此皆法家言之最古者。

又謂：

> 說文：賊，敗也，從戈・則聲。敗，毀也，與毀則爲賊之義合，乃諧聲兼會意字。盜，私利物也，從次，次欲皿者，乃會意字。二字之本義如此，初不相通也。

---

〔註40〕《漢書》卷二十三〈刑法志〉曰：「漢興，高祖初入關，約法三章曰：『殺人者死，傷人及盜抵罪。』蠲削煩苛，兆民大說，其後四夷未附，兵革未息，三章之法不足以禦姦，於是相國蕭何攗摭秦法，取其宜於時者，作律九章。」

程氏更引《荀子·修身篇》之謂害良曰賊，竊貨曰盜等，以明前人於「賊」、「盜」
二字之分別甚明，絕不相蒙。程氏既又云：

> 《孟子》賊仁者謂之賊，……《漢書》、《呂覽》、《淮南》、《楚辭》諸
> 書之注釋皆同。……又《大戴記·曾子立事篇》：殺人而不戚也賊也，以
> 及《書·舜典傳》、《呂覽》、《後漢書》注並言殺人曰賊，與賊害之義相引
> 伸也。盜謂盜竊，如《穀梁傳·定八年》：非其所取而取之謂之盜。《莊子·
> 山木篇》注：盜竊者私取之謂也。足與《說文》之義相發明，其餘諸書不
> 勝枚舉。

程氏之用心有如此者。其於叔孫通之《傍章》十八篇，則以爲即所撰之《漢儀》。又
據〈叔孫通傳〉之云：「高帝崩，孝惠即位，乃謂通曰，先帝園陵寢廟，群臣莫習，
徙通爲奉常，定宗廟儀法，及稍定漢諸儀法，皆通所論者。」知通之作《傍章》，當
在惠帝時。張湯之《越宮律》二十七篇及趙禹之《朝律》六篇，則《漢律考》中惟
存數條說明。諸書中之引漢律並載其律名者，如《尉律》、《酎金律》、《上計律》、《錢
律》、《左官律》、《大樂律》、《田律》、《田租稅律》、《尚方律》、《挾書律》等，則已
不知其爲《傍章》以下之一篇或係單行之律。

## 二、章　程

　　至於所謂之「章程」，《漢律考》乃附於諸律之後。按《漢書》卷一〈高帝紀〉
云：「天下既定，命張蒼定章程。」《注》引如淳曰：「章，曆數之章術也；程者，權
衡丈尺斗斛之平法也。」師古曰：「程，法式也。」故《詩·魯頌》疏云：

> 章程謂定百工用材多少之量及制度之程品。

此章程之義也。其書今佚。

## 三、漢　令

　　《漢書》卷八〈宣帝紀〉地節四年九月詔曰：「《令甲》，死者不可生，刑者不可
息。」又《晉書》卷三十〈刑法志〉曰：「漢時決事，集爲《令甲》以下三百餘篇。」
是《漢律》之外，別有漢令。

　　按《釋名》曰：「令，領也，領理之使不相犯也。」是律令雖相須爲用，而亦
有別。故《漢書·宣帝紀》注引文穎曰：「天子詔所增損不在律上者爲令。」《史
記·杜周傳》曰：「前主所是著爲律，後主所是疏爲令。」《唐六典》曰：「律以正
刑定罪，令以設範立制。」《御覽》六百四十一引杜預〈律序〉曰：「律以正罪名，
令以存事制。」今考《漢令》乃各有條目，如〈令甲〉、〈令乙〉、〈令丙〉、〈功令〉、

〈金布令〉、〈宮衛令〉、〈秩祿令〉、〈品令〉、〈祠令〉、〈祀令〉、〈齋令〉、〈公令〉、〈獄令〉、〈定箠令〉、〈水令〉、〈田令〉、〈馬復令〉、〈胎養令〉、〈養老令〉、〈任子令〉、〈緡錢令〉、〈廷尉挈令〉、〈光祿挈令〉、〈樂浪挈令〉、〈租挈〉等是也。以令有先後，故有〈令甲〉、〈令乙〉、〈令丙〉，亦稱〈甲令〉、〈乙令〉、〈丙令〉，乃令篇之次，猶令之第一、第二、第三也，〈令甲〉出漢宣帝詔，蓋令之首卷；〔註41〕〈功令〉者，令篇名也，若唐之〈選舉令〉、〈學令也〉；〈金布令〉，猶唐之〈倉庫令〉，《漢書》卷七十八〈蕭望之傳注〉師古曰：「其上有府庫金錢布帛之事，因以名篇。」〈宮衛令〉，諸出入殿門之禁令也；〈秩祿令者〉，《漢書》卷四〈文帝紀注〉臣瓚曰：「《漢秩祿令》及《茂陵書》：姬，並內官也，秩比二千石，位次婕妤下，在八子上。」《玉海》卷六十五云：「《茂陵書》、《祿秩令》，此二書亡失，不得過江。」〈品令〉者，《漢書》卷十九（上）〈百官公卿表注〉如淳曰：「〈品令〉曰，若盧郎中二十人，主弩射。」〈祠令〉、〈祀令〉、〈齋令〉者，定祭祀之事也；〈公令〉者，吏死官得法賻也；〈獄令〉者，〈漢百官公卿注〉如淳曰：「《漢儀注》有〈若盧獄令〉，主治庫兵將相大臣。」〈定箠令〉者，定笞刑也；〈水令〉者，勸農耕耘，均水約束，以防紛爭也；〈田令〉者，定稻田之肥瘠也；〈馬復令〉者，因養馬而免徭賦也；〈胎養令〉者，深元元之愛也；〈養老令〉者，稱養老之意；〈任子令〉者，吏二千石以上，視事滿三年，得任子一人為郎也；〈緡錢令〉者，定納稅之事也；〈廷尉挈令〉，或作〈廷尉板令〉，見《後漢書》列傳第三十八〈應劭傳〉。按，廷尉，掌刑辟，亦稱大理，又號理官；〈板令〉，猶云〈板官〉、〈板詔〉，乃廷尉據上所是著以為判獄之律令者也；〔註42〕又〈租挈〉則收田租之約令也。《漢令》雖武帝時已寖密矣，然唐·章懷太子李賢注《後漢書·安帝紀》，則已云：「《漢令》今亡。」是其佚已久。

## 四、詔　策

　　律令之外，又有所謂詔策者，《漢志·儒家》有《高祖傳》十三篇，注云：「高祖與大臣述古語及詔策也。」《孝文傳》十一篇，注云：「文帝所稱及詔策。」其書

〔註41〕《漢書》卷八〈宣帝紀〉地節四年九月詔曰云云，如淳曰：「令有先後，故有〈令甲〉、〈令乙〉、〈令丙〉。」師古曰：「如說是也。甲、乙者，若今之第一、第二篇耳。」

〔註42〕《後漢書·應劭傳》王先謙《集解》引惠棟曰：「漢有《尉律》，廷尉所用之律。許慎云，今雖有《尉律》，不課。又云，廷尉說律至以字斷法是也。〈張湯傳〉云，上所是，受而著《讞法廷尉挈令》。挈，獄之要也。〈板令〉者，猶云〈板官〉、〈板詔〉也。」又《史記》卷一百二十二〈酷吏張湯傳〉正義云：「謂律令也，古以板書之。言上所是，著之為正獄，以廷尉法令決平之，揚主之明監也。」

已佚，嚴可均《全漢文》卷一據諸史傳記收有〈高帝詔〉、〈手敕〉、〈賜書〉、〈告諭〉、〈令〉、〈答〉、〈鐵卷〉、〈盟誓〉。

《漢書》卷十九（下）〈百官公卿表〉師古《注》云：「《漢官典職儀》云，刺史班宣，周行郡國，省察治狀，黜陟能否，斷治冤獄，以六條問事，非條所問，即不省。一條，強宗豪右田宅踰制，以強凌弱，以眾暴寡。二條，二千石不奉詔書遵承典制，倍公向私，旁詔守利，侵漁百姓，聚歛為姦。三條，二千石不卹疑獄，風厲殺人，怒則任刑，嘉則淫賞，煩擾刻暴，剝截黎元，為百姓所疾，山崩石裂，妖祥訛言。四條，二千石選署不平，苟阿所愛，蔽賢寵頑。五條，二千石子弟恃怙榮勢，請託所監。六條，二千石違公下比，阿附豪強，通行貨賂，割損正令也。」是刺史亦得據詔條以省察治狀，黜陟能否。後漢應劭所見，乃有《五曹詔書》之目，故范書列傳第三十八〈劭傳〉李賢《注》云：「成帝初，置尚書員五人，《漢舊儀》有常侍曹、二千石曹、戶曹、主客曹、三公曹也。」王先謙《集解》引王充《論衡》謂：「五曹自有條品，簿書自有故事。」今考其書，東漢時已多闕謬，兩《唐志·刑法類》所著錄，則有《廷尉雜詔書》二十六卷，不著撰人，以次於《漢名臣奏》之後，蓋同蒙上「漢」字也。宋吳郡林虙以西漢文類所載詔令之闕略，嘗採括紀傳，得有《西漢詔令》四百一篇，以世次先後，各為一卷，徽宗大觀三年（1109）程俱為之〈序〉。南渡後，鄞縣樓昉又依林虙體制，編定《東漢詔令》以續之，有寧宗嘉定十五年（1222）〈自序〉。清《四庫全書》乃並收其《兩漢詔令》於一編，次於〈史部·詔令奏議類〉，並各附原序於後，又冠後人所掇拾之洪咨夔〈兩漢詔令總論〉一篇於卷首，排比鱗次，博雅可觀，於政治之得失，文章之升降，殊便探求。程樹德之輯考《漢律》，用力既勤，搜羅所及，兩漢之詔令，固亦兼之，皆有以助漢代文化之探索也。

## 五、章 句

律令既多，取用之時，所下之輕重，乃亦有別，且其通條連篇，或且有可以上下相蒙，以逐其私意者，是以後人因更為章句。然以言數之益繁，覽者反益難矣。《晉書·刑法志》曰：「叔孫宣、郭令卿、馬融、鄭玄諸儒章句，十有餘家，家數十萬言，凡斷罪所當由用者，合二萬六千二百七十二條，七百七十三萬二千二百餘言，言數益繁，覽者益難。」又曰：「叔孫、郭、馬、杜諸儒章句，但取鄭氏，又為偏黨，未可承用。」今考漢代之為漢律章句者，蓋以杜周、杜延年父子及叔孫宣、郭令卿、馬融、鄭玄諸人為最著者也。

按，杜周，南陽杜衍人。嘗為張湯廷尉史，所論殺甚多。以奏事能當天子之意，

因被任用。《漢書》卷六十云：

> 其治大抵放張湯，而善候司。上所欲擠者，因而陷之；上所欲釋，久
> 繫待問而微見其冤狀。客有謂周曰：「君為天下決平，不循三尺法，專以
> 人主意指為獄，獄者固如是乎？」周曰：「三尺安出哉？前主所是著為律，
> 後主所是疏為令，當時為是，何古之法乎？」至周為廷尉，詔獄亦益多矣，
> 二千石繫者，新故相因，不減百餘人。……周中廢，後為執金吾，逐捕桑
> 弘羊、衛皇后昆弟刻深，上以為盡力無私，遷為御史大夫。

延年，字幼公，周少子，亦明法律而行寬厚，《漢書》卷六十稱：

> 昭帝初立，大將軍霍光秉政，以延年三公子，吏材有餘，補軍司空。
> 始元四年，益州蠻夷反，延年以校尉將南陽士擊益州，還，為諫大夫。左
> 將軍上官桀父子與蓋主、燕王謀為逆亂，假稻田使者燕倉知其謀，以告大
> 司農楊敞，敞惶懼，移病，以語延年，延年以聞，桀等伏辜，延年封為建
> 平侯。

延年本大將軍霍光吏，以首發大姦，由是擢為太僕右曹給事中。光持刑罰嚴，延年
輔之以寬。卒諡敬侯。考《後漢書》列傳第三十六〈郭躬傳〉〔註43〕之嘗云：

> 父弘，習小杜律。

李賢注云：

> 《前書》：杜周，武帝時為廷尉御史大夫，斷獄深刻，少子延年亦明
> 法律，宣帝時又為御史大夫，對父故言小。

又《集解》引惠棟曰：

> 案周所定者為大杜律，荊州從事苑鎮碑云韜律大杜是也，其延年所定
> 者為小杜律，丹陽太守郭旻碑云治律小杜是也。

是杜周之《律章句》，亦稱大杜律，延年者，名小杜律，二人雖寬嚴不同，然亦父子
世業而皆行於時。

叔孫宣、郭令卿，始末未詳，〔註44〕以〈晉刑法志〉敘於馬融、鄭玄之前，且

〔註43〕按，躬家世掌法，務在寬平。及典理官，決獄斷刑，多依矜恕，乃條諸重文可從輕
者四十一事奏之，事皆施行，著於令。是亦漢治律之名家也，事詳范書本傳。

〔註44〕按，曾樸《補後漢書藝文志》卷六以為：「范書〈郭躬傳〉述郭氏自弘後數世皆習小
杜律，其所載人名：躬子晊，躬弟鎮，鎮子賀，賀弟禎，鎮弟僖，僖子鴻。又
《隸釋》載丹陽太守郭旻碑亦云治小杜律，下又載從子議郎柔、胤孫范。據此，則
後漢郭氏世世以法律傳家，令卿即其族人，或即范書及郭旻碑文所載人中，而范書
存其名，《晉書》則標其字。今考范書、旻碑所載，除鎮字桓鍾顯標外，賀字惠公，

其章句已行於魏時，知必東漢人。

又馬融、鄭玄皆撰有〈自敘傳〉，並其事蹟，已見本章第一節。《十七史商榷》卷四十七云：

> 案《後書》鄭本傳不言其注律，而《前書‧諸侯王表》張晏《注》引律鄭氏説，即康成《章句》也。當魏受禪初，律獨主鄭，乃其下文又言司馬昭爲晉王，以律有叔孫、郭、馬、杜諸儒《章句》，但取鄭氏，則爲偏黨，未可承用，於是又令賈充等增改。大約鄭學至晉而違之者多，南渡後則衰於南盛於北。

又云：

> 漢獻帝時，天下亂，百姓有土崩之勢，刑罰不足以懲惡，於是名儒大司農鄭玄之徒，以爲宜復行肉刑。

知鄭氏《章句》亦曾行於魏時，至於典午則違之者乃多矣。今其書久佚，詳不可知。〔註45〕

## 六、科 條

《鹽鐵論》曰：「令者，教也；法者，刑罰也。」《釋名》曰：「科，課也，課其不如法者罪責之也。」是漢於律令之外，又有科條。今見於《漢書‧京房傳》及〈莽傳〉中者，則有京房之《考課吏法》及《王莽法》。

按，京房，字君明，東郡頓丘人，治《易》，事梁人焦延壽，以明災異得幸。後爲石顯所譖誅，年四十一。《漢書》卷七十五〈京房傳〉曰：

> 永光、建昭間，西羌反，日蝕，又久青亡光，陰霧不精，房數上疏，先言其將然，近數月，遠一歲，所言屢中，天子説之，數召見問，房對曰：「古帝王以功舉賢，則萬化成，瑞應著，末世以毀譽取人，故功業廢而致災異，宜令百官各試其功，災異可息。」詔使房作其事，房奏〈考功課吏法〉。上令公卿朝臣與房會議溫室，皆以房言煩碎。

又曰：

---

見謝承書；禧字君房，見〈靈紀〉章懷《注》及《隸釋》郭禧殘碑（禧即僖）。又旻字巨公，見於本碑，餘弘、旽、禎、鴻、柔、范字皆莫考，令卿或此六人中亦未可知，要其爲後漢人則必矣。」

〔註45〕曾樸《補後漢書藝文志考》卷六云：「《漢書‧諸侯王表注》張晏引封諸侯過限曰附益，或曰阿媚，王侯有重法，稱律鄭氏説；〈汲黯傳〉晉灼引律矯詔大害要斬，鄭玄注：矯詔有害不害也。皆鄭玄《律章句》佚文。」

　　　　上意鄉之，時部刺史奏事京師，上召見諸刺史，令房曉以課事，刺史

　　　復以為不可行。唯御史大夫鄭弘、光祿大夫周堪初言不可，後善之。

是京房所奏〈考功課吏法〉，以其煩碎，自公卿朝臣以至於刺史等，率以為不可。今據〈京房傳注〉引晉灼之解其〈考功課吏法〉云：

　　　令丞尉治一縣，崇教化亡犯法者輒遷。有盜賊，滿三日不覺者則尉事也。

知京房所撰者，雖亦欲如古帝王之能以功舉賢，然有盜賊則須能及時警覺，以此知治郡者之有所不能也。其法已佚。

　　　王莽，字巨君，孝元皇后之弟子。以有安漢定國之大功，賜號安漢公。始建國元年（9）篡漢。《漢書》卷九十九〈莽傳〉平帝元始五年莽曰：

　　　〈堯典〉十有二州，後定為九州，漢家廓地遼遠，州牧行部，遠者三

　　　萬餘里，不可為九，謹以經義正十二州名分界，以應正始。奏可。又增法

　　　五十條，犯者徙之西海，徙者千萬數，民始怨矣。

是王莽既奏定州界，乃又增法五十條，犯法徙者千萬數，宜乎民怨起矣。其法今不可知。按，始建國二年二月莽又設六筦之令，令縣官酤酒，賣鹽、鐵器，鑄錢諸採取名山、大澤眾物者稅之，又令市官收賤賣貴，賒貸予民。天鳳四年，復六筦之令，每一筦下，為設科條防禁，犯者罪至死，吏民抵罪者浸眾。是法禁之煩苛，已有不得舉手者，力作所得，又不足以給貢稅，民乃起為盜賊矣。

　　　又武帝之時，張湯、趙禹已曾增律令科條。宣帝時，于定國為廷尉，因集諸法律凡九百六十卷。〔註46〕

　　　按，定國，字曼倩，東海郯人。其父于公為縣獄史、決獄平，罹文法者于公所決皆不恨。定國少學法於父，父死後，定國亦為獄史，郡決曹，補廷尉史，以材高舉侍御史，遷御史中丞。宣帝時為廷尉，務在哀鰥寡，罪疑從輕，加審慎之心。甘露中為丞相，封西平侯。年七十餘卒。諡曰安侯。〔註47〕其所刪定之科條律令，今佚。

　　　至於後漢，科品更浸以繁滋，是以陳寵已有「漢興以來三百二年，憲令稍增，科條無限」之歎。〔註48〕袁宏《後漢紀》亦謂：今科條、品制、禁令所以承天順民者，備矣悉矣。茲檢漢科之可考者，有〈持質〉、〈登聞道辭〉、〈考事報讞〉、〈使

---

〔註46〕見《魏書》卷一百十一〈刑罰志〉。

〔註47〕事詳《漢書》卷七十一。

〔註48〕見《後漢書》列傳第三十六〈陳寵傳〉。

者驗賂〉、〈擅作修舍〉、〈平庸坐臟〉、〈異子之科〉及〈投書棄市〉諸目，均載在
《晉志》。

## 七、失撰人《決事比例》

《後漢書列傳》第三十八〈應劭傳〉曰：

> 撰具《律本章句》、《尚書舊事》、《廷尉板令》、《決事比例》、《司徒都
> 目》、《五曹詔書》及《春秋斷獄》凡二百五十篇，蠲去復重，爲之節文。
> 又集《駁議》三十篇，以類相從，凡八十二事：其見《漢書》二十五，《漢
> 記》四，皆刪敘潤色，以全本體；其二十六，博採古今瓌瑋之事，文章煥
> 炳，德義可觀；其二十七，臣所創造。

應劭所見之《決事比例》者，即《廷尉決事比》，或云《決事比》，《禮記·王制》注
云：「已行故事曰比。」是決事之時，以類例轉相比況者，謂之決事比。《周禮》卷
三十四〈秋官·大司寇〉疏曰：

> 若今律其有斷事，皆依舊事斷之，其無條取，比類以決之，故云決事比也。

《後漢書》列傳第三十六〈陳忠傳〉云：

> 初，父寵在廷尉，上除漢法溢於甫刑者，未施行，及寵免後遂寢，而
> 苛法稍繁，人不堪之。忠略依寵意，奏上二十三條，爲《決事比》，以省
> 請讞之敝。〔註49〕

《漢書》卷二十三〈刑法志〉謂：

> 死罪《決事比》萬三千四百七十二事。

《魏書》卷一百十一〈刑罰志〉稱：

> 于定國爲廷尉，集諸法律凡九百六十卷，大辟四百九十條，千八百八
> 十二事，死罪《決比》凡三千四百七十二條，諸斷罪當用者合二萬六千二
> 百七十二條。

知《決事比》條目之繁乃有如此者。兩《唐志》並有《廷尉決事》二十卷，《廷尉駁
事》十一卷，皆不著撰人，以俱錄於《漢名臣奏》之後，是亦同蒙上「漢」字。今
其書已佚，《御覽》五百九十八、六百四十六、七百六十二、八百六十及《書鈔》一
百四十四並引有《漢廷尉決事》佚文四條。

## 八、鮑昱《司徒都目》

《司徒都目》者，鮑昱所撰。昱，字文泉，上黨屯留人。光武帝建武初，爲

---

〔註49〕按，「二十三條」句《晉書》卷三十〈刑法志〉作「三十三條」。

高都長，後爲泚陽長。中元元年（56），拜司隸校尉。明帝永平間，拜汝南太守，爲司徒。章帝建初四年（79），爲太尉。六年（81）卒。〔註50〕所撰《司徒都目》，范書〈應劭傳〉李賢注云：

> 司徒，即丞相也，總領綱紀，佐理萬機，故有都目。

《東觀漢記》卷十四〈鮑昱傳〉曰：

> 司徒例訟久者，至數十年，比例輕重，非其事類，錯雜難知，昱奏定《詞訟》七卷、《決事都目》八卷，以齊同法令，息遏人訟也。

則其書當有八卷，亦稱《決事都目》。

## 九、陳寵《詞訟》

據《東觀漢記》，知昱又嘗奏定《詞訟》七卷。《後漢書》列傳第三十六〈陳寵傳〉云：

> 寵明習家業，少爲州郡吏，辟司徒鮑昱府。是時，三府掾屬專尚交遊，以不肯視事爲高，寵常非之，獨勤心物務，數爲昱陳當世便宜。昱高其能，轉爲辭曹，掌天下獄訟，其所平決，無不厭服眾心。時司徒辭訟，久者數十年，事類溷錯，易爲輕重，不良吏得生因緣，寵爲昱撰《辭訟比》七卷，決事科條，皆以事類相從，昱奏上之，其後公府奉以爲法。

是其七卷之書，或稱《辭訟比》，爲陳寵所撰。〔註51〕

寵，字昭公，沛國洨人。章帝初，爲尚書。以是時承永平故事，吏政尚嚴切，尚書決事率近於重，又以帝新即位，宜改前世苛俗，乃上疏勸諫，以爲宜隆先王之道，蕩滌煩苛之法。帝納寵言，遂絕諸慘酷之科，解妖惡之禁，定著于令。後出爲太山太守，轉廣漢太守。和帝永元間，爲廷尉，又拜爲尚書，遷大鴻臚。歷二郡三卿，所在有迹，見稱當時。十六年（104），爲司空，在位三年卒。汪文臺《華嶠後漢書輯本》卷一「陳寵」條云：

> 陳寵以時俗三府掾屬不肯視事，但出入養虛，故寵獨勤心於事。又以法令繁，不良吏得生因緣以致輕重，乃置撰《科牒辭訟比例》，使事類相從，以塞姦源，其後公府奉以爲法。

是寵之作《辭訟比》，乃爲齊同法令，息遏人訟而塞姦源也。以其能勤心於此，故司徒之治訟察吏，遂常據以爲法。其書已佚，《御覽》八百四十六及六百四十並據《風

---

〔註50〕事詳《後漢書》列傳第十九〈鮑昱傳〉。又《東觀漢記》卷十四〈鮑昱傳〉云：「字文淵，泚陽長邑人。」

〔註51〕又《書鈔》六十八引《漢雜事》云：「陳寵爲司徒掾，科條辭訟比率相從，撰爲八卷，至今司徒治訟察吏常以爲法。」

俗通》引存有佚文三條。

至於《春秋斷獄》，據范書《劭傳集解》云：「蘇輿曰：隋、唐志載董仲舒《春秋決獄》，《七略》作《斷獄》，此疑是譔著董書，惜今不傳。」是應劭所刪敘，蓋即董仲舒所撰者。按，董仲舒，《漢書》卷五十六有傳，其書今有輯本。〔註52〕

## 十一、失撰人《建武律令故事》

應劭據以為《漢儀》者，除前舉數書之外，又有《尚書舊事》，范書《劭傳集解》以為即《尚書故事》，其事皆尚書主之，或稱為《南宮故事》。《玉海》卷五十一云：「陳忠為尚書令，前後所奏，條於南宮，上以為故事。鄭弘，建初中為尚書令，前後所陳有補益王政者，皆著之南宮，以為故事。」謝承《漢書》云：「明帝條李壽前後所上便宜為《南宮故事》。」〔註53〕以歷朝皆有故事，姚振宗《後漢藝文志》卷二謂：《尚書故事》似即建武、永平、元和歷朝故事之總名，《唐書·藝文志》所載《建武故事》三卷、《永平故事》二卷，似即此書之佚存本。

按《建武故事》，《隋志》見於應劭「《漢朝議駁》三十卷」條下，注謂《梁建武律令故事》一卷，亡。又兩《唐志·刑法類》亦並著錄有《漢建武律令故事》三卷，《唐六典·刑部》注稱，漢建武有《律令故事》上、中、下三篇，皆刑法制度。是其《律令故事》當有三篇，篇即卷也，則為三卷。今佚已久。《玉海》卷五十一引〈列傳〉云：

> 侯霸，建武四年拜尚書令。時無故典，朝廷又少舊臣，霸明習故事，

〔註52〕《漢志·春秋家》有《公羊董仲舒治獄》十六篇，隋志作《春秋決事》十卷，《七錄》有《春秋斷獄》五卷，兩《唐志》載《春秋決獄》十卷，《宋志》題名、卷數並同《隋志》，《崇文總目》稱《春秋決事比》十卷。范書〈劭傳〉云：「故膠東相（據〈董仲舒傳〉，膠東當作膠西）董仲舒老病致仕，朝廷每有政議，數遣廷尉張湯親至陋巷，問其得失，於是作《春秋決獄》二百三十二事，動以經對，言之詳矣。」仲舒，廣川人，少治《春秋》，孝景時為博士。下帷講誦，弟子傳以久次相授業，或莫見其面，蓋三年不窺園，其精如此。進退容止，非禮不行，學士皆師尊之。武帝即位，舉賢良文學之士前後百數，而仲舒以賢良對策，天子以為江都相，後為膠西王相。及去位在家，朝廷如有大議，就其家而問之，其對皆有明法。以壽終於家。所撰《春秋決獄》，王應麟時已云不可見，是佚久矣。《禮記正義》、《通典》、《白帖》、《御覽》、《藝文類聚》諸書嘗引之，其衡情準理，蓋能持平。其書今有王謨輯本一卷，在《漢魏遺書鈔·經翼》第三冊中，又有馬國翰輯本一卷，存於《玉函山房輯佚書·經編·春秋類》，並題曰「春秋決事」，又《問經堂叢書·經典集林》中，有洪頤煊輯本一卷，稱「春秋決獄」，黃奭《黃氏逸書考（漢學堂叢書）·子史鉤沈》中亦輯有一卷，作「公羊治獄」。

〔註53〕並見《玉海》卷五十一。

收錄遺文，條奏前世善政法度有益於時者，皆施行之。每春下寬大之詔，奉四方之令，皆霸所建也。張純，在朝歷世，明習故事。建武初，舊章多闕，每有疑議，輒以訪純，自郊廟昏冠喪紀禮儀多所正定。郭賀，建武中爲尚書令，在職六年，曉習故事。陳寵初爲尚書，是時承《永平故事》，吏政尚嚴切，尚書決事率近於重，子忠，建光中尚書令，奏光武絕告寧之典，宜復《建武故事》，忠上疏云云。

又引〈帝紀〉曰：

明帝遵奉建武制度，無敢違者，後宮之家不得封侯。

又曰：

明帝善刑理，法令分明，日晏坐朝，幽枉必達，內外無倖曲之私，在上無矜大之色，斷獄得清，號居前代十二，故後之言事者莫不先建武、永平之政。順帝永建四年二月戊戌，詔以民入山鑿石，發泄藏氣，敕有司檢察所當禁絕，如建武、永平故事。

是《建武律令故事》者，乃編錄當時刑法制勅，可永爲法則，而能爲後世所遵循者也。

其《永平故事》，見於《新唐志・故事類》，載有二卷，亦垂爲後世之法式者也，《後漢書》卷七〈桓帝紀〉於永興二年二月癸卯詔云：

其輿服制度有踰侈長飾者，皆宜損省。郡縣務存儉約，申明舊令，如《永平故事》。

《玉海》卷五十一亦曰：

李法上疏，和帝以爲朝政苛碎，違永平、建初故事。李固對策曰：梁氏子弟榮顯兼加，永平、建初故事殆不如此。

又《元和故事》者，據《宋書・樂志》章帝元和二年《宗廟樂故事》云云，姚振宗以爲似其書乃編年記載，而又分以事目。〔註54〕今以范書〈蔡邕傳〉載邕上書之謂《元和故事》復申先典云云，知其書固亦仰承先朝之創制，而有以爲後世之準繩者也。

考《玉海》卷五十一又引有班勇上議，以爲宜復置護西域副校尉如《永元故事》云云，是歷朝故事中，除光武帝、明帝、章帝等有可取法者外，如和帝《永元故事》，亦有足式者。至如《漢書・郊祀志》之謂：「宣帝修《武帝故事》，盛車服，敬齋祠之禮。」云云，固知《漢武帝故事》亦屢爲宣帝所修循，〔註55〕然今見於隋、唐諸志所著錄者，既非科條律令，且及於神怪之說，《通鑑考異》因指其爲後人所依託，

〔註54〕見所撰《後漢藝文志》卷二。

〔註55〕詳見《玉海》卷五十一。

蓋非成於漢人者也。

　　應劭既據《律本章句》、《尚書舊事》、《廷尉板令》、《決事比例》、《司徒都目》，以至於《五曹詔書》及《春秋斷獄》等，蠲去復重，爲之節文而成其《漢儀》，宜乎得有二百五十篇之多。其書〈晉刑法志〉稱作《漢議》。姚振宗《後漢藝文志》卷二云：

> 按《經義考》以此書爲應劭《春秋斷獄》，列之〈春秋類〉，非也，《春秋斷獄》與《律本章句》等同爲劭所引據之書耳。《文獻經籍考》亦以董仲舒《春秋決事比》爲獻帝時應劭所上，似皆誤解史文「撰具」二字，故有此失。

是或有以爲應劭撰有《律本章句》，以至於《廷尉板令》或《五曹詔書》者，亦皆誤。其書於獻帝建安元年（196）奏上，蓋爲決嫌疑，明是非，使賞刑之能允獲厥中者也。今佚。

## 十二、應劭《駁議》

　　應劭《漢儀》之外，又集有《駁議》三十篇，並見范書本傳。《文心雕龍》卷五《議對篇》曰：「迄至有漢，始立《駁議》。」又曰：「漢世善駁，則應劭爲首。」知應劭所撰之《駁議》三十卷，當有可觀者，范書〈劭傳〉云：

> 初，安帝時，河間人尹次、潁川人史玉，皆坐殺人當死，次兄初及玉母軍並詣官曹求代其命，因緄而物故，尚書陳忠以罪疑從輕，議活次、玉，劭後追駁之。

又云：

> 殺人者死，傷人者刑，此百王之定制，有法之成科。高祖入關，雖尚約法，然殺人者死，亦無寬降。夫時化則刑重，時亂則刑輕。《書》曰：刑罰時輕時重。此之謂也。今次、玉公以清時釋其私憾，阻兵安忍，僵屍道路，朝恩在寬，幸至冬獄。而初、軍愚狷，妄自投斃。昔召忽親死子糾之難，而孔子曰：經於溝瀆，人莫知之。晁氏之父，非錯刻峻，遂能自隕其命。班固亦云：不如趙母指括，以全其宗。傳曰：僕妾感慨而致死者，非能義勇，顧無慮耳。夫刑罰威獄，以類天之震燿殺戮也；溫慈和惠，以放天之生殖長育也。是故，春，一草枯則爲災；秋，一木華亦爲異。今殺無罪之初、軍，而活當死之次、玉，其爲枯華，不亦然乎！陳忠不祥制刑之本，而信一時之仁，遂廣引八議求生之端，夫親、故、賢、能、功、貴、勤、賓，豈有次、玉當罪之科哉！若乃小大以情，原心定罪，此爲求生，非謂代死可以生也。敗法亂政，悔其可追！」劭凡

為《駁議》三十篇，皆此類也。

知應劭《駁議》，亦允稱情理，其於刑法之探討，更能深入而淺出，雖自以為所撰未足綱紀國體，然其博古通今，誠可謂銓貫有致。

今據劭傳，知所撰《駁議》三十篇，乃以類相從，凡八十二事。其據於《漢書》者有二十五事，據於《東觀漢記》者四事，皆為之刪改潤色。其二十六事，則博采古今文章煥炳德義可觀者；別有二十七事，則為劭所別出心裁者。其書《隋志》著錄，作三十卷，兩《唐志》同，今佚。

夫執挺刃刑人而無疑者，必本乎至仁，國家之創制立法，蓋莫善於此，宜乎漢時論之者之多，而律家又如此其盛也。惟以董卓之亂，海內鼎沸，而律學寖微，其人之所作，遂有汨沒而無聞者。今除前舉者外，如賈誼、晁錯、公孫弘、韓安國、路溫舒、黃霸、嚴延年、孔光、陳湯、丙吉、王澳、吳雄、張禹、侯霸、鍾皓、樊曄、黃昌、董昆等，亦皆明於法度，曉悉故事者也，〔註56〕晁錯且有書見於《漢志·法家》著錄。

按，錯，潁川人。本傳稱其學申商刑名於張恢，以文學為太常掌故。嘗受《尚書》伏生所，詔以為太子舍人，又為門大夫，遷博士，拜為太子家令。以其辯得幸太子，太子家號曰「智囊」。又以對策舉高第，遷中大夫。言宜削諸侯事，及法令可更定者，書凡三十篇。後以七國之亂，誅。〔註57〕是其書今雖佚而不詳悉，蓋亦言法家之事也。所謂後鑒前師，與時損益，前代之故事，雖止片言隻字，皆所宜注意者也。

# 第五節　簿錄、譜系之撰注

古之史官，既司典籍，蓋有目錄。劉向、劉歆之種別羣書，乃各有其部。其父子之世業，遂使大道得以申明，百氏之學因能敘列也。又古為《春秋》學者，既有年歷，太史公之〈三代世表〉，旁行斜上，乃效《周譜》，是系族淵源，亦有自來。今自《世本》之記黃帝以來祖世所出，至於漢之有《鄧氏官譜》及《萬姓譜》，其於世族之繼序，遂亦隨策而並著於史錄焉。

## 一、劉向《別錄》

《漢書·藝文志序》曰：

---

〔註56〕詳見程樹德《九朝律考》卷一。
〔註57〕事詳《漢書》卷四十九。

　　漢興，改秦之敗，大收篇籍，廣開獻書之路。迄孝武世，書缺簡脫，
禮壞樂崩，聖上喟然而稱曰：「朕甚閔焉！」於是建藏書之策，置寫書之
官，下及諸子傳說，皆充秘府。成帝時，以書頗散亡，使謁者陳農求遺書
於天下，詔光祿大夫劉向校經傳、諸子、詩賦，步兵校尉任宏校兵書，太
史令尹咸校數術，侍醫李柱國校方技。每一書已，向輒條其篇目，撮其指
意，錄而奏之。會向卒，哀帝復使向子侍中奉車都尉歆卒父業。歆於是總
羣書而奏其《七略》。

是孝成帝時，劉向等嘗受詔校定經、子諸籍。其每一書已，向輒條其篇目，敘其指
歸，錄而奏之。以其時皆載在本書，因又別集眾錄，遂成今所謂之《別錄》。故阮孝
緒〈七錄敘〉云：

　　昔劉向校書，輒為一錄，論其指歸，辨其訛謬，隨竟奏上，皆載在本
書。時又別集眾錄，謂之《別錄》，即今之《別錄》是也。

　　按，劉向嘗續《史記》，並其事蹟，已見第三章第一節。所撰《別錄》，隋、唐
諸志俱載有二十卷，是唐開元時，其書尚在，虞世南、陸德明、歐陽詢、徐堅、李
善、賈公彥、孔穎達等，當嘗親見之，惟《崇文總目》已不著錄，是其書在景祐前，
蓋已不存，梁啟超因以為似亡於北宋。〔註58〕今有洪頤煊輯本一卷，見於《問經堂
叢書・經典集林》，陶濬宣輯本一卷，存於《稷山館輯補書》中，並題為《別錄》。
又《玉函山房輯佚書・史編・目錄類》有馬國翰輯《七略別錄》一卷，《玉函山房輯
佚書續編・史編・總類》有王仁俊輯《七略別錄》一卷、《別錄補遺》一卷，《稷山
館輯補書》有陶濬宣輯《七略別錄》二十卷，《快閣師石山房叢書》有姚振宗輯《七
略別錄佚文》一卷，並云劉向撰。嚴可均《全漢文》卷三十七中亦載有劉向《戰國
策》、《管子》、《晏子》、《孫卿》、《韓非子》、《列子》、《鄧析》、《關尹子》、《子華子》、
《說苑》等諸書之敘錄，且較張溥《百三家集》為備，又卷三十八中，別存有劉向
《別錄佚文》，蓋據洪氏《經典集林》採入者。

　　今從殘存之書錄中，猶可鉤出其校書之義例。〔註59〕如〈管子書錄〉云：

　　所校讎中《管子書》三百八十九篇，《大中大夫卜圭書》二十七篇，《臣
富參書》四十一篇，《射聲校尉立書》十一篇，《太史書》九十六篇，凡中
外書五百六十四篇，以校。

又〈晏子敘錄〉云：

〔註58〕見《圖書大辭典・簿錄之部》第一部第一類第一目。
〔註59〕見姚明達《中國目錄學史・溯源論》。又可參見拙著《劉向》，民國67年，台灣商務
　　　　印書館，《中國歷代思想家》第十一冊。

所校中書《晏子》十一篇，臣向謹與長社尉臣參校讎，《太史書》五篇，《臣向書》一篇，《參書》十三篇，凡中外三十篇，爲八百三十八章。

〈列子書錄〉云：

所校中書《列子》十五篇，臣向謹與長社尉臣參校讎，《太常書》三篇，《太史書》四篇，《臣向書》六篇，《臣參書》二篇，《內外書》凡二十篇，以校。

〈鄧析書錄〉云：

中《鄧析書》四篇，《臣敘書》一篇，凡《中外書》五篇，以相校。

此可見向等之校書，蓋先搜羅異本，再擇善而從。又如〈戰國策書錄〉云：

所校中《戰國策》書，中書餘卷，錯亂相糅莒，又有《國別》者八篇，少不足。臣向因《國別》者，略以時次之，分別不以序者，以相補，除復重，得三十三篇。

〈管子書錄〉云：

凡中外書五百六十四篇，以校，除復重四百八十四篇，定著八十六篇。

〈孫卿書錄〉云：

所校讎中〈孫卿書〉，凡三百二十二篇，以相校，除復重二百九十篇，定著三十二篇，皆已定。

〈鄧析書錄〉云：

中《鄧析書》四篇，《臣敘書》一篇，凡中外書五篇，以相校，除復重，爲一篇，皆定殺而書可繕寫也。

此則異本既備，乃去其復重，以定著篇章者也。又如〈說苑敘錄〉云：

所校中書《說苑雜事》，及《臣向書》、《民間書》，誣校讎，其事類眾多，章句相涵，或上下謬亂，難分別次序，除去與《新序》復重者，其餘淺薄不中義理，別集以爲百家後，以類相從，一一條別篇目，更以造新事十萬言，以上，凡二十篇，七百八十四章，號曰《新苑》，皆可觀。臣向昧死。

可知古書本有不相聯繫，或不分篇章，目次謬亂者，向等之校書，乃皆爲之依類命篇，而條其先後。又如〈戰國策書錄〉云：

本字多誤脫爲「半」字，以「趙」爲「肖」，以「齊」爲「立」，如此字者多。

〈晏子敘錄〉云：

中書以「天」爲「芳」，又爲「備」，「先」爲「牛」，「章」爲「長」，如此類者多。

〈列子書錄〉云：

> 或字誤以「盡」爲「進」，以「賢」爲「形」，如此者眾。

此則讎校其訛文錯字，藉以寫定成正本也。又如〈戰國策書錄〉云：

> 中書本號，或曰《國策》，或曰《國事》，或曰《短長》，或曰《事語》，
> 或曰《長書》，或曰《修書》。臣向以爲戰國時游士輔所用之國，爲之笇謀，
> 宜爲《戰國策》。

此則命定書名也。簡策既經如此之讎校而成定本，是以劉向之敘錄，乃詳述其原委，
舉凡版本之同異，篇數之多少，文字之訛謬，簡策之脫略，書名之異稱，與校書者
之姓名及上書之年月等，無不備悉於《錄》，其如今所見《荀子》卷末所附《荀卿新
書》三十二篇之目錄，自〈勸學〉第一起，至〈賦篇〉第三十二止，蓋皆爲劉向之
原目次，依此例推，則劉向之敘書，當先列其書名、篇目，然後標曰：「護左都水使
者光祿大夫臣向言：」云云。其所撮指意，如於《晏子》，則曰：

> 晏子名嬰，諡平仲，萊人。萊者，今東萊地也。晏子博聞強記，通於
> 古今。事齊靈公、莊公、景公，以節儉力行，盡忠極諫，道齊國君得以正
> 行，百姓得以附親。不用則退耕於野，用則必不詘義，不可脅以邪。白刃
> 雖交胸，終不受崔杼之劫。諫齊君，懸而至，順而刻。及使諸侯，莫能詘
> 其辭。其博通如此，蓋次管仲，內能親親，外能厚賢。居相國之位，受萬
> 鍾之祿，故親戚待其祿而衣食五百餘家，處士待而舉火者亦甚眾。晏子衣
> 苴布之衣，麋鹿之裘，駕散車疲馬，盡以祿給親戚朋友，齊人以此重之。

此介紹作者之生平事蹟也。又曰：

> 其書六篇，皆忠諫其君，文章可觀，義理可法，皆合《六經》之義。
> 又有復重，文辭頗異，不敢遺失，復列以爲一篇。又有頗不合經術，似非
> 晏子言，疑後世辯士所爲者，故亦不敢失，復以爲一篇。凡八篇。

此敘述一書之篇數、要旨及其眞僞也。又於《戰國策》則曰：

> 周室自文、武始興，崇道德，隆禮義，……卒致之刑錯四十餘年。……
> 至秦孝公捐禮讓而貴戰爭，棄仁義而用詐譎，……潛然道德絕矣。……是
> 以蘇秦、張儀、公孫衍、陳軫、代、厲之屬，生從橫短長之說，左右傾側。……
> 天下大潰，詐僞之弊也。……夫使天下有所恥，故化可致也，苟以詐僞偷
> 活取容，自上爲之，何以率下？秦之敗也，不亦宜乎！

此評論史事也，於《列子》則曰：

> 其學本於黃帝、老子，號曰道家。道家者，秉要執本，清虛無爲，及
> 其治身接物，務崇不競，合於六經。而〈穆王〉、〈湯問〉二篇，迂誕恢詭，

非君子之言也。

此既評論思想，亦敘述學術淵源也。於《管子》又曰：

凡《管子》書，務富國安民，道約言要，可以曉合經義。

此則判定一書之價值也。經此敘錄，而後學者不待沈入浩瀚之書海，即得因類求書，而因書究學矣。後世如《崇文總目》、《郡齋讀書志》、《直齋書錄解題》、《四庫總目》等之亦撰有提要者，雖或為例不純，然莫不淵源於此。

## 二、劉歆《七略》

劉歆《七略》，《隋志》著錄七卷，兩《唐志》並同，惟亦不見於《崇文總目》，蓋亦佚於宋時。今《問經堂叢書‧經典集林》中有洪頤煊輯本一卷，《稷山館輯補書》中有陶濬宣輯本一卷，《快閣師石山房叢書》中有姚振宗輯本一卷，嚴可均《全漢文》卷四十一亦錄有其佚文。

按，劉歆亦嘗撰《續史記》，並其事蹟，已見第三章第一節。所撰之《七略》，計分〈輯略〉、〈六藝略〉、〈諸子略〉、〈詩賦略〉、〈兵書略〉、〈數術略〉及〈方技略〉等，乃嗣其父向未卒之前業，總括群書而成，是以阮孝緒〈七錄序〉云：「至漢惠四年，始除挾書之律，其後外有太常、太史、博士之藏，內有延閣、廣內、秘室之府，開獻書之路，置寫書之官。至孝成之世，頗有亡逸，乃使謁者陳農求遺書於天下，命光祿大夫劉向及子俊、歆等讎校篇籍。每一篇已，輒錄而奏之。會向亡喪，帝使歆嗣其前業，乃徙溫室中書於天祿閣上，歆遂總括羣篇，奏其《七略》。」又《漢書》卷三十六〈歆傳〉謂：「河平中，受詔與父領校秘書，講六藝、傳記、諸子、詩賦、數術、方技，無所不究，向死後，歆復為中壘校尉。哀帝初即位，大司馬王莽舉歆宗室有材行，為侍中太中大夫，遷騎都尉、奉車光祿大夫，貴幸，復領五經，卒父前業。歆乃集六藝羣書，種別為《七略》。」是歆既以家學淵源，嘗參向之校書工作，遂父子世業，而成其《七略》也。

歆之《七略》，雖云有「七」，實止六分，蓋〈輯略〉者，六篇之總最（〈七錄序〉），故顏師古曰：「輯，與『集』同，謂諸書之總要。」（〈漢志序注〉）又姚振宗謂：「其〈輯略〉中言六藝授受源流。」（《隋志考證》卷二十三）梁啟超云：「所謂〈輯略〉者，今不見，當是敘述其分類及去取之義例，或《漢志》中各類小序中有其原文一部。」（《圖書大辭典‧符錄之部》第一部第一類第一目「七略輯本」條）是或謂其為七分法者，蓋未得其實。今輯略之文，雖不可知，然〈六藝〉、〈諸子〉、〈詩賦〉、〈兵書〉、〈數術〉、〈方技〉各略，班固既嘗據以刪其要以備〈藝文志〉，則其書殆盡在《漢書‧藝文志》中。故今《七略》雖亡，其餘韻固猶約略可尋，姚明達乃以為《漢志》即《七

略》之縮影，而推定劉歆等分類編目之義例爲：〔註60〕

一、依學術之性質分類：先將書籍分爲〈六藝〉、〈諸子〉、〈詩賦〉、〈兵書〉、〈數術〉、〈方技〉六略，每大類復分爲若干種。

二、同類之書略依時代之先後爲次：如於雜家，雖知孔甲盤盂似非黃帝之史，亦必列於篇目，餘皆以次順列，最後始爲漢代之書。

三、書少不能成一類者，附入性質相近之類：如〈春秋家〉之後附錄《國語》、《新國語》、《世本》、《戰國策》、《奏事》、《楚漢春秋》、《太史公》、《馮商所續太史公》、《太古以來年紀》、《漢著記》、《漢大年紀》等是也。〔註61〕

四、學術性質相同者，再依思想之派別，或體裁之歧異分類：如賦分三類，屈原等二十家爲一類，陸賈等二十一家爲一類，孫卿等二十五家爲一類。

五、摘錄敘錄之綱要：《七略》以略爲名，所以備覽者循目求書，自不能如《別錄》之總集眾錄，故今各輯本所得及《漢志》所存，皆戔戔數語，不過注出作者之姓名、略歷及書之內容梗概、著作年月而已。

六、有書目而無篇目：其書目當如《漢志》，首以書名爲綱，隨以篇數繫之，然後注解題於後。

七、每種書目之後有〈小序〉，每略有總序：〈六藝略〉諸小序，皆偏重敘述經師傳授。〈諸子略〉諸小序，則偏重於其思想之優劣。〈詩賦略〉雖分五種，獨無〈小序〉，僅有〈總序〉一篇。〈兵書略〉之〈小序〉最簡，祇說明類名之意義。〈數術〉、〈方技〉二略則近似〈諸子略〉，評隲是非而已。至於〈總序〉，則每略皆有一篇。〈方技〉最略。〔註62〕

又歆書於種略之末，必計其總數，如《漢志》之言凡《易》十三家，二百九十四篇；凡《六藝》一百三家，三千一百二十三篇者是。考嚴可均《全梁文》卷六十六「阮孝緒」條引《古今書最》云：「《七略》書三十八種，六百三家，一萬三千二百一十九卷，五百七十二家亡，三十一家存。」此與《漢書·藝文志》末所謂「大凡書六略三十八種，五百九十六家，萬三千二百六十九卷。」注云：「入三家五十篇，省兵十家。」之數相近，〔註63〕是《漢志》所存，什九蓋皆本於《七略》。〔註64〕

---

〔註60〕詳見所著《中國目錄學史·溯源論》。

〔註61〕按，阮孝緒〈七錄序〉云：「劉氏之世，史書甚寡，附見《春秋》，誠得其例。」又云：「《七略·詩賦》不從〈六藝·詩部〉，蓋由其書既多，所以別爲一略。」

〔註62〕按，姚明達達雖又引章學誠之言，而謂：一書可入二類者，則互見於二類；一書中有一篇可入他類者，得裁篇別出。然繼又疑《七略》之是否原有此例。

〔註63〕《漢志·序》師古曰：「其每略所條家及篇數，有與總凡不同者，傳寫脫誤，年代久遠，無以詳知。」

然則以《漢志》而推《七略》義例，雖不中亦不遠矣。孫德謙《漢書藝文志舉例》所得之《漢志》四十六例，〔註65〕當有助於歆書之瞭解。

　　向、歆等之校讎，自成帝河平三年（西元前26）起，至哀帝建平元年（西元前6）止，計歷二十一年，其校勘敘錄與分類編目之功，乃爲後世稱仰。雖父子所論，或有不能盡同者，〔註66〕然其剖析條流，蓋皆有取於古制，故《隋志·簿錄篇序》云：

> 古者史官，既司典籍，蓋有目錄，以爲綱紀，體制湮滅，不可復知。
> 孔子刪《書》，別爲之序，各陳作者所由，韓、毛二《詩》，亦皆相類。漢時，劉向《別錄》、劉歆《七略》，剖析條流，各有其部，推尋事迹，疑則古之制也。

　　考向等之校書，固非獨力所能成。其同參與讎校之事者，除步兵校尉任宏之外，尚有太史令尹咸及侍醫李柱國，別有謁者陳農及長社尉杜參，俱見〈漢志序〉及〈詩賦略〉師古《注》，又有五官中郎將房鳳及光祿勳王龔，並見〈儒林傳〉，其他尚有代郡中尉蘇竟，見《後漢書》本傳，班彪伯父班斿、左將軍史丹，並見《漢書·敘傳》，及向子伋、歆等，見〈七錄序〉，〔註67〕而由向總其成，規模可謂大矣。觀成帝河平三年詔劉向校理中秘書時，已能就各人之專長，分配工作，而由劉向校經傳、諸子、詩賦，任宏校兵書，尹咸校數術，李柱國校方技，則亦見其有計畫。《七略》之成書，蓋即奠基於此。其後，荀勗之《四部》，〔註68〕以至於《隋志》、《四庫全書總目》等，由其分合之跡，〔註69〕可以窺知所謂經、史、子、集四分之法，當皆爲《七略》之後

---

〔註64〕按，梁啓超《圖書大辭典·簿錄之部》第一部第一類第一目「七略輯本」條云：「此書亦亡於宋代，但其原型全部存於《漢書·藝文志》中，將《漢書》中班固自注『出某家，入某家』者校而別之。所餘者，什九皆《七略》原文。」

〔註65〕詳見《廿五史補編》第二冊。

〔註66〕如《漢書》卷三十六〈歆傳〉云：「宣帝時，詔向受《穀梁春秋》，十餘年大明習。及歆校秘書，見《古文春秋左氏傳》，歆大好之。……歆數以難向，向不能非間也。然猶自持其《穀梁》義。」則一習《穀梁》，一好《左氏》，所見已有不同。又曾國藩〈聖哲畫像記〉云：「昔劉向稱董仲舒王佐之材，伊、呂無以加。管晏之屬，殆不能及，而劉歆以爲董子師友所漸，曾不能幾乎游、夏。」余嘉錫《目錄要籍提要》論《別錄》與《七略》之異同謂：「歆亦兼下己意，與向時立異同。《漢書·董仲舒贊》引劉向稱『仲舒有王佐之材，伊、呂無以加，管晏不及。』又引歆說駁之。此必《七略·儒家》董仲舒百二十三篇條下之語。」是《錄》、《略》除詳簡不同外，或更有其相異之處也。

〔註67〕按，〈七錄序〉「伋」作「俊」，今從《漢書》卷三十六〈楚元王傳〉改。

〔註68〕按，荀勗，字公曾，撰有《晉中經新簿》，以甲、乙、丙、丁四部總括群書，參見拙著《兩晉史部遺籍考》第五章第三節。

〔註69〕按，《隋志》卷一〈經部序〉云：「班固列六藝爲九種，或以緯書解經，合爲十種。」卷二〈史部序〉云：「班固以《史記》附《春秋》，今開其事類凡三十種，別爲史部。」

裔，〔註70〕。如向、歆者，允爲我國目錄學之宗師矣。

## 三、失撰人《新記》

　　兩漢簿錄之書，今可考見者，除劉向、歆父子之《別錄》、《七略》外，又有蘭臺、東觀及仁壽閣所撰集之《新記》。阮孝緒〈七錄序〉曰：

　　　　及後漢，蘭臺猶爲書部，又于東觀及仁壽閣撰集《新記》。校書郎班
　　固、傅毅竝典秘籍，固乃因《七略》之辭爲《漢書・藝文志》。

《隋書・經籍志》序亦云：

　　　　光武中興，篤好文雅。明章繼軌，尤重經術。四方鴻生鉅儒，負帙自
　　遠而至者，不可勝算。石室蘭臺，彌以充積。又於東觀及仁壽閣集新書，
　　校書郎班固、傅毅等典掌焉。

是東漢之時，以四方鴻儒，負帙而至者，不可勝算，石室蘭臺，彌以充積，因又別集新書於東觀及仁壽閣，而由班固、傅毅等典掌。

　　按，班固撰有《漢書》，並其事蹟，已見第三章第一節。其依《七略》以爲〈藝文志〉，《漢志・敘》固已言之，其所以能據《七略》而又爲之增省者，蓋有蘭臺、東觀、仁壽之《新記》也。

　　傅毅，字武仲，扶風茂陵人。少博學，習章句。建初中，章帝博召文學之士，以

---

卷三〈子部序〉云：「《漢書》有〈諸子〉、〈兵書〉、〈數術〉、〈方技〉之略，今合而敘之，爲十四種，謂之〈子部〉。」卷四〈集部序〉云：「班固有〈詩賦略〉凡五種，今引而申之，合爲三種，謂之〈集部〉。」又姚振宗《漢書藝文志條理・目錄注》云：「後世四部之體，以〈六藝〉爲〈經部〉，又于〈春秋類〉中分出爲〈史部〉，〈六藝〉附庸蔚爲大國。〈諸子〉、〈兵書〉、〈數術〉、〈方技〉四略皆併入于〈子部〉。〈詩賦〉一略則〈集部〉之權輿也。《七略》之于四部，其分合併省根據體裁大都如此。」茲就《七略》與《隋志》之部略開合列其大較如下：

〔註70〕按，《隋志》因緣《七錄》，勒爲四部，其分部題目係依阮《錄》，而阮《錄》又斟酌王儉《七志》及劉歆《七略》，其前四錄實即用經史子集四部之次而稍異其名也。參見拙著《南北朝史部遺籍考》第十一章第一節，民國59年，行政院國科會研究報告。

毅爲蘭臺令史，拜郎中，與班固、賈逵共典校書。毅嘗追美明帝功德最盛，而廟頌未立，乃依〈清廟〉作〈顯宗頌〉十篇奏之，由是文雅顯於朝廷。和帝永元元年（89），車騎將軍竇憲請毅爲主記室，崔駰爲主簿，及憲遷大耐軍，復以毅爲司馬，班固爲中護軍。憲府文章之盛，冠於當世。毅早卒，著詩、賦、誄、頌等凡二十八篇。〔註71〕

　　所撰之《新記》，既依向、歆之成規，所著錄之羣書，蓋亦先經校敘，故〈傅毅傳〉乃稱與賈逵等共典校書。逵乃一代名儒，〔註72〕則其所成，當可藉以知光武中興時，其藝文盛況之一斑，惜《隋志》已不著錄，羣書亦罕言及，豈李催之亂時已散佚歟！

## 四、劉向等諸家《世本》注

　　《史略》卷六敘《世本》曰：

> 《世本》，十五篇，古史官記黃帝以來訖春秋帝王、公卿、諸侯、大夫譜系，太史公因之以作《史記》者。是後，《世本》凡三：其一曰《世本》，劉向所著者，二卷；其一亦曰《世本》，宋衷所作者，四卷；其一曰《帝譜世本》，宋均所作者，七卷；又有《世本王侯大夫譜》二卷、《世本譜》二卷，王氏注。按，《世本》敘歷代君臣世系，是書不復見，猶有傳者，劉向、宋衷、宋均三家而已。

是《世本》原乃古史官記黃帝以來至春秋時之王公大夫世系，司馬遷嘗取以作《史記》者也。其後則有或題爲劉向、宋衷、宋均所撰者三種。

　　劉向《世本》，見於《隋志》，注云：「劉向撰。」章宗源《隋書經籍志考證》以爲，劉向之撰，當是《注》文，姚振宗則謂：「案此二卷，即《漢志》之十五篇，章氏以爲《注》文非也。」〔註73〕又謂：「試問劉向果有注本，何以諸書但引宋衷，不引劉向耶？」今考《漢志·春秋家》所著錄之《世本》十五篇，固非劉向所撰，則《隋志》之二卷書，苟又非劉向之注文，當即指其所校錄之古《世本》，非謂其所撰作者矣。《史略》卷六又云：

> 予閱諸經書，惟《春秋左氏傳疏》所引《世本》者不一，因采掇彙次爲一書，題曰《古世本》。周益公在西府，聞予有此，面借再三，因錄本與之，益公一見曰：「天下奇書，學者雋功也。」予因曰：「劉孝標注《世說》，引《摯氏世本》，蓋敘摯氏世家，今人欲系譜諜，依摯氏法，名之曰

〔註71〕詳見《後漢書·文苑列傳》第七十（上）。
〔註72〕按，賈逵撰有《國語解詁》，並其事蹟，已見第一章第二節。
〔註73〕見所撰《隋書經籍志考證》卷二十二。

　　　某氏世本，殊爲古雅。」益公曰：「此説尤新奇。」
知《世本》之名，已爲後人所冒用，如敘摯氏世家，以《摯氏世本》爲名。則《隋
志》所著錄之劉向書，豈或亦出於好事者之所爲，而託名於劉向者歟？惜書亡無
徵矣。

　　宋衷之《世本》，並見於隋、唐志，皆作宋衷撰，稱有四卷。《史記》卷三十四
〈燕召公世家・索隱〉曰：「今《系本》無燕代系，宋忠依《太史公書》以補其闕。」
是宋衷之《世本》，當時已有闕略，遂嘗取《史記》以補之也。章宗源《隋書經籍志
考證》卷七云：「宋衷撰四卷，亦注也。」是隋、唐諸志作「宋衷撰」者，當亦誤題。
按，宋衷，《史記集解、索隱》引皆作「宋忠」，字仲子，南陽章陵人。劉表據荊州，
辟爲五業從事，有《周易注》十卷、《太玄經注》九卷、《法言注》十三等。〔註74〕
所注《世本》，今佚。據《史記》卷三十一〈吳太伯世家・索隱〉之云：「《系本》曰：」
云云，宋忠曰：『壽夢也。』」知蓋有與《左傳》合者。〔註75〕

　　宋均《帝譜世本》，不見於《隋志》，《舊唐志》稱「《帝譜世本》七卷，宋均
撰」，《新唐志》改云「宋均注《帝譜世本》七卷。」按，宋均，字叔庠，南陽安
眾人。父伯，建武初，爲五官中郎將，均以父任爲郎，時年十五。好經書，每休
沐日輒受業博士，通《詩》、《禮》，善論難。及武陵蠻反，詔使乘傳發江夏奔命三
千人往救之，既到，會伏波將軍馬援亦至，因令均監軍，與諸將俱進。及馬援卒
於師，軍士多溫溼疾病，死者大半，均乃與諸將議曰：「今道遠士病，不可以戰，
欲權承制降之何如？」諸將皆伏地莫敢應，均曰：「夫忠臣出境，有可以安國家，
專之可也。」乃矯制入虜營告以恩信，因勒兵隨其後，蠻夷震怖，即共斬其大帥
而降。於是入賊營，散其眾，遣歸本郡，爲置長吏而還。均未至，先自劾矯制之
罪，光武嘉其功。其後每有四方異議，數訪問焉。歷上蔡令、九江太守，名稱遠
近。明帝永平元年，遷東海相。在郡五年，坐法免官。客授潁川，而東海吏民思
均恩化，爲之作歌詣闕乞還者數千人。七年，徵拜尚書令，每有駁議，多合上旨。
嘗刪翦疑事，帝以爲有姦，大怒，收郎縛格之，諸尚書惶恐，皆叩頭謝罪。均顧
屬色曰：「蓋忠臣執義，無有二心，若畏威失正，均雖死不易志。」小黃門在旁，
入具以聞，帝善其不撓，遷均司隸校尉。數月，出爲河內太守，政化大行。均嘗
寢病，百姓、耆老爲禱請旦夕，問起居，其爲民愛若此。均性寬和，不喜文法，

---

〔註74〕見嚴可均《全後漢文》卷八十六。
〔註75〕按，《索隱》之稱《系本》者，避唐諱也。

以爲苛察之人，身或廉法，而巧點刻削，毒加百姓，灾害流亡所由而作。章帝建初元年（76）卒于家。〔註76〕所注《帝譜世本》，今佚，《文選·西京賦注》、《史記·五帝本紀索隱、秦始皇本紀索隱》、《御覽·服章部》等並引之。

　　今考諸家之輯錄《世本》，率及於宋衷之注，如秦嘉謨輯補之《世本》十卷（《世本八種》）、王謨輯之《世本》二卷（《漢魏遺書鈔·經翼》第三册）、孫馮翼輯之《世本》一卷（《增訂漢魏叢書》、《問經堂叢書》、《叢書集成初編·世本八種》）、孫馮翼輯、陳其榮增訂之《世本》二卷（《槐廬叢書初編·世本八種》）、張澍輯并補注之《世本》五卷（《二酉堂叢書》、《叢書集成初編·世本八種》）、雷學淇輯并考證之《世本》二卷、《考證》一卷（《畿輔叢書》、《叢書集成初編·世本八種》）、茆泮林輯之《世本》一卷（《十種古逸書》、《龍谿精舍叢書》、《叢書集成初編·世本八種》）、王仁俊輯之《世本》一卷（《玉函山房輯佚書續編》）等是。蓋以宋衷之精於古學，其書之盛行於時，而諸籍徵引之多也。張澍〈世本集注序〉曰：「孔穎達《尚書正義》以《世本》經暴秦爲儒者所亂，劉恕《通鑑外紀》以爲《世本》經秦、漢儒者改易，要之，係秦、漢以前書，中壘、孟堅以爲出古史官者近之。其書至宋時已不傳，余繙閱緗帙，有引用者輒著錄之。乃集得〈作篇〉、〈居篇〉、〈氏姓篇〉、〈帝繫篇〉、〈王侯大夫譜篇〉共五篇，聊以管穴裨益宋《注》。」王謨輯本〈敘錄〉曰：「此書本極斷爛，易致混淆，轉寫多誤，尤難釐訂。今所抄輯，率據《史記》與《正義》、《索隱》，參互考訂，略仿原書體例，編爲二卷，而以〈帝王諸侯卿大夫世系〉爲上卷，〈氏姓篇〉、〈居篇〉、〈作篇〉爲下卷。」秦嘉謨《世本輯補》曰：「古來述《世本》者莫如司馬遷、韋昭、杜預，今以《史記》及《國語韋注》、《左傳杜解》三書爲本，復得孫氏星衍所藏澹生堂抄輯《世本》二卷、洪氏飴孫所編四卷，詳加增校，補輯成編，曰〈帝繫篇〉、曰〈紀〉、曰〈王侯譜〉、曰〈世家〉、曰〈大夫譜〉、曰〈傳〉、曰〈氏姓〉、曰〈居篇〉、曰〈作篇〉、曰〈諡法〉凡十篇云。」則其輯存之多，亦盛事也。宋均之注，存者蓋少，鮮見諸家之徵引。李慈銘云：「閱高郵茅雯水（泮水）所輯《世本》六卷，較洪氏飴孫本爲謹嚴。前有〈自敘〉，考證甚密。頗言錢氏大昭、孫氏馮翼所輯之疏，又謂孫淵如所藏澹生堂鈔輯《世本》二卷及洪氏所編《世本》四卷，外間俱未之見。江都秦嘉謨因洪書作《世本輯補》刊行，而所補者類皆司馬遷、韋昭、杜預之說，注欠分曉，與《世本》原文相泪，轉覺蕩然無復疆界，泮林輯此與秦同時云云。是〈序〉後題「道光元年十月」。案，秦嘉謨補輯本〈自序〉，稱原輯僅得六卷，復得澹生

堂鈔輯《世本》三卷，又於孫淵如觀察處購得洪大令餡孫所編底稿十卷，較原輯增十之三四，爰延顧君千里，詳加校閱，其體例悉遵洪式云云，其後題「嘉慶丙子九月」。是洪書本十卷，今秦書亦十卷，近時吳中人皆言即洪氏書，秦實無所增加，而盜爲己有者，據茅〈序〉則當時耳目所接，與秦同輯此書，而秦先刊行也。然秦書竟據《史記》及韋氏《國語解》、杜氏《左傳集解》所言，以意增補，取盈卷帙，大非輯古佚書之體，茅氏譏其汩亂，蕩無疆界，是也。」〔註77〕是書闕既久，輯佚之書，或不出於一人，宜其有淆亂不審者矣。又姚振宗《漢書藝文志條理》（卷一之下）曰：「兩《唐志》有宋衷、宋均注《世本》，亦似楚、漢之際好事者所錄別本也。」然則今所輯之《世本》佚文，固亦有出於後人之所羼亂者矣。

## 五、失撰人《漢氏帝王譜》

據《隋志・譜系篇敘》之謂漢有《帝王年譜》，後漢有《鄧氏官譜》，又《通志・氏族略》稱有《聊氏萬姓譜》。是漢時凡帝王譜、官譜、萬姓譜皆有撰錄者矣。

《帝王譜》，《隋志》著錄，作「《漢氏帝王譜》三卷」，不著撰人，兩《唐志》並止二卷。其書蓋記帝王世系及得姓、受氏諸事，非殫見洽聞者不能爲也。今佚。

## 六、失撰人《鄧氏官譜》

《鄧氏官譜》見於《隋志・譜系篇敘》，然未有著錄，豈以晉亂已亡失也。考《後漢書》列傳第六〈鄧禹傳〉曰：「鄧氏自中興後，累世寵貴，凡侯者二十九人，公二人，大將軍以下十三人，中二千石十四人，列校二十二人，州牧、郡守四十八人，其餘侍中、將、大夫、郎、謁者不可勝數，東京莫與爲比。」其敘鄧氏歷官人數如此，蓋即引自《鄧氏官譜》者也。鄧禹，字仲華，南陽新野人。受業長安時，即與光武相親附。及漢兵起，乃追之於鄴，光武見之甚歡。嘗自薊至信都，使禹發奔命，得數千人，令自將之，別攻拔樂陽。從至廣阿，舍城樓上，披輿地圖，指示禹曰：「天下郡國如是，今始乃得其一。子前言以吾慮天下不足定，何也？」禹曰：「方今海內殽亂，人思明君，猶赤子之慕慈母。古之興者，在德薄厚，不以大小。」光武悅，時任使諸將多訪於禹。及天下平定，封爲高密侯。禹內文明，篤行淳備，事母至孝，常欲遠名勢。有子十三人，各使守一藝。明帝即位，以禹先帝元功，拜爲太傅，甚

---

〔註77〕見《越縵堂讀書記》三「歷史世本」條。又孫耀卿《販書偶記》「《世本輯補》四卷江都秦嘉謨撰」條云：「案封面及目錄皆作十卷，查書中實四卷，非細檢則不知其全也。襄聞人曰，此係陽湖洪飴孫所著，終未敢深信，近考此書非秦氏撰，明證有四……。」詳見世界書局《四庫書目續編》卷五十四〈史類〉。

見尊寵。永平元年〔58〕卒，年五十七，諡曰元侯。〔註78〕

## 七、失撰人《萬姓譜》

　　《通志‧氏族略》所稱之聊氏《萬姓譜》，亦見於《廣韻‧下平聲》卷二「三蕭‧聊」字《注》，云：「《風俗通》有聊倉爲漢侍中，著《子書》。又有聊氏，爲潁川太守，著《萬姓譜》。」按，聊氏，望出潁川，其《萬姓譜》未悉出自何人，其書已佚。〔註79〕

---

〔註78〕事詳《後漢書》列傳第六。

〔註79〕氏姓之書，據張澍等之所輯，別有應劭《風俗通姓氏篇》二卷。今考劭之《風俗通義》三十一卷，《隋志》著錄於〈雜家〉，是宜併其〈姓氏〉一篇入其本書而歸於子部中矣。按，劭撰有《漢書集解》等，已見前述。范書〈劭傳〉稱其撰《風俗通》，乃爲辯物類名號，識時俗嫌疑，文雖不典，後世服其洽聞。其書宋時闕略已甚，故《十駕齋養新錄》卷十四云：「《宋史》及晁氏、陳氏書自皆云十卷，則已失其三之二矣。今世所傳，唯元大德刊本，前有行都水監李杲〈序〉，後載宋嘉定十三年丁黼〈跋〉，知其書在南宋時已難得。」《四庫全書》取與《論衡》並著錄於《子部‧雜家》，而於《提要》卷一百二十曰：「其書……大致如王充《論衡》而敘述簡明則勝充書之冗漫。」

# 參考書目

1. 《尚書注疏》，漢・孔安國傳、唐・孔穎達疏，藝文印書館。

2. 《毛詩注疏》，漢・鄭玄箋、唐・孔穎達疏，藝文印書館。

3. 《周禮注疏》，漢・鄭玄注、唐・賈公彥疏，藝文印書館。

4. 《禮記注疏》，漢・鄭玄注、唐・孔穎達疏，藝文印書館。

5. 《左傳注疏》，晉・杜預注、唐・孔穎達疏，藝文印書館。

6. 《孟子注疏》，漢・趙岐注、宋・孫奭疏，藝文印書館。

7. 《國語》，吳・韋昭注，九思出版有限公司。

8. 《戰國策》，漢・高誘注，藝文印書館。

9. 《史記會注考證》，漢・司馬遷撰，宋・裴駰集解、唐・司馬貞索隱、張守節正義、日本瀧川資言考證，藝文印書館。

10. 《漢書補注》，漢・班固撰，唐・顏師古注、王先謙補注，新文豐出版公司。

11. 《後漢書集解》，宋・范曄撰〈紀〉、〈傳〉，唐・李賢注；晉・司馬彪撰〈志〉，梁・劉昭注補，王先謙集解，新文豐出版公司。

12. 《三國志集解》，晉・陳壽撰，宋・裴松之注、盧弼集解，新文豐出版公司。

13. 《晉書斠注》，唐・房玄齡等撰，吳士鑑注，新文豐出版公司。

14. 《宋書》，梁・沈約撰，新文豐出版公司。

15. 《南齊書》，梁・蕭子顯撰，新文豐出版公司。

16. 《梁書》，唐・姚思廉撰，新文豐出版公司。

17. 《魏書》，北齊・魏收撰，新文豐出版公司。

18. 《隋書》，唐・長孫無忌等撰，新文豐出版公司。

19. 《南史》，唐・李延壽撰，新文豐出版公司。

20. 《舊唐書》，後晉・劉昫撰，新文豐出版公司。

21. 《新唐書》，宋・歐陽修、宋祁撰，新文豐出版公司。

22. 《宋史》，元·脫脫等撰，新文豐出版公司。

23. 《漢紀》，漢·荀悅撰，臺灣商務印書館。

24. 《後漢紀》，晉·袁宏撰，臺灣商務印書館。

25. 《吳越春秋》，漢·趙曄撰，世界書局。

26. 《景越絕書校注》，漢·袁康、吳平撰，鐵如意館主校注，錢培名札記，世界書局。

27. 《華陽國志》，晉·常璩撰，臺灣中華書局。

28. 《列女傳補注》，王昭圓注，臺灣商務印書館。

29. 《通典》，唐·杜佑撰，臺灣商務印書館。

30. 《通志》，宋·鄭樵撰，臺灣商務印書館。

31. 《文獻通考》，元·馬端臨撰，臺灣商務印書館。

32. 《崇文總目輯釋》，宋·王堯臣等編次，清·錢東垣等輯釋，臺灣商務印書館。

33. 《郡齋讀書志》，宋·晁公武撰，臺灣商務印書館。

34. 《直齋書錄解題》，宋·陳振孫撰，臺灣商務印書館。

35. 《史略》，宋·高似孫輯，臺灣商務印書館。

36. 《書目答問補正》，張之洞撰，范希曾補正，新興書局。

37. 《四庫全書總目》，清·永瑢等撰，藝文印書館。

38. 《四庫全書簡明目錄》，清·紀昀等撰，世界書局。

39. 《四庫書目續編（販書偶記）》，孫耀卿撰，世界書局。

40. 《四庫提要辨證》，余嘉錫撰，藝文印書館。

41. 《四庫提要補正》，胡玉縉撰，中國辭典館復館籌備處。

42. 《鄭堂讀書記》，清·周中孚撰，世界書局。

43. 《越縵堂讀書記》，就清·李慈銘《越縵堂日記》輯錄，世界書局。

44. 《四庫目略》，楊立誠編，臺灣中華書局。

45. 《叢書子目類編》，中國辭典館復館籌備處。

46. 《史記書錄》，賀次君編著，地平線出版社。

47. 《補標史記評林》，明·凌稚隆輯校，李光縉增補，日本有井範平補標，蘭臺書局。

48. 《十七史商榷》，清·王鳴盛著，樂天出版社。

49. 《廿二史劄記》，清·趙翼著，樂天出版社。

50. 《廿二史考異》，清·錢大昕著，樂天出版社。

51. 《困學紀聞集證》，宋·王應麟撰，萬蔚亭集注，中華叢書編審委員會。

52. 《玉海》，宋·王應麟撰，大化書局。

53. 《廿五史補編》，二十五史刊行委員會編，臺灣開明書店。

54. 《校史隨筆》，張元濟著，臺灣商務印書館。

55. 《廿五史述要》（原名《廿五史論綱》），徐浩編著，世界書局。

56. 《論衡》，漢‧王充著，臺灣中華書局。

57. 《史通通釋》，唐‧劉知幾撰，清‧浦起龍釋，世界書局。

58. 《文史通義》，清‧章學誠撰，國史研究室。

59. 《太史公書義法》，孫德謙撰，臺灣中華書局。

60. 《史記考索》，朱東潤著，臺灣開明書店。

61. 《史記札記》，郭嵩燾著，樂天出版社。

62. 《史記今釋》，楊家駱編著，正中書局。

63. 《漢書窺管》，楊樹達撰，世界書局。

64. 《顏氏家訓》，北齊‧顏之推撰，臺灣中華書局。

65. 《北堂書鈔》，隋‧虞世南撰，文海出版社。

66. 《匡謬正俗》，唐‧顏師古撰，臺灣商務印書館。

67. 《藝文類聚》，唐‧歐陽詢撰，新興書局。

68. 《白孔六帖》，唐‧白居易撰，宋‧孔傳續撰，新興書局。

69. 《初學記》，唐‧徐堅撰，新興書局。

70. 《唐六典》，唐‧玄宗撰，李林甫注，臺灣商務印書館。

71. 《太平御覽》，宋‧李昉等奉敕纂，臺灣商務印書館。

72. 《太平寰宇記》，宋‧樂史撰，文海出版社。

73. 《事類賦》，宋‧吳淑撰注，新興書局。

74. 《廣博物志》，明‧董斯張撰，新興書局。

75. 《錦繡萬花谷》，不著撰人，新興書局。

76. 《抱朴子》，晉‧葛洪撰，臺灣商務印書館。

77. 《文選》，梁‧昭明太子選編，藝文印書館。

78. 《王安石全集》，宋‧王安石撰，河洛圖書出版社。

79. 《全上古三代秦漢三國六朝文》，清‧嚴可均編，世界書局。

80. 《仰風樓文集》，楊家駱著，楊門同學會編刊。

81. 《四部正譌》，明‧胡應麟撰，世界書局《偽書考五種》中。

82. 《古今偽書考》，清‧姚際恒撰，世界書局《偽書考五種》中。

83. 《偽經考》，康有為著，臺灣商務印書館。

84. 《古史辨》，顧頡剛等編著，明倫出版社。

85. 《偽書通考》，張心澂著，宏業書局。

86. 《中國史部目錄學》，鄭鶴聲著，臺灣商務印書館。

87. 《中國目錄學講義》，昌彼得編著，文史哲出版社。

88. 《中國目錄學史》，姚名達著，臺灣商務印書館。

89. 《梁啓超學術論叢》，梁啓超著，南嶽出版社。

90. 《中國古代史籍校讀法》，張舜徽著，地平線出版社。

91. 《中國史學論文選集》，杜維運等編，華世出版社。

92. 《國立北平圖書館館刊》，國立北平圖書館館刊編輯部，臺灣學生書局。

93. 《師大國學叢刊》，北平國立師範大學國文學會編輯，進學書局。

94. 《史學年報》，燕京大學歷史學會編輯，臺灣學生書局。

95. 《教學與研究》，國立臺灣師範大學文學院。

96. 《國文學報》，國立臺灣師範大學國文系。

97. 《兩晉史部遺籍考》，廖吉郎著，嘉新文化基金會。

98. 《南北朝史部遺籍考》，廖吉郎著，行政院國科會研究報告。

99. 《唐代史部遺籍考》，廖吉郎著，行政院國科會研究報告。

100. 《劉向》，廖吉郎著，台灣商務印書館，《中國歷代思想家》第十一冊。

# 附錄：今所見三國人所撰史籍考

## 前　言

　　自輯佚之學興，久絕之書，漸見掇拾，爲昔賢夢寐所難得者，今乃陸續爲吾人所能耳聞目睹，於學術之研究，所可供參稽者，就存本之外，遂又有所謂之輯本。吉郎肄業上庠之時，因蒙楊師家駱教授之指導，撰成《兩晉史部遺籍考》（嘉新文化基金會出版），於今所見之晉人史部著作，無論其爲存本或輯本，乃皆納於一編之中，備覽求也。其後，復承國科會之獎助，逐年撰成《南北朝史部遺籍考》、《兩漢三國史部遺籍考》、《唐代史部遺籍考》，凡今見之漢、魏、晉、南北朝、隋、唐諸朝代人所撰之史籍，於此蓋可得梗概。今爰自《兩漢三國史部遺籍考》一文，析出三國人所撰述之部分，並加整理，計得五類二十三目。雖率屬輯本，然片羽彌珍。唯以所見資料之豐嗇不同，所引證考訂者，長短遂亦有別。博雅大方，幸垂教之。

## 壹、別史類

### 一、謝承《後漢書》

　　謝承《後漢書》，《隋書‧經籍志》著錄一百三十卷，注云：「無帝紀，吳‧武陵太守謝承撰。」《舊唐書‧經籍志》卷同；《新唐書‧藝文志》作一百三十三卷，又錄一卷。姚振宗《隋志考證》卷十一云：「按，本志云無帝紀，似謂其亡佚，《新唐志》多出三卷，似其帝紀之佚存者。」（開明書店，《二十五史補編》，第四冊，頁5238）又晁公武《郡齋讀書志》及陳振孫《直齋書錄解題》俱不著錄；高似孫《史略》卷二載其書一百三十卷，又錄一卷，末云：「謝承……《後漢書》，先儒最稱其

精，今是書不復可見，乃略采其精語一二。」（臺灣商務印書館，人人文庫，一五九六號，頁 32）則其書蓋佚久矣。今有輯本，汪文臺《七家後漢書》本得八卷；姚之駰《後漢書補逸》得四卷，有〈序〉一篇；又孫志祖《讀書脞錄》得五卷，乃憾姚本之闕略，而更廣爲蒐輯者；侯康《補三國藝文志》卷三「謝承後漢書」條云：「傅山曰：謝承書某家有之，永樂間揚州刊本，初，郃陽〈曹全碑〉出，曾以謝書考證，多所裨益，大勝范書，以寇亂亡失矣，惜哉！……康案：……傅青主所言揚州刊本，當亦如姚氏輯本之類耳。姚本闕漏尙多，近有胡□□□□輯本，未見。」（開明書店，《二十五史補編》，第三冊，頁 3175）黃奭《黃氏逸書考》（漢學堂叢書）及王仁俊《玉函山房輯佚書補編》中亦各得一卷。

　　按，謝承，字偉平，會稽山陰人，孫權謝夫人弟。博學洽聞，嘗所知見，終身不忘。爲吳郡督郵，後拜五官郎中，稍遷長沙東部都尉、武陵太守。事跡具《三國志集解》卷五十〈吳主權謝夫人傳〉及注引《會稽典錄》（新文豐出版公司，頁 983），又嚴可均《全三國文》有傳（世界書局，《全上古三代秦漢三國六朝文》，第三冊，卷六十六，頁 8）。

　　所撰《後漢書》，《隋志》注云「無帝紀」，章宗源《隋志考證》卷一遂謂「史無帝紀，惟聞此書」（開明版，《二十五史補編》，第四冊，頁 4945），今考高似孫《史略》（台灣商務印書館印行）卷二之論謝承《後漢書》，以爲謝等諸家之作，往往皆因《漢紀》之舊爲之，爲有所據依，且與司馬彪、薛瑩、謝沈等《後漢書》並謂「先儒最稱其精」（見頁 31～32），然則其豈能獨遺帝紀而不書耶？故姚振宗以爲「無帝紀，似謂其亡佚」（《隋志考證》卷十一。開明，《二十五史補編》，第四冊，頁 5239），蓋是。又《匡謬正俗》卷五引有謝承《後漢書·楊豫傳》云云，《北堂書鈔·設官部》引承書有風教傳，《史通通釋》卷三「書志」第八謂：「百官、輿服，謝拾孟堅之遺。」（世界書局，頁 27）卷四「論贊」第九謂：「謝承曰詮。」（頁 39）《文選》顏延年〈北使洛詩〉注、〈永明九年策秀才文〉注、阮嗣宗〈勸進表〉注、〈後漢二十八將論〉注、張景陽〈七命〉注引承書俱稱〈序〉曰，章宗源以爲蓋承書〈敘傳〉中語《隋志考證》卷一（開明，《二十五史補編》，第四冊，頁 4945），然則謝承《後漢書》當有紀、有志、有傳，且並嘗仿前書之例，著有論贊，而以〈敘傳〉一篇殿焉。

　　謝承書，高似孫已謂先儒最稱其精，姚之駰之輯佚，更指其爲東漢第一良史，凡所載忠義、名卿、通賢、逸士，其芳言懿矩，六朝詞人多誦說之。然《史通通釋·煩省篇》則云：「謝承尤悉江左，京洛事缺於三吳。」（世界，頁 126）侯康引洪亮吉曰：「謝承書最有名，又最先出，而其紕謬非一端。」（詳《補三國藝文志》卷三。

開明，《二十五史補編》，第三冊，頁 3175），《匡謬正俗》卷五亦已謂承書有不實處。然則其書之有疏失，自亦不免，考遷史、班書，尚多譏彈，故侯康曰：「不能摘其一二事，遽毀全書，又況謝書久亡，他書轉引，不免魯魚之譌，尤未可以是定謝、范二家優劣也。姚之駰謂謝書極博，蔚宗過爲刪除，其說甚當，蓋謝之勝范在此，而其不及范之精嚴，亦即在此。」（同上）斯言得之。

## 貳、雜史類

### 一、虞翻《國語》注

虞翻之注《國語》，《三國志》卷五十七本傳稱，與《老子》、《論語》諸訓注並傳於世，《隋書·經籍志》著錄，作「《春秋外傳國語》二十一卷，虞翻注。」見於經部春秋類，《唐經籍志》書名、卷數並同，《新唐藝文志》作「虞飜注《國語》二十一卷」，唯不見於《宋史·藝文志》及《崇文總目》，知佚久矣。今有：馬國翰輯本一卷，作「《春秋外傳國語》虞氏注」，《玉函山房輯佚書》本；黃奭輯本一卷，作「《國語》注」，《黃氏逸書考》（漢學堂叢書）本；王仁俊輯本一卷，作「《國語》虞氏注」，《玉函山房輯佚書續編》本。又姚振宗謂：「錢塘汪遠孫有《國語三君注輯存》四卷。」（見《三國藝文志》卷二。開明，《二十五史補編》，第三冊，頁 3222），張之洞《書目答問》卷二著錄。

按，虞翻，字仲翔，會稽餘姚人，太守王朗以爲功曹。孫策平會稽，復爲功曹，待以交友之禮，出爲富春長。後州舉茂才，漢召爲侍御史，皆不就。孫權以爲騎都尉。翻數犯顏諫爭，且性不協俗，坐徙丹陽涇縣，又徙交州。雖處罪放，然講學不倦，門徒常數百人。在南十餘年，年七十卒。嘗注《周易》、《國語》、《論語》、《老子》、《太玄經》諸書，又有集三卷。詳見《三國志集解·吳志》本傳（新文豐，頁 1066）及嚴可均《全三國文》（世界，《全上古三代秦漢三國六朝文》，第三冊，卷六十八，頁 1）。

其《國語》注，既傳於世，又爲韋昭之解《國語》所採摭（韋氏《國語》注見後），是與賈逵〔註1〕、唐固所注（見後）者，並有可觀，宜乎韋昭〈國語解敘〉之稱其「信善」，唐玄宗《御注孝經·序》之以爲：「韋昭、王肅，先儒之領袖，虞飜、

---

〔註 1〕按，賈逵，漢人，所撰《國語解詁》今有馬國翰輯本二卷，《玉函山房輯佚書》本；又王謨《漢魏遺書鈔》及黃奭《黃氏逸書考》（漢學堂叢書）中亦各輯有一卷，題爲「國語注」；蔣日豫《蔣侑石遺書》中得一卷，稱「《國語》賈景伯注」；王仁俊《玉函山房輯佚書續編》亦有一卷，作「《國語》賈氏注」。

劉邵，抑又次焉。」（藝文印書館，《十三經注疏・孝經注疏》，頁 8）今從韋昭《注》、《左傳正義》、《史記集解》、《水經注》、《後漢書》注、《初學記》等所輯錄者，可窺其一斑矣。

## 二、唐固《國語》注

唐固之注《國語》，首見於《三國志・卷五十三・闞澤附傳》，《隋書・經籍志》著錄，作「《春秋外傳國語》二十一卷，唐固注」，《唐經籍志》同，《新唐藝文志》稱唐固注《國語》二十一卷，《宋志》及《崇文總目・春秋類》並闕，是亦久佚。今有馬國翰輯本一卷，作「《春秋外傳國語》唐氏注」，《玉函山房輯佚書》本；別有黃奭輯本一卷，題「《國語》注」，《黃氏逸書考》（漢學堂叢書）本；又王謨《漢魏遺書鈔・經翼》第三冊中得三十餘條，附於賈逵《解詁》，不別爲卷；《書目答問》卷二著錄「《國語》校注本三種二十九卷」中有「《三君注輯存》四卷」，汪遠孫自刻本。

按，唐固，字子正，又《冊府元龜》作字世正，姚振宗以爲或音誤，或唐人避諱改（見《三國藝文志》卷一「唐固《春秋公羊傳注》」條。開明，《二十五史補編》，第三冊，頁 3205）。丹陽人。修身積學，稱爲儒者，講授常數十人。權爲吳王，拜爲議郎。黃武四年（西元 225），爲尚書僕射。年七十餘卒。著《國語》、《公羊》、《穀梁傳》注。事跡具《三國志集解・卷五十三・闞澤附傳》（新文豐，頁 1021）。

所注《國語》，據韋昭〈國語解敘〉之以固與虞翻俱稱爲英才碩儒，洽聞之士，因並賈逵所注，爲之採摭損益，稱爲三君，則誠信善矣。韋昭所取，且視虞翻爲多。今見於《初學記》及《史記集解》等之徵引者，皆足資參稽。

## 三、王肅《國語章句》

王肅《國語章句》，見於《隋志》著錄，題「《春秋外傳章句》一卷，王肅撰。梁二十一卷。」《唐經籍志》則作「《春秋外傳國語章句》二十二卷，王肅注。」《新唐藝文志》卷同《舊唐志》。宋庠〈國語補音序〉謂，王肅《國語章句》梁有二十二卷，《四庫全書總目》卷五十一「《國語》二十一卷韋昭注」條亦云，「王肅本二十二卷」，姚振宗《隋志考證》卷六因指：「今本作梁有二十一卷者，後人所改也。」（開明，《二十五史補編》，第四冊，頁 5153）其書《隋志》所載，已止存一卷，知佚久矣。今有黃奭輯本一卷，稱「國語章句」，《黃氏逸書考》（漢學堂叢書）本。

按，王肅，字子雍，東海郯人，王朗長子。黃初中，爲散騎黃門侍郎。太和三年（西元 229），拜散騎常侍。青龍末，以常侍領祕書監，兼崇文觀祭酒。正始元年（西元 240），出爲廣平太守，還拜議郎，尋爲侍中，遷太常。時大將軍曹爽專權，

任用何晏、鄧颺等，肅與太尉、司農論及時政，以爲此輩即弘恭、石顯之屬。後爲光祿勳，徙河南尹。嘉平六年（西元 254），持節兼太常，迎高貴鄉公於元城。後遷中領軍，加散騎常侍。甘露三年（西元 258）卒，門生縗絰者以百數。追贈衞將軍，諡曰景侯。有《書》、《詩》、《論語》、《三禮》、《左氏》解及撰定父朗所作《易》傳，皆列於學官，又有《聖證論》十二卷、《家語解》二十一卷、《政論》十卷、集五卷。《三國志集解》卷十三有傳（新文豐，頁 393），又嚴可均輯有王肅文一卷，見《全三國文》（世界，《全上古三代秦漢三國六朝文》，第三冊，卷二十三，頁 1）。

當景初間（西元 237～239），宮室盛興，民失農業，期信不敦，刑殺倉卒，肅乃嘗上疏，以種穀者寡，食穀者眾，爲有國之大患；又謂信之於民，國之大寶，而痛斥有司之徒營其目前之利，而不顧經國之體；至於刑殺之事，則曰：「漢時有犯蹕驚乘輿馬者，廷尉張釋之奏使罰金，文帝怪其輕，而釋之曰：『方其時，上使誅之則已，今下廷尉，廷尉，天下之平也，一傾之，天下用法皆爲輕重，民安所措其手足？』臣以爲大失其義，非忠臣所宜陳也。廷尉者，天子之吏也，猶不可以失平，而天子之身，反可以惑謬乎？斯重於爲己，而輕於爲君，不忠之甚也。」此蓋不欲啓人主猝殺之慘也。於帝之問：「司馬遷以受刑之故，內懷隱切，著《史記》，非貶孝武，令人切齒。」則對曰：「司馬遷記事，不虛美，不隱惡，劉向、揚雄服其善敘事，有良史之才，謂之實錄。漢武帝聞其述《史記》，取孝景及己本紀覽之，於是大怒，削而投之，於今此兩紀有錄無書。後遭李陵事，遂下遷蠶室，此爲隱切在孝武，而不在於史遷也。」此雖與班氏所記不同，然於時主，則爲善對。是如王肅者，宜乎陳壽之評爲亮直多聞者矣。

肅善賈、馬之學，而不好鄭玄，《孔子家語·序》（世界書局印行，頁 1）云：「鄭氏學，行五十載矣。自肅成童，始志於學，而學鄭氏學矣。然尋文責實，考其上下，義理不安，違錯者多，是以奪而易之。然世未明其款情，不（一作「而」）謂其苟駁前師，以見異於前人，乃慨然而歎曰：『予豈好難哉？予不得已也！』」又云：「聖人之門，方壅不通，孔氏之路，枳棘充焉，豈得不開而辟之哉？若無由之者，亦非予之罪也，是以撰經禮，申明其義，及朝論制度，皆據所見而言。」如於《尚書》：鄭贊謂孔子撰書，乃尊而命之《尚書》，尚者，上也；肅〈序〉稱，上所言，史所書，故曰《尚書》。開卷已自立異。考肅之學，本傳稱所注皆列於學官，是在魏時已頗著盛名，錢大昕謂：「蓋肅兼通諸經，強辯求勝，又以三公之子，早登顯要，易爲人所信從也。」（樂天出版社印行，《廿二史考異》，卷十五「王肅云，堯順考古道而行之」條，頁 585）肅之經解，晉、宋多從之，唐玄宗且謂：「韋昭、王肅，先儒之領袖。」（《御注孝經·序》。藝文，《十三經注疏·孝經注疏》，頁 8）是肅所見，非皆誣也，

洎乎清之崇尚鄭學，攻肅者乃幾於體無完膚矣。至其注書之時，與韋昭同而稍在其前，然昭〈國語解敘〉所述諸君，竟不及肅者，姚振宗以爲其時王氏《章句》尚不傳於江表也（見開明，《二十五史補編》，第四冊，《隋志考證》，卷六，頁5153）。

## 四、韋昭《國語》注

韋昭《國語》注，《隋志・經部・春秋類》著錄二十二卷，作「《春秋外傳國語》」，注云：「韋昭注。」兩《唐志》、《宋志》、《崇文總目》、《郡齋讀書志》、《直齋書錄解題・春秋類》及《四庫全書・雜史類》等所載，則並作二十一卷，唯題名，《直齋書錄解題》作「《國語》注二十一卷」，《四庫全書》稱「《國語》二十一卷」，微有不同耳。考昭所注，首尾完具，歷代未聞有所亡失，是當即爲二十一卷，《隋志》之作二十二卷者，或誤一字，或析簡併篇，偶有增減也。至各史志所著錄皆歸春秋類，《四庫全書》則改入史部雜史類者，《四庫全書總目》（藝文印書館印行）卷五十一（頁1104）案云：「《國語》二十一篇，《漢志》雖載《春秋》後，然無『春秋外傳』之名也，《漢書・律歷志》始稱『春秋外傳』。王充《論衡》云：《國語》，左氏之外傳也。左氏傳經，詞語尚略，故復選錄《國語》之詞以實之。劉熙《釋名》亦云：《國語》亦曰《外傳》，《春秋》以魯爲內，以諸國爲外，外國所傳之事也。考《國語》上包周穆王，下暨魯悼公，與春秋時代首尾皆不相應，其事亦多與《春秋》無關，係之《春秋》，殊爲不類，至書中明有〈魯語〉，而劉熙以爲外國所傳，尤爲舛迕，附之於經，於義未允。《史通》六家，《國語》居一，實古左史之遺，今改隸之雜史類焉。」昭所注《國語》，今有《四庫全書》本、《摛藻堂四庫全書薈要》本、《四部叢刊》本、《士禮居黃氏叢書》本、《叢書集成初編》本、《袖珍古書讀本》、《四部備要》本等，並稱「《國語》二十一卷」。《士禮居》本及《叢書集成初編》本並附有清・黃丕烈〈札記〉一卷；《袖珍古書讀本》及《四部備要》本除黃氏〈札記〉外，又有清・汪遠孫《考異》四卷。《書目答問》卷二古史類著錄「《國語》韋昭注二十一卷，附〈札記〉一卷」，注云：「顧廣圻校，黃氏士禮居仿宋刻本。」（新興書局發行，《書目答問補正》，頁76）蔣元卿《校讎學史》（臺灣商務印書館印行，人人文庫，三○六，三○七號）第六章、十一、「國語」條（頁287）云：「此書校本，以《士禮居》仿宋刻本爲最善，蓋由黃丕烈、顧廣圻之合校而成。」

按，韋昭，字弘嗣，吳・吳郡雲陽人。少好學，能屬文，從丞相掾，除西安令，還爲尚書郎，遷太子中庶子。時蔡穎亦在東宮，性好博弈，太子和以爲無益，命昭論之，以爲不如移博弈之力，而用之於詩、書、智計、資貨、射御，如此則功名立而鄙賤遠矣。

　　孫亮即位，諸葛恪輔政，表昭爲太史令，撰《吳書》，華覈、薛瑩等，皆與參同。

　　孫休踐祚，爲中書郎、博士祭酒。命依劉向故事，校定眾書，又欲延昭侍講，而左將軍張布，近習寵幸，事行多玷，憚昭侍講儒士，又性精確，懼以古今警戒休意，固爭不可。休深恨布，然昭竟止不入。

　　孫皓即位，封高陵亭侯，遷中書僕射，職省爲侍中，常領左國史。皓欲爲父和作紀，昭執以和不登帝位，宜名爲傳，如是者非一，漸見責怒。昭憂懼，自陳衰老，求去侍中、左國史二官，乞成所造書，皓終不聽。皓每饗宴，無不竟日，坐席無能否，率以七升爲限，昭素飲酒不過三升，初見禮異時，常爲裁減，或密賜茶荈以當酒，至於寵衰，輒以爲罪；又於酒後，使侍臣難折公卿，以嘲弄發摘私短爲歡，時有愆過，或誤犯皓諱，輒見收縛，至於誅戮，昭但示難問經義言論而已。皓以爲不承用詔命，意不忠盡，遂積前後嫌忿，收昭付獄，是歲鳳皇二年（西元 273）也。

　　昭因獄吏上辭，冀以求免，而皓更怪其書之垢故，又以詰昭，昭對曰：「囚撰此書，實欲表上，懼有誤謬，數數省讀，不覺點污。」華覈亦上疏救昭，有「昭年已七十，餘數無幾，乞赦其一等之罪，爲終身徒，使成書業，永足傳示，垂之百世」之語。皓不許，遂誅。事詳《三國志集解》（新文豐）卷六十五（頁 1158）〈韋曜傳〉（按，曜即昭，史爲晉諱改）。

　　所解《國語》，其〈國語解敘〉嘗述其略曰：「昔孔子發憤於舊史，垂法於素王。左丘明因聖言以攄意，託王義以流藻。其淵源深大，沈懿雅麗。可謂命世之才，博物善作者也。其明識高遠，雅思未盡，故復采錄前世，穆王以來，下訖魯悼、智伯之誅，邦國成敗，嘉言善語，陰陽律呂，天時人事，逆順之數，以爲《國語》。其文不主於經，故號曰外傳，所以包羅天地，探測禍福，發起幽微，章表善惡者，昭然甚明，實與經藝並陳，非特諸子之倫也。遭秦之亂，幽而復光，賈生、史遷，頗綜述焉。及劉光祿於漢成世，始更考校，是正疑謬。」是韋氏以爲《國語》出於左丘明，蓋本於漢代人之說，如《漢書》卷六十二〈司馬遷傳·贊〉所謂，及孔子因魯史記而作《春秋》，左丘明論輯本事以爲之傳，又纂異同爲《國語》，故司馬遷據以爲《史記》者是也〔註2〕。劉知幾遂曰：「國語家者，其先亦出於左丘明，既爲《春

<hr />

〔註 2〕見新文豐出版公司發行《漢書補注》，第二冊，頁 1232。又論《國語》與《左傳》者多矣，如：《困學紀聞集證》（中華叢書編審委員會印行）卷六下（頁 30）云：「劉炫謂《國語》非丘明作。葉少蘊云：古有左氏、左丘氏，太史公稱左丘失明，厥有《國語》，今《春秋傳》作左氏，而《國語》爲左丘氏，則不得爲一家，文體亦自不同，其非一家書明甚，左氏蓋左史之後，以官氏者。朱文公謂左氏乃左史倚相之後，故其書說楚事爲詳。司馬公謂左氏欲傳《春秋》，先作《國語》，《國語》之文不及《傳》之精也。」

秋內傳》，又稽其逸文，纂其別說，分周、魯、齊、晉、鄭、楚、吳、越八國事，起自周穆王，終於魯悼公，別爲《春秋外傳國語》，合爲二十一篇。」（世界，《史通通釋》，卷一，頁 7）

《國語》，自鄭眾〔註 3〕爲之《解詁》，賈逵敷而衍之，大義略舉，虞翻、唐固又探摭所見，辭義多善，然以所理或有闕遺，且有異同，而時又諸家並行，韋氏乃階數君之成訓，思事義之是非，頗有所覺，遂復爲之解。因賈君之精實，採虞、唐之信善，增潤所覺，參以五經，檢以內傳，以《世本》考其流，用《爾雅》齊其訓，去其非要，存其事實，裁有補益者，合爲之注。蓋欲人於是非相貿之間，知所去就矣〔註 4〕。四君之中，引鄭、虞之注者，寥寥數條，唐注稍多，而賈逵之說，則屢爲援據駁正。

今自鄭眾《解詁》以下，《國語》注存於世者，惟昭最古。黃震《讀書日鈔》謂《國語》宏衍精潔，而韋《注》亦簡切，檢先儒舊注，則往往散見其中，宜乎宋庠《國語補音・序》之嘗美其備而有體，可謂一家之名學矣。

## 五、魚豢《魏略》

魚豢《魏略》，始見於《舊唐志・正史類》，作三十八卷，又〈雜史類〉有「《典略》五十卷，魚豢撰」，《隋志》、《新唐志》正史類並闕，然於雜史類，《隋志》則有「《典略》八十九卷，魏郎中魚豢撰」，《新唐志》亦著錄有「魚豢《魏略》五十卷」，

---

《直齋書錄解題》（廣文書局印行）卷三〈春秋類〉載《國語》二十一卷（見頁 134），《注》亦云：「自班固志〈藝文〉，有《國語》二十一篇，左丘明所著，至今與《春秋傳》並行，號爲外傳。今考二書，雖相出入，而事辭或多異同，文體亦不類，意必非出一人之手也。」

《郡齋讀書志》（臺灣商務印書館印行，人人文庫，特五四七號）卷一下〈春秋類〉有《春秋外傳國語》二十一卷（見頁 61），《注》則謂：「陸淞謂與《左傳》文體不倫，定非一人所爲，蓋未必然。范甯云：左氏艷而富，韓愈云：左氏浮夸，今觀此書，信乎其富艷且浮夸也，非左氏而誰？」

又《四庫全書總目》（藝文印書館印行）卷五十一「《國語》二十一卷」條（頁 1103）曰：「《國語》出自何人，說者不一，然終以漢人所說爲近古，所記之事，與《左傳》俱迄智伯之亡，時代亦復相合，中有與《左傳》未符者，猶《新序》、《說苑》同出劉向，而時復牴牾，蓋古人著書，各據所見之舊文，疑以存疑，不似後人輕改也。」

〔註 3〕按，鄭眾，漢人，所撰《國語解詁》今有黃奭輯本一卷，存於《黃氏逸書考》（漢學堂叢書）中；又馬國翰《玉函山房輯佚書》中輯有一卷，題爲「國語章句」。詳見拙著《兩漢史籍研究》第一章第一節。

〔註 4〕按，韋〈敘〉稱凡所發正三百七事，《四庫全書總目》則謂，今考《注》文之中，自立義者，不過六十七事，合以所正譌字衍文錯簡，亦不足三百七事之數，因疑爲傳寫誤以六十易三百。《崇文總目》作三百十事者，以爲又七字轉訛也。詳見卷五十一「史部・雜史類」《國語》二十一卷（藝文，頁 1103～1104）條。

故姚振宗云：「《隋志・雜史篇》有魚豢《典略》八十九卷，《魏略》即在其中，《舊唐志》始分析著錄曰《典略》五十卷、《魏略》三十八卷，視《隋志》惟少一卷耳。《新唐志》作《魏略》五十卷，證以舊志，似《典略》之誤。」（開明，《二十五史補編》，第三冊，《三國藝文志》，卷二，頁 3220）所少一卷，姚氏又以爲係：「本志或有〈錄〉一卷，故多出一卷耳。」（開明，《二十五史補編》，第四冊，《隋志考證》，卷十三，頁 5282）高似孫《史略》卷二、卷四並有魚豢《魏略》五十卷，蓋據《新唐志》著錄，則其書當佚已久。今有張鵬一輯本二十五卷，陝西文獻徵輯處刊本；又王仁俊《玉函山房輯佚書補編》中亦輯有一卷。

　　按，魚豢始末未詳，《史通通釋・正史篇》（世界，卷十二，頁 166）曰：「魏時京兆魚豢，私撰《魏略》，事止明帝。」又《隋志》有魚豢《典略》八十九卷，注云：「魏郎中魚豢撰。」（新文豐，《隋書》，頁 490）此其事略之可考者。

　　所撰《魏略》，蓋以只記曹魏，故以魏名。又《南齊書・禮志序》云：「魏氏藉漢末大亂，舊章殄滅，侍中王粲、尙書衞覬集創朝儀，而魚豢、王沈、陳壽、孫盛並未詳也。」（新文豐，頁 61）〈百官志・序〉曰：「今則有魏氏《官儀》，魚豢……。」（頁 152）《御覽・職官部》引《魏略》多有敍百官品秩者，當即出此，《御覽》卷第十一又引有《魏略・五行志》，然則其書當有志矣。錢大昕曰：「魚豢《魏略》，今已不存，其諸傳標目，多與他史異，如：董遇、賈洪、邯鄲淳、薛夏、隗禧、蘇林、樂詳七人爲〈儒宗傳〉，常林、吉茂、沐並、時苗四人爲〈清介傳〉，脂習、王修、龐淯、文聘、成公英、郭憲、單固七人爲〈純固傳〉，孫賓碩、祝公道、楊阿若、鮑出四人爲〈勇俠傳〉，王思諸人爲〈苛吏傳〉（並見裴注），田疇、管寧、徐庶、胡昭諸人爲〈知足傳〉（見《梁書》）及此〈游說傳〉是也。王粲、繁欽、阮瑀、陳琳、路粹諸人合傳，焦先、扈累、寒貧諸人合傳，當亦有目，今不可考矣。若秦朗、孔桂之爲〈佞倖傳〉，則沿遷、固之舊目也。」（樂天，《廿二史考異》，卷十五，頁 586，「三年注東里袞後爲于禁司馬見魏略游說傳」條）知魚氏之書，亦沿班、漢之體，或立專傳，或爲合傳，而標目則有不循舊史之例者。又章宗源《隋志考證》卷一「魏略」條云：「《文選・景福殿賦》注引《魏略・文紀》……論贊實稱曰『議』，裴《注》多引其詞，而〈西戎傳・議〉尤可考見。」（開明，《二十五史補編》，第四冊，頁 4946～4947）嚴可均《全三國文》亦引有《典略》：〈儒宗傳序〉、〈儒宗傳論〉、〈武諸王傳論〉、〈王繁阮陳路傳論〉、〈佞倖秦朗孔桂傳論〉、〈許攸婁圭傳論〉、〈勇俠傳論〉、〈徐福傳論〉、〈外夷傳論〉、〈張昭傳論〉等（世界，《全上古三代秦漢三國六朝文》，第三冊，卷四十三，頁 5～7）。然則魚豢《魏略》乃紀、志、傳俱全，且別有論議，誠爲正史之體，宜《舊唐志》之入於正史類矣。

《魏略》事止明帝，蓋亦擬斷代爲書，然巨細畢載，蕪累甚多，故爲劉知幾所譏（見世界，《史通通釋・題目篇》，頁 44），其沒吳、蜀號諡，而呼權、備姓名，則必爲帝魏者也。晉・陳壽之敘魏、蜀、吳三國事，當有取於是者。高似孫《史略》（商務，人人文庫，一五九六號）卷二「魏氏別史」條著錄魚豢《魏略》等諸家書（頁 36），敘云：「蓋可與陳壽《志》參考而互見者，亦一時記載之雋也，而魚豢《典略》特爲有筆力。」知其書有可觀者，今雖久佚，然裴《注》、《御覽》、《史記索隱》、《漢書》注、《後漢書》注等所引頗多，輯之尚可裒然成帙。

## 六、環濟《帝王要略》

環濟《帝王要略》，《隋志・雜史類》著錄十二卷，兩《唐志》卷同，唯並作《帝王略要》。考《史略》卷四所載，卷數、題名則同《隋志》，又《隋志・經部・禮類》別出環濟《喪服要略》一卷，唐林寶《元和姓纂》謂晉環濟撰《要略》，嚴可均《全晉文》卷一百二十八稱環濟有《帝王要略》十二卷，諸書所引，如《左傳正義》等，亦皆作環濟《要略》，是《舊唐志》之作「略要」，當爲誤倒，而《新唐志》又承其誤也。其書久佚，今有馬國翰《玉涵山房》輯本，題曰：「《帝王要略》一卷，吳、環濟撰。」

按，環濟，史不立傳，始末未詳，《隋志・禮類》著錄《喪服要略》一卷，注云：「晉太學博士環濟撰。」（新文豐，《隋書》，頁 475）又正史類有環濟《吳紀》九卷，亦云：「晉太學博士」（頁 487）嚴可均《全晉文》曰：「濟，大興中爲太學博士，有《喪服要略》一卷、《帝王要略》十二卷。」（世界，《全上古三代秦漢三國六朝文》，第五冊，卷一百二十八，頁 4）然則環濟當由吳入晉，蓋亦悉於典故者也。所紀帝王及天官、地理、喪服（見《隋志》注。新文豐，頁 490），今見於《左傳正義》、《文選》注、《太平御覽》、《藝文類聚》、《初學記》、《北堂書鈔》及《廣韻》注諸書之徵引者，率止官爵、服章之事，而稍及圖記等，書佚既久，援引又少，已難睹其舊觀矣。

## 參、傳記類

### 一、失撰人《海內先賢傳》

《海內先賢傳》，《隋志》著錄四卷，注云：「魏明帝時撰。」《舊唐志》卷同，注云：「魏明帝撰。」《新唐志》作五卷，云：「魏明帝時撰。」《新唐志》多出一卷者，姚振宗疑即合不著撰人之《海內名士傳》一卷爲一書（見《隋志考證》卷

二十。開明，《二十五史補編》，第四冊，頁 5341，5353）。其書久佚，今有王仁俊輯本一卷，《玉函山房輯佚書補編》本。

　　按，《海內先賢傳》，《隋志》及《新唐志》並云「魏明帝時撰」，皆未確指何人，或作「魏明帝撰」。蓋必魏明帝時人也。姚振宗《三國藝文志》卷二有《東觀漢記先賢表》，以爲：「此表作於黃初時，其後明帝時有《海內先賢傳》四卷，似即因此表而爲傳。」（開明，《二十五史補編》，第三冊，頁 3219）又魏明帝有《甄表狀》，見侯康《補三國藝文志》卷三著錄，陶潛《集聖賢群輔錄（下）》曰：「魏文帝初爲丞相魏王所旌表二十四賢，後明帝乃述撰其狀，見文帝令及《甄表狀》。」（見明倫出版社印行，《陶淵明詩文彙評》，頁 402）侯氏《補志》謂：「魏文帝所旌表二十四賢備在《群輔錄》，無公沙穆陳實父子，而《甄表狀》有之，蓋又有所推廣矣。」（開明，《二十五史補編》，第三冊，頁 3178）姚振宗於考證《隋志》「海內先賢傳四卷魏明帝時撰」條時，乃云：「《甄表狀》所推廣者不知若干人，此大抵因《甄表狀》而續增爲傳者。」（見開明，《二十五史補編》，第四冊，頁 5341）是明帝時，蓋有心於名賢，遂有踵其事增其華以表彰之者，今《世說》注、《後漢書》注、《藝文類聚》、《御覽》俱引之，所記多東漢先賢高士，或與史不同，或可補史傳之闕，皆足備參證。《御覽·職官部》引稱魏明帝《先賢傳》者，蓋省「海內」二字。

## 二、謝承《會稽先賢傳》

　　謝承《會稽先賢傳》，《隋志》著錄七卷，《舊唐志》作五卷，《新唐志》卷同《隋志》。其書已佚，今有周樹人輯本一卷，《會稽郡故書雜集》本，又《宛委山堂》本《說郛》及《五朝小說大觀·魏晉小說·雜傳家》中亦並得一卷。

　　按，謝承有《後漢書》，並其事跡已見前述「後漢書條」。

　　會稽，今屬浙江省，承所撰《會稽先賢傳》，乃郡書之作，《太平御覽》屢引之，所記凡闞澤、沈勳、茅開、淳于長、陳業、董昆、嚴遵諸人事，多史傳之佚文，嚴遵二條，足補《後漢書》本傳之闕，陳業二條，足證《吳志·虞翻傳》注（見侯康《補三國藝文志》卷二。開明，《二十五史補編》，第三冊，頁 3179）。又《初學記》〈人事部〉、〈設官部〉等亦並引謝書，吉光片羽，皆可寶珍也。

## 三、蘇林《陳留耆舊傳》

　　蘇林《陳留耆舊傳》，《隋志》著錄一卷，注云：「魏散騎侍郎蘇林撰。」兩《唐志》並作三卷。今得一卷，見於《宛委山堂》本《說郛》、張宗祥校明鈔本《說郛》，

又王仁俊輯有佚文一卷，存經籍佚文中。

　　按，蘇林，字孝友（一云彥友），魏‧陳留外黃人〔註5〕。博學多通，凡諸傳危疑，林皆釋之。建安中，爲五官將文學，甚見禮待〔註6〕。黃初中，爲博士、給事中，以老致仕，加散騎常侍〔註7〕。數蒙賜遺，年八十餘卒〔註8〕。有《孝經》注、《漢書》注、《陳留耆舊傳》等作，蓋一代儒宗也〔註9〕。

　　陳留今屬河南省，林所撰《陳留耆舊傳》，蓋述其先賢而爲劉知幾《史通‧雜述篇》所謂之「郡書」者也。《御覽》二百六十九引稱蘇林《廣舊傳》（《玉海‧藝文》亦有魏，蘇林《廣舊傳》一卷），「廣舊」，章宗源《隋志考證》卷三以爲蓋「耆舊」之訛。侯康《補三國藝文志》卷三謂：「觀所記者爲仇香事，仇，正陳留人也，其稱香字季和，與范史異，或傳寫偶誤，又稱香學通三經，則史所未詳也。」（開明，《二十五史補編》，第三冊，頁 3178）然則蘇林所傳，有足與史文互勘者。以漢議郎圈稱亦嘗有《陳留耆舊傳》之作（《隋志》著錄二卷），故雖《魏志‧高柔傳》注、《後漢書‧吳祐傳》注、《初學記‧居處部》等並引有《陳留耆舊傳》，因皆不著撰名，不知爲蘇林書否？

## 四、張勝《桂陽先賢傳》

　　張勝《桂陽先賢傳》一卷，《隋志》著錄，作《桂陽先賢書贊》，注云：「吳左中郎將張勝撰。」兩《唐志》並作《桂陽先賢畫贊》五卷，嚴可均《全三國文》卷七十三「張勝」條亦謂有《桂陽先賢畫贊》一卷，則《隋志》作「書贊」者，當是「畫贊」之誤，又侯康以爲有作《桂陽先賢畫讚》，有作《桂陽先賢傳》者，核其文義，蓋即一書〔註10〕。至《唐志》所以轉多《隋志》四卷者，姚振宗以爲係隋時僅存其所集《畫贊》一卷，至唐而全書復出，故唐、宋人類書亦並引其傳文（《隋志考證》卷二十。開明書店，《二十五史補編》，第四冊，頁 5347）。今其

---

〔註5〕見顏師古〈前漢書敍例〉「注釋家名氏」條（新文豐，《漢書補注》一，頁15）。
〔註6〕見《三國志集解》卷二十一〈劉劭傳〉附「散騎常侍陳留蘇林」句下注引《魏略》（新文豐，頁543）。
〔註7〕見嚴可均《全三國文》「蘇林」條（世界，《全上古三代秦漢三國六朝文》，第三冊，卷二十九，頁5）。
〔註8〕同註6。
〔註9〕詳見《三國志集解》卷二十一《集解》引（新文豐，頁543）。又嚴可均《全三國文》「蘇林」條輯有〈勸進表〉及〈皇后崩稱大行議〉（世界，卷二十九，頁5～6）。
〔註10〕見《補三國藝文志》卷三（開明，《二十五史補編》，第三冊，頁3179）。又《藝文類聚》引蘇耽種藥事作《先賢記》，見章宗源《隋志考證》卷十三（開明，《二十五史補編》，第四冊，頁5026）。

書已佚，有陳運溶輯本一卷，作《桂陽先賢傳》，《麓山精舍叢書》本。

　　按，張勝始末未詳，據《隋志》所載，知爲吳人，官左右郎，有《桂陽先賢畫贊》一卷。據《兩唐志》，則所撰書當有五卷矣。

　　漢置桂陽郡，今屬湖南省，勝所撰當亦所謂之郡書者也。其書據《水經·汝水》注引一條，記張熹自焚求雨事，《太平御覽》引成武丁、羅陵、胡滕、蘇耽、成子、程曾諸人事中，惟胡滕一條見《後漢書·竇武傳》，餘多未見，則所撰是有補於史傳者矣。

## 五、嵇康《聖賢高士傳贊》

　　嵇康《聖賢高士傳贊》，《隋志》著錄三卷，注云：「嵇康撰，周續之注。」《舊唐志》作《高士傳》三卷嵇康撰，又有《上古以來聖賢高士傳讚》三卷周續之撰；《新唐志》稱《聖賢高士傳》，作八卷。按《三國志集解·卷二十一·王粲附傳》裴松之《注》引康兄喜所爲康傳云：「撰錄上古以來，聖賢、隱逸、遁心、遺名者，集爲傳贊，自混沌，至於管寧……。」（新文豐，頁530）又《宋書》卷九十三（新文豐，頁1100）、《南史》卷七十五（新文豐，頁858）〈周續之傳〉並謂：續之以嵇康《高士傳》得出處之美，因爲之注。是嵇康所撰有傳、有贊，或誤分爲二，且訛「周續之注」爲「周續之撰」。至於作八卷者，當亦誤題。雖《史略》卷四載有嵇康《聖賢高士傳贊》三卷，然嚴可均《全三國文》云：「宋代不著錄。」（世界，《全上古三代秦漢三國六朝文》，第三冊，頁1）是其時當已不傳矣。

　　嵇書今有輯本一卷，嚴可均輯、唐鴻學補輯，題《聖賢高士傳贊》，有《私立北泉圖書館叢書》本及《怡蘭堂叢書》本；見於世界書局嚴氏《全三國文》中所輯者，題名則作《聖賢高士傳》；又王仁俊《玉函山房輯佚書補編》輯有一卷，作《高士傳》；馬國翰《玉函山房輯佚書》中亦得一卷，稱《聖賢高士傳》，嵇康撰，周續之注。

　　按，嵇康，字叔夜，譙國銍人。其先姓奚，會稽山虞人，以避怨徙焉。銍有嵇山，家於其側，因而命氏。

　　康早孤，有奇才，遠邁不群，身長七尺八寸，美詞氣，有風儀，不自藻飾，人以爲龍章鳳姿。學不師受，博覽無不該通。長好老、莊，與魏宗室婚，拜中散大夫。常修養性、服食之事，彈琴、詠詩，自足於懷。以爲神仙稟之自然，非積學所得，至於導養得理，則安期、彭祖之倫可及，乃著〈養生論〉。又以爲君子無私，亦著論以寄其胸懷。所與神交者，唯陳留阮籍、河內山濤。山濤將去選官，舉康自代，康乃與濤書告絕。東平呂安，服康高致，每一相思，輒千里命駕，康友而善之。後安爲兄所枉訴，以事繫獄，辭相證引，遂復收康。康性慎言行，一

且縲紲，乃作〈幽憤〉詩。初，康居貧，嘗與向秀共鍛於大樹之下，以自贍給，潁川鍾會，貴公子也，精練有才辯，故往造焉，康不爲之禮而鍛不輟，良久，會去，康謂曰：「何所聞而來？何所見而去？」會曰：「聞所聞而來，見所見而去。」會以此憾之，及是，言於文帝曰：「嵇康，臥龍也，不可起。公無憂天下，顧以康爲慮耳。」因譖：「康欲助毋丘儉〔註11〕，賴山濤不聽。昔齊戮華士，魯誅少正卯，誠以害時亂教，故聖賢去之。康、安等言論放蕩，非毀典謨，帝王者所不宜容，宜因釁除之，以淳風俗。」帝既信會，遂并害之。

　　康將刑東市，太學生三千人請以爲師，弗許，康顧視日影，索琴彈之，時年四十。海內之士，莫不痛之，帝尋悟而恨焉。

　　康善談理，又能屬文，其高情遠趣，率然玄遠，撰上古以來高士，爲之傳贊，欲友其人於千載也。又作〈太師箴〉，亦足以明帝王之道。復作〈聲無哀樂論〉，甚有條理。《晉書斠注》（新文豐）卷四十九（頁913～918）詳其事跡矣〔註12〕。

　　所撰《聖賢高士傳贊》，集有自上古以來諸聖賢隱逸，至於管寧，凡一百一十九人，蓋求之於宇宙之內，而發乎千載之外〔註13〕，欲與其人長相交友矣。以康之懷抱，所載既廣，則其書當有特出者。然以取捨之間，或未能盡實，劉知幾遂深致其不滿。如謂嵇康《高士傳》，好聚七國寓言（世界，《史通通釋·採撰篇》，頁55）；又謂康棄顏回、蘧瑗而升董仲舒、揚子雲，爲識二五而不知十者（〈品藻篇〉，頁90）。至於《高士傳》之取《莊子》、《楚辭》二漁父事，合成一篇，以園吏之寓言，騷人之假說，而定爲實錄，則更不免於劉氏之譏矣（雜說下，頁254）。今其書據嚴可均就《藝文類聚》、《水經》、《御覽》、《史記索隱》、《文選注》、《初學記》、《世說注》、《後漢書》注等群書尋檢所得，計存五十二傳、五贊，凡六十一人，而定著爲一卷〔註14〕，以視馬國翰所輯，已爲完備矣。是其書雖佚，猶有可供參稽者。

---

〔註11〕按，毋丘儉因謀反被殺，事詳《三國志集解》卷二十八本傳（新文豐，頁646）。
〔註12〕按，《困學紀聞集證》（中華叢書編審委員會）卷十三下（頁8）云：「嵇康，魏人，司馬昭惡其非湯，武而死於非辜，未嘗一日事晉也。晉史有傳，康之羞也。後有良史，宜列於《魏書》。」
　　　　又《三國志集解》卷二十一〈王粲傳〉後附云：「時又有譙郡嵇康，文辭壯麗，好言老莊，而尚奇任俠，至景元中坐事誅。」裴《注》亦嘗引康兄喜所爲康傳等（新文豐，頁529～532），言康之事跡，皆可與《晉書》康傳相比勘。
〔註13〕見《三國志集解》卷二十一注引康兄喜所爲康傳（新文豐，頁530）。
〔註14〕詳見世界書局，《全上古三代秦漢三國六朝文》，第三冊，《全三國文》卷五十二，頁1～12。

# 肆、政書類

## 一、魏　律

　　魏律，見於姚振宗《三國藝文志》卷二刑法類著錄，作十八篇。按《三國志集解》卷二十一〈劉劭傳〉曰：「明帝即位，……（劉劭）與議郎庾嶷、荀詵等定科令，作新律十八篇。」（新文豐，頁 541）《晉書斠注》卷三十〈刑法志〉謂：「天子（明帝）又下詔，改定刑制，命司空陳群、散騎常侍劉劭、給事黃門侍郎韓遜、議郎庾嶷、中郎黃休、荀詵等，刪約舊科，傍采漢律，定爲魏法，制新律十八篇。」（新文豐，頁 631）又《唐六典‧刑部》注稱：「魏命陳群等，采漢律爲《魏律》十八篇，增蕭何律〈刦掠〉、〈詐僞〉、〈毀亡〉、〈告劾〉、〈繫訊〉、〈斷獄〉、〈請賕〉、〈驚事〉、〈償贓〉等九篇也。」（見開明，《二十五史補編》，第三冊，頁 3234 引）是隋、唐諸志，雖不載《魏律》，然史有明文。今佚已久，閩縣程樹德因繼《漢律考》之後，又爲《魏律考》一卷，見於《九朝律考》上冊卷二（臺灣商務印書館，頁 231～264），計有：魏律篇目、魏律序、魏律佚文以至魏律家諸目，嘗鼎一臠，亦可得其梗概矣。

　　參與十八篇《魏律》之作者，蓋有劉劭、庾嶷、荀詵、陳群、韓遜、黃休諸人，並見於《三國志‧劉劭傳》、《晉書‧刑法志》、《唐六典‧刑部》注；又有盧毓者，當亦嘗預是論，是以本傳謂：「散騎常侍劉劭受詔定律，未就，毓上論古今科律之意，以爲法宜一正，不宜有兩端，使姦吏得容情。」（新文豐，《三國志集解》卷二十二，頁 566）其餘魏之律家尚有高柔、鍾繇、鍾毓、鍾會、王朗、衛覬、劉廙、丁儀等，皆有傳；又《隋志‧子部‧法家》稱，梁有魏清河太守阮武撰《阮子正論》五卷。是律家雖不及漢之盛，然所論議增省，亦存一代大典矣。

　　考《三國志集解》卷二十一〈衛覬傳〉稱，明帝即位，覬奏請置律博士，轉相教授，事遂施行（新文豐，頁 535～536）。姚振宗以爲此劭等撰新律之緣起也（開明，《二十五史補編》，第三冊，《三國藝文志》，卷二，頁 3234）。魏明帝頒定新律，《魏志》不載年月，《通鑑綱目》謂，太和三年（西元 229），詔司徒陳群等刪約漢法，制新律十八篇，又《魏志》云：明帝青龍二年（西元 234）二月，詔減鞭杖之制，十二月，詔有司刪定大辟減死罪，程樹德因謂，魏律蓋成於太和、青龍之間（商務，《九朝律考》，上冊，卷二，頁 229，〈魏律考序〉）。

　　其律法之改定斟酌，則可略見於《晉書斠注》卷三十〈刑法志〉所引之〈魏律序〉（新文豐，頁 631）：「舊律所難知者，由於六篇，篇少故也。篇少則文荒，文荒則事寡，事寡則罪漏，是以後人稍增更，與本體相離。今制新律，宜都總事類，多其篇條。舊律因秦《法經》，就增三篇，而〈具律〉不移，因在第六，罪條

例既不在始，又不在終，非篇章之義，故集罪例以爲刑名，冠於律首〔註 15〕。」
因分諸律令科條爲〈劫略律〉、〈詐律〉、〈毀亡律〉、〈告劾律〉、〈繫訊斷獄律〉、〈請
賕律〉、〈興擅律〉、〈留律〉、〈郵驛令〉、〈變事令〉、〈警事律〉、〈償贓律〉、〈免坐
律〉，凡所定增十三篇，就故五篇，合十八律，於正律九篇爲增，於旁章科令爲省，
漢舊律不行於魏者皆除之。更依古義，制爲五刑，其死刑有三，髡刑有四，完刑、
作刑各三，贖刑十一，罰金六，抵罪七，凡三十七名，以爲律首。又改〈賊律〉，
但以言語及犯宗廟園陵，謂之大逆無道，腰斬，家屬從坐，不及祖父母孫；至於
謀反大逆，臨時捕之，或汙潴，或梟菹，夷其三族，不在律令，所以嚴絕惡跡也；
賊鬥殺人，以劾而亡，許依古義，聽子弟得追殺之；會赦及過誤相殺，不得報仇，
所以止殺害也；正殺繼母，與親母同，防繼假之隙也；除異子之科，使父子無異
財也；毆兄姊加至五歲刑，以明教化也；囚徒誣告人，反罪及親屬，異於善人，
所以累之，使省刑息誣也；改投書棄市之科，所以輕刑也；正纂囚棄市之罪，斷
凶強爲義之蹤也；二歲刑以上，除以家人乞鞫之制，省所煩獄也；改諸郡不得自
擇伏日，所以齊風俗也。

程氏云：「漢世律令最繁，九章之外，有旁章，有科令。魏則刪繁就簡，悉納
入正律之中。改〈具律〉爲〈刑名〉，移置律首。各篇中有相類者，則隨類分出，
別立篇目。其全刪者，止〈廏律〉一篇。各條中修正之處，均一一指出。其餘與
漢律實無大出入。」又云：「其增損漢律之處，如誣告人反罪及親屬、纂囚改坐棄
市，皆失之重，然大端實與九章無大出入。〈捕律〉、〈戶律〉二篇，仍漢之舊。〈劫
略〉、〈請賕〉、〈償贓〉，由〈盜律〉分出，〈詐僞〉、〈毀亡〉，由〈賊律〉分出，〈告
劾〉由〈囚律〉分出，〈繫訊〉、〈斷獄〉，由〈囚律〉、〈興律〉分出，〈驚事律〉亦
由〈興律〉分出，刪漢之〈廏律〉一篇。」〔註 16〕是《魏律》雖亡，其大體亦可

〔註 15〕姚振宗《三國藝文志》卷二（開明，《二十五史補編》，第三冊，頁 3234）注云：「案
律例以名例冠首者，蓋始於此時，即李悝《法經》第六之具律是也。」

〔註 16〕見商務，《九朝律考》上冊，卷二，〈魏律序〉按語（頁 235～236），及〈魏律考序〉
（頁 229）。
又程氏於《魏律》篇目（頁 233）後，引沈氏《寄簃文存》云：「《唐六典》言，魏
增漢律〈刧掠〉、〈詐僞〉、〈毀亡〉、〈告劾〉、〈繫訊〉、〈斷獄〉、〈請賕〉、〈驚事〉、〈償
贓〉等九篇也，以《晉志》核之，〈詐僞〉即〈詐律〉，此外有〈留律〉、〈免坐律〉。
〈留律〉，《志》言別爲之，當不在正律之內，而〈免坐律〉亦魏所增，合前九篇共
得十篇。〈盜律〉、〈賊律〉、〈囚律〉、〈雜律〉並有分出之事，〈具律〉改爲〈刑名〉，
〈擅興〉當即〈興律〉所改，是改定者凡六篇，仍其舊者，止〈捕律〉、〈戶律〉二
篇。除〈廏律〉一篇改爲〈郵驛令〉不計外，合而計之，與十八篇之數相符。惟《晉
志》言所定增十三篇，就故五篇合十八篇，核與前數不合，《六典》言魏增九篇，與
十篇之數亦不合，未詳其故？」

知矣。雖所增刪，其輕重疏密，有未愜人意者，然漢興以來，科條無限，則其削繁之功，不可沒矣。至於改漢〈具律〉爲〈刑名〉第一，依古義制爲五刑，列之律首，並以八議入律，實開晉、唐、宋、明諸律之先河。又加漢時大臣犯罪，動輒指爲不道，而魏則無聞，其體例之善，比附之嚴，誠有未可輕議者〔註17〕。

## 二、董勛《問禮俗》

董勛《問禮俗》，隋、唐諸志皆不見著錄。董勛，魏人，始末未詳。所撰《問禮俗》，蓋答鄉事之問。其書當佚已久，今有黃奭輯本一卷，《黃氏逸書考》（漢學堂叢書）本，又王謨《漢魏遺書鈔》及馬國翰《玉函山房輯佚書》中亦各輯得一卷。

## 三、丁孚《漢儀》

丁孚《漢儀》，《隋志》不著錄，《南齊書·禮志·序》（新文豐，頁61）云：「吳則太史令丁孚拾遺漢事。」姚振宗《三國藝文志》卷二（開明，《二十五史補編》，第三冊，頁3231）因以爲丁孚《漢儀》似名《漢儀拾遺》，蓋拾漢蔡質、應劭兩家之遺也〔註18〕。其書當佚已久，今得孫星衍輯本一卷，有《平津館叢書》本、《後知不足齋叢書》本、《知服齋叢書》本、《叢書集成初編》本及《四部備要》本，又別有黃奭輯本一卷，《黃氏逸書考》（漢學堂叢書）本。

按，丁孚，吳人，《吳志》謂：「大吳受命，建國南土，大皇帝末年，命太史令丁孚、郎中項峻，始撰《吳書》。孚、峻俱非史才，其所撰作，不足紀錄。至少帝時，更差韋曜、周昭、薛瑩、梁廣及臣（華覈）五人，訪求往事，所共撰立，備有本末。」見《三國志集解》卷五十三〈薛綜附傳〉載華覈上疏（新文豐，頁1025）。

所撰《漢儀》，見引於《續漢·禮儀志注、祭祀志注、百官志注》、《通典》等書中，又《新唐志》有丁孚《漢官儀式選用》一卷，姚振宗以爲係《漢儀》中之一類，後人析出別行，與蔡質《漢官儀式選用》同（開明，《二十五史補編》，第三冊，《三國藝文志》，卷二，頁3228），則《漢書·宣紀》注之引有丁孚《漢官》，《後漢書·章紀》注之引有丁孚《漢儀式》，《續漢·禮儀志注》及《初學記·禮部》並引有丁孚《漢官儀》，蓋皆此書之異稱也。

---

〔註17〕見商務，程樹德著《九朝律考》上冊，卷二，頁229，〈魏律考序〉。
〔註18〕按，蔡質，漢人，撰有《朝會儀記》、《漢官典職儀式選用》；應劭，漢人，撰有《漢官儀》，並見於拙文〈今存漢人所撰政書考〉，台灣師大《國文學報》第五期。

# 伍、地理類

## 一、朱育《會稽土地記》

朱育《會稽土地記》，《隋志・地理類》著錄一卷，兩《唐志》並作《會稽記》四卷，入雜傳家。其題名既異，《唐志》卷又轉多於《隋志》者，姚振宗以爲係兩《唐志》合土地、人物爲一書，故四卷，又以其書記人物爲多，故入之傳記（開明，《二十五史補編》，第四冊，《隋志考證》，卷二十一，頁 5390）。

會稽，今屬浙江省，朱育所記，記其地理人物也。今其書已不存，有《會稽土地記》輯本一卷，周樹人輯，《會稽郡故書雜集》本。

按，朱育，字嗣卿，山陰人。少好奇字，凡所特達，依體象類，造作異字千名以上。孫亮時，仕郡門下書佐，後仕朝，常在臺閣，爲東觀令，遙拜清河太守，加位侍中。推刺占射，文藝多通。事見《三國志集解》卷五十七〈虞翻傳〉注引《會稽典錄》（新文豐，頁 1072～1075）。所撰有《毛詩答雜問》、《異字》、《幼學》、《會稽土地記》等，見《隋志》著錄。據《會稽典錄》所載，太守濮陽興曾訪以本郡人物及分郡始末，朱育爲一一作答，凡千數百言，則其撰述之大體，亦可知矣。

## 二、沈瑩《臨海異物志》

沈氏《臨海異物志》，隋、唐志並著錄一卷，《隋志》作《臨海水土物志》，兩《唐志》並稱《臨海水土異物志》。章宗源謂《後漢書・東南夷傳》注引作沈瑩《臨海水土志》，《文選・江賦》注稱《臨海水土記》、《臨海異物志》，《廣韻》注稱《臨海風土記》，江文通《雜體詩注》、《一切經音義》、《藝文類聚・木部》並稱《臨海記》（詳見開明，《二十五史補編》，第四冊，《隋志考證》，卷六，頁 4985）又劉知幾稱自沈瑩著《臨海水土》、周處撰《陽羨風土》，厥類眾多，諒非一族（世界，《史通通釋・書志》，頁 35），然則沈書之記臨海水土異物，當以《唐志》所著錄之書名最全，餘則或約略言之耳。

其書已佚，今《宛委山堂》本《說郛》、張宗祥校明鈔本《說郛》中並得一卷，又王仁俊《玉函山房輯佚書補編》輯得一卷，經籍佚文中有佚文一卷，楊晨亦有輯本一卷，在《台州叢書後集》及《崇雅堂叢書》中，皆題作《臨海異物志》。

按，沈瑩，吳人，《三國志集解》卷四十八〈孫皓傳〉曰：「（天紀）四年春，……渾復斬丞相張悌、丹陽太守沈瑩等，所在戰克。」（新文豐，頁 965）《注》引干寶《晉紀》曰：「吳丞相軍師張悌、護軍孫震、丹陽太守沈瑩，帥眾三萬濟江，……與討吳護軍張翰、揚州刺史周浚成陣相對，沈瑩領丹陽銳卒刀楯五千，號曰青巾兵，

前後屢陷堅陣，於是以馳淮南軍，三衝不動，退引亂，薛勝、蔣班因其亂而乘之，吳軍以次土崩，將師不能止，⋯⋯大敗吳軍於版橋，獲悌、震、瑩等。」（頁 965～966）。又引《襄陽》記曰：「晉來伐吳，皓使悌督沈瑩、諸葛靚率眾三萬渡江逆之，至牛渚，沈瑩曰：『晉治水軍於蜀久矣，今傾國大舉，萬里齊力，必悉益州之眾，浮江而下。我上流諸軍無有戒備，名將皆死，幼少當任，恐邊江諸城盡莫能禦也。晉之水軍必至於此矣，宜畜眾力，待來一戰。若勝之日，江西自清。上方雖壞，可還取之。今渡江逆戰，勝不可保。若或摧喪，則大事去矣。』悌⋯⋯渡江戰，吳軍大敗。」（頁 966）沈瑩事蹟見於吳書傳、注者如此，乃與張悌同殉國者也。姚振宗云：「吳有沈珩，字仲山，吳郡人，孫權時，以奉使有稱，封永安卿侯，至少府。瑩與珩各皆從「玉」，或昆季行，珩之時但有吳郡，瑩之時分置吳興，大抵是吳興武康人。」（開明，《二十五史補編》，第四冊，《隋志考證》，卷二十一，頁 5402）此其傳略之可知者。

臨海，今屬浙江省，姚振宗謂：「《吳志》：孫亮太平二年二月，以會稽東部為臨海郡。《宋書・州郡志》：臨海太守，本會稽東部都尉也，吳太平二年立，領縣五。此蓋郡志之最先者。」（開明，《二十五史補編》，第四冊，《隋志考證》，卷二十一，頁 5402～5403）是沈書所志，述其地之水土異物。向達撰《漢唐間西域及海南諸國古地理書敘錄》，於「南州異物志」條云：「漢時南方漸與中國相通，殊異之物，多為中原所未有，覽者異之，遂有異物志一類書籍出現。」（見民國 19 年，《國立北平圖書館館刊》，第四卷，第六號，頁 27）是異物有志，漢時已然，沈氏之記異物，蓋有仿於此者矣。

## 三、何晏《九江志》

何晏《九江志》一卷，見於《宛委山堂》本《說郛》中者，作「晉・何晏撰」，又《舊小說・甲集》存有三則，稱「九江記」。

按，晏，字平叔，魏・南陽宛人，何進孫也。母尹氏，曹操為司空時納之，并收養晏。

晏長於宮省，無所顧憚，服飾擬於天子，故文帝特憎之，每不呼其姓字，常謂為假子。晏尚公主，又好色，故黃初時，無所事任。及明帝立，為冗官。至正始初，曲合於曹爽，亦以才能，爽用為散騎侍郎，遷侍中，尋為吏部尚書。主選舉，與有舊者，多被拔擢。

晏等專政，頗為作威。後與爽謀反。及爽敗，司馬懿使晏典治爽等獄，晏窮治黨與，冀以獲宥。懿曰：「凡有八族。」晏疏丁、鄧等七姓，曰：「未也。」晏窮急，

乃曰：「豈謂晏乎？」曰。「是也。」乃收晏，時魏‧齊王芳嘉平元年（西元249）。

晏少以才秀知名，好老、莊言，有《老子道德論》二卷、《論語集解》十卷，及諸文賦，著述凡數十篇。事詳《三國志集解》卷九（新文豐，頁294～301）及嚴可均《全三國文》（世界，《全上古三代秦漢三國六朝文》，第三冊，卷三十九，頁4）。所撰《九江志》，史無明文，《隋志》亦不著錄。

## 四、萬震《南州異物志》

萬震《南州異物志》一卷，《隋志》著錄，注云：「吳丹陽太守萬震撰。」兩《唐志》卷數、書名並同《隋志》，然不署萬震官銜。《史記‧大宛傳》正義大月氏天竺事則祇稱萬震《南州志》，當為略稱。其書已佚，今有陳運溶輯本一卷，《麓山精舍叢書》本。

按，萬震始末未詳，據《隋志》知嘗仕吳為丹陽太守，有《南州異物志》一卷。向達〈漢唐間西域及海南諸國古地理書敘錄〉「南州異物志」條云：「按，孫權黃武、黃龍時，屢耀兵海外，比之明代，約同成祖永樂之時。又丹陽太守在黃武初為呂範，至嘉禾三年諸葛恪為丹陽太守，自呂範至諸葛恪，中間相隔十餘年，未聞他人繼範為丹陽太守者，疑萬震之為丹陽太守，即在呂範之後，諸葛恪之前，正當海外征伐甚盛之際。」（民19年《國立北京圖書館館刊》，第四卷，第六號，頁26）此萬震事跡之可知者。

所撰《南州異物志》，向達謂：「震在國都，見聞較近，故有《南州異物志》之作，以誌殊方異俗。雖以異物名書，所述多海南諸國方物風俗，無異一地理書也。」（頁26～27）其書所記，如珊瑚、象、異鳥等，蓋有非中原所能知者，以其少見，故名異物。

萬書體例，詳不可知，侯康云：「《藝文類聚》、《御覽》每引之，其中有用四字韻語者，如云：『乃有大貝，奇姿難儔，素質紫飾，文若羅珠，不磨而瑩，采耀光流，思雕莫加，欲琢靡踰，在昔姬伯，用免其拘。』」又云：「竊意此書體例，每物各為一讚語，而別以散文詳釋其形狀，如戴凱之《竹譜》之例。諸書或引散文，則無韻，或引讚語，則有韻。」（開明，《二十五史補編》，第三冊，《補三國藝文志》，卷三，頁3182）則其《異物志》之作，蓋散、韻相間，取其聲氣調協，而無晦澀之病也。

萬氏書多記海南諸地，向達謂如林陽、無論、歌營、加陳、師漢、扈利、姑奴、察牢、類人，皆前書所不載者，又謂《御覽》卷七六九『舟部上』敘舟中引萬氏書云：「外域人名船曰舶，大者長二十餘丈，高去水二三丈，望之如閣道，載六七百人，物出萬斛。」卷七七一舟部四帆引萬氏書云：「外徼人隨舟大小式作四帆，……其四

帆不正前向，皆使邪移相聚，以取風吹，風後者激而相射，亦並得風力，若急則隨宜增減之，邪張相取風氣，而無高危之慮，故行不避迅風激波，所以能疾。」（頁27～28）則其時航運之進步，亦可知矣。

## 五、朱應《扶南異物志》

朱氏《扶南異物志》，《隋志》著錄一卷，《舊唐志》同，《新唐志》撰人作「米應」，「米」當作「朱」。其書佚已久，今有陳運溶輯本一卷，《麓山精舍叢書》本。

按，朱應，據《梁書·卷五十·劉杳傳》之有「朱建安扶南以南記云」等語（新文豐，頁 351），姚振宗《隋志考證》卷二十一中乃以爲當字建安（開明，《二十五史補編》，第四冊，頁 5402）。又《梁書·卷五十四·諸夷傳序》曰：「海南諸國，大抵在交州南，及西南大海州上，相去近者三、五千里，遠者二、三萬里，其西與西域諸國接。漢元鼎中，遣伏波將軍路博德開百越，置日南郡，其徼外諸國，自武帝以來皆朝貢。後漢桓帝世，大秦、天竺皆由此道遣使貢獻。及吳孫權時，遣宣化從事朱應、中郎康泰通焉，其所經過及傳聞，則有百數十國，因立記傳。」（新文豐，頁 380）向達於所撰〈漢唐間西域及海南諸國古地理書敍錄〉「扶南異物志」條因謂：「應事蹟只略見《梁書》海南諸國傳，謂爲吳時從事，南宣國化，與康泰同使扶南諸國。康泰之於朱應，疑亦如鞏珍之於鄭和也。」（《北平圖書館館刊》，四卷，六號，頁 26）於考「吳時外國傳」及「扶南記」等條時，又引《三國志·吳書·呂岱傳》稱岱「既定交州，復進討九眞，斬獲以萬數。又遣從事南宣國化，暨徼外扶南、林邑、堂明諸王，各遣使奉貢。」因以爲朱應之通海南，當受岱命（頁 25）。此朱應事跡之可知者。

考東吳之時，蓋頗擅於水運，又以軍事、政治、經濟等種種原因，且欲耀兵海外，孫權之既定江左，於黃龍二年（西元230）春正月，乃「遣將軍衞溫、諸葛直，將甲士萬人浮海求夷洲及亶州。」赤烏五年（西元242）秋七月，「遣將軍聶友、校尉陸凱，以兵三萬討珠崖、儋耳。」（見新文豐，《三國志集解》，卷四十七，頁931～938），是當黃武五年（西元226），交阯太守士燮卒後，呂岱之被詔討徼，朱應之南宣國化，以所及海南諸國，頗多殊俗異物，因耳聞目見，遂一一筆之於書者，必有助於後來之拓展也。唐姚思廉之撰《梁書》，乃著文舉述之，其傳海南諸國，則亦必有取於是矣。

據《隋志》著錄，名「異物志」者，以後漢議郎楊孚所撰爲最早。朱應所寫，則有記傳，是所及固不止異物而已。侯康因以爲《隋志》獨載《扶南異物志》一卷者，意他卷盡亡，而此卷僅存也（開明，《二十五史補編》，第三冊，《補三國藝文志》，

卷三，頁 3182）。姚振宗則曰：「案《梁書》、《南史》，則朱應、康泰並有外國傳，
此書或外國傳佚本，或別自爲書。」（開明，《二十五史補編》，第三冊，《三國藝文
志》，卷二，頁 3245）。

## 六、康泰《扶南土俗傳》

康泰《扶南土俗傳》，《隋志》不著錄，《梁書》卷五十四之敘海南諸國稱，康泰
曾就所聞立有記傳，是泰當有扶南之作矣。今有陳運溶輯本一卷，題曰「扶南土俗
傳」，《麓山精舍叢書》本；又《宛委山堂》本《說郛》中亦有一卷，作「扶南土俗」。

按，康泰，吳‧孫權時中郎，《梁書》卷五十四〈海南諸國序〉既云：「孫權時，
遣宣化從事朱應、中郎康泰通焉，其所經過及傳聞，則有百數十國，因立記傳。」
（新文豐，頁 380）是其經歷及所撰，當有如朱應者矣。又《梁書》之傳扶南國曰：
「吳時，遣中郎康泰、宣化從事朱應使於尋國，國人猶裸，唯婦人著貫頭，泰、應
謂曰：『國中實佳，但人褻露可怪耳。』尋始令國內男子著橫幅。橫幅，今干縵也，
大家乃截錦爲之，貧者乃用布。晉武帝太康中，尋始遣使貢獻。」（新文豐，頁 383）
知泰等所至，亦曾影響當地之土俗，使遷於善良。

所撰《扶南土俗傳》，今散見於《太平御覽》、《藝文類聚》及《水經注》中，然
所引書名，或作《扶南土俗》，或爲《扶南傳》，或題《扶南記》，亦有稱《吳時外國
傳》，或《吳時外國志》者，侯康《補三國志》卷三曰：「《藝文類聚》、《御覽》屢引
《吳時外國傳》而不名，惟《御覽》三百五十九一條系以康泰，竊意泰遍歷百數十
國，必不止專記扶南一方，其大名當是《吳時外國傳》，而《扶南傳》則其中之一種，
《扶南土俗》又《扶南傳》之別名也。」（開明，《二十五史補編》，第三冊，頁 3182）
楊守敬《水經注疏要刪》（廣文書局）卷一（頁 33～34）亦云：「《吳時外國》，其總
書名，《扶南傳》又其書之一種。」向達〈漢唐間西域及海南諸國古地理書敘錄〉之
考「吳時外國傳」及「扶南記」二條，因疑不惟《扶南傳》即《吳時外國傳》中之
一部分，即《扶南記》、《扶南土俗》與《外國傳》實爲一書，「扶南記」等名，如非
原書之子題，則係傳抄者以意分之（見頁 25）。

據向達所考，以爲康泰書之撰成，似在黃武六年（西元 227）左右，又其南行
所歷路程，日本人駒井義明撰有〈孫權遣使南方考〉一文（見日本出版《歷史卜地
理》第二十五卷第六號，民國 18 年出版），嘗一一爲之疏通證合，可資參稽。

## 七、康泰《吳時外國傳》

康泰《吳時外國傳》，《隋志》不著錄，《隋志》有《交州以南外國傳》一卷，不

著撰人（兩《唐志》「南」作「來」），以《梁書》（卷五十四）〈諸夷列傳序〉之云：

「海南諸國，大抵在交州南及西南大海洲上，相去近者三、五千里，遠者二、三萬里，其西與西域諸國接。漢元鼎中，遣伏波將軍路博德開百越，置日南郡，其徼外諸國，自武帝以來皆朝貢。後漢桓帝世，大秦、天竺皆由此道遣使貢獻。及吳孫權時，遣宣化從事朱應、中郎康泰通焉，其所經及傳聞，則有百數十國，因立記傳。」

（新文豐，頁 380）姚振宗因謂康泰等當嘗撰外國傳（見開明，《二十五史補編》，第四冊，《隋志考證》，卷二十一，頁 5394），乃於其《三國藝文志》卷二著錄「康泰《吳時外國傳》」一條，且以為《隋志》之《交州以南外國傳》一卷，似即康泰《吳時外國傳》之殘本（見開明，《二十五史補編》，第四冊，頁 3245）是其書當佚久矣，今有陳運溶輯本一卷，《麓山精舍叢書》本。

按，康泰事跡並其《扶南土俗傳》，已見前述。今據《藝文類聚》及《太平御覽》之屢引《吳時外國傳》（「傳」或作「志」），知所記扶南事頗多，又據《梁書》卷五十四及《南史》卷七十八所述，則康泰所記，當及於西域、天竺之事矣。

## 八、失撰人《外國圖》

吳某《外國圖》，《隋志》不著錄，今亦有陳運溶輯本一卷，《麓山精舍叢書》本。

按王庸《中國地理學史》第一章第四節外國圖記曰：「竊謂中國地圖，脫離《山海經》圖之原始狀態，而專繪山川、道路等地圖之體制，至遲當在戰國之時。秦漢以降，中央政府統制之地，大抵多有地圖，惟因地理知識之詳略，而圖亦隨有精粗耳。至於遠方異國，所知蓋少，除少數山水城邑，或約略之道路方位可記外，其他可以表現於圖繪者，不外鳥獸草木、人物風俗之奇跡。故昔日如《山海經》圖之表現後世華夏疆土者，至是乃推而施之於當日之蕃胡，是亦自然之勢也。」（臺灣商務印書館發行，頁 25）又引《漢書·元帝紀》：「（建昭）四年春正月，以誅郅支單于告祠郊廟，赦天下。群臣上壽置酒，以其圖書示後宮貴人。」遂云：「竊意其所示之圖書，殆即匈奴奇事異物之風俗圖記乎？」（頁 25～26）又《後漢書·臧洪傳》注引謝承《後漢書》曰：「遷匈奴中郎將，還京師。太尉袁逢問其西域諸國土地風俗人物、種數，旻具答言：『西域本三十六國，後分為五十五，稍散至百餘國。』大小道里遠近，人數多少，風俗、乾濕、山川、草木、鳥獸、異物各種不與中國同者，口陳其狀，手畫地形。逢奇其才，歎息言：『雖班固作西域傳，何以加此乎？』」王氏乃云：「後漢臧旻口陳西域諸國，雖能『手畫地形』，而其所注意者，仍不離『風俗、燥濕、山川、草木、鳥獸、異物各種之不與中國同者。』」又云：「其形式恐較山海經圖之原式相差無幾。」（頁 26）是外國圖之作，由來已久。章宗源《隋志考證》

卷六著錄《外國圖》，曰：「《水經·河水》注：『從大晉國正西七萬里，得崑崙之墟，諸仙居之。』《通典·邊防門》注：『從隅巨北有國名大秦，其種長大，身長五、六丈。』《文選·郭景純遊仙詩》注：『圓邱有不死樹，食之乃壽。』《藝文類聚·木部》：『君子國多木槿之華，人民食之。去琅邪三萬里。』並引《外國圖》。《史記·秦本紀》正義：『亶州去琅邪萬里。』稱吳人外國圖。」（開明，《二十五史補編》，第四冊，頁 4995）姚振宗《隋志考證》卷二十一因列有「吳人外國圖」，注云：「似即康泰、朱應等所傳。」（頁 5399）是如康泰等，既宣化南海諸地，耳聞目接，遍歷數十百國，而有記傳，謂其有《外國圖》，不亦宜乎！